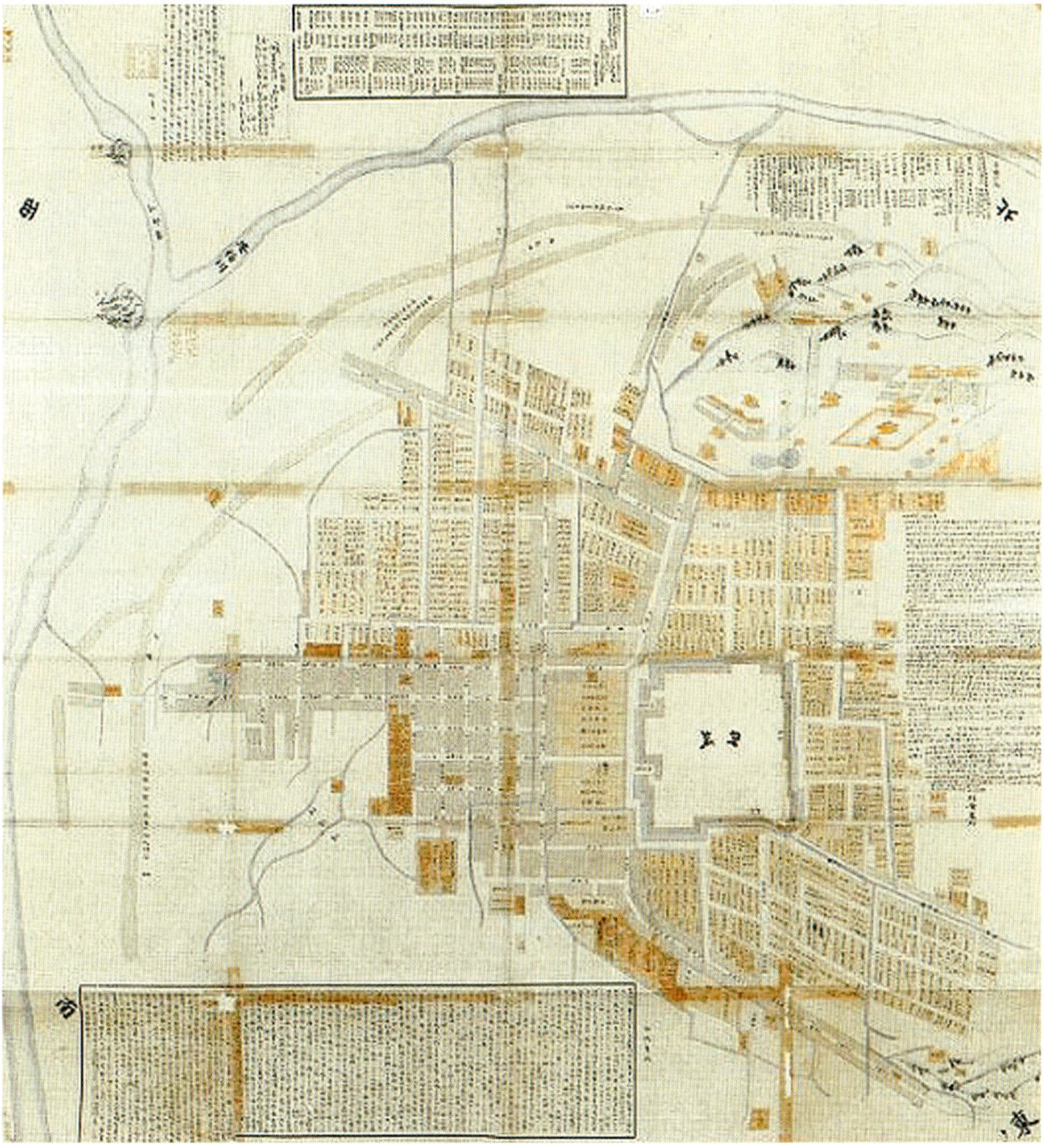

駿府城下古絵図（静岡県立中央図書館蔵）

三保の松原の薪能

井田松江古墳群と駿河湾

静岡の歴史と文化の創造

静岡の歴史と文化の創造

上利博規
滝沢　誠　編

知泉書館

まえがき

静岡大学の正式の名称は、国立大学法人静岡大学です。第二次世界大戦後の昭和二四年（一九四九年）に新制国立大学として出発した静岡大学は、国立大学としての五五年の歴史を経て、平成一六年度（二〇〇四年）に国立大学法人に制度変更され再出発しました。この制度変更により、静岡大学はじめ全国の国立大学は、自ら立てた目的と計画に基づきそれぞれ個性と特徴をもった教育と研究を進め、またその結果を社会に問うことになりました。静岡大学の教育・研究の目標と計画は平成一六年から六年間を第一期中期目標・中期計画として、静岡大学のホームページ（http://www.shizuoka.ac.jp/）等に公開しています。国立大学法人静岡大学への制度変更は、もうひとつの大きな変化をもたらしました。それは、大学の教育・研究を通して地域社会へ貢献すること、地域社会との連携を深めることを私たちの目的の中に明確に位置づけたことです。静岡大学の教育・研究における地域社会への貢献と連携のかたちは、市民公開授業、市民連携授業、企業冠講座、社会人学生の受入れ、公開講演会、寄附講座、共同研究、委託研究、地方自治体等への専門委員の派遣などさまざまですが、教員の研究成果を公開講座で情報発信することもそのひとつです。静岡大学は、人文社会科学系、教育系、理工系の学部・大学院から構成される総合大学ですから、毎年さまざまな公開講座が開催され多くの市民が参加しています。

静岡大学人文学部の公開講座は、数年間休止されていましたが、静岡大学が国立大学法人に制度変更した平成一六年に再開しました。その最初のシリーズが、人文学部社会学科の教員を中心におこなった公開講座「静岡県の歴史と文化の創造」シリーズです。このシリーズは、平成一六年から三年間にわたって県内三箇所で開催されました。

・平成一六年度「伊豆の歴史と文化の創造」
・平成一七年度「遠江の歴史と文化の創造」
・平成一八年度「駿河の歴史と文化の創造」

本書は、公開講座「静岡県の歴史と文化の創造」シリーズの内容を年代別に編集しなおし1冊にまとめたものです。本書は人文学部の教員による静岡県の地域史・地域文化の専門的研究を基礎として、各章には〈コラム〉を加えるなどの工夫により、専門的な内容をわかり易くかつ読み易くまとめています。

静岡大学人文学部は、社会学科、言語文化学科、法学科、経済学科の四学科で構成され、百名余の教員・研究者を抱える人文社会科学系の総合学部です。各学科は、それぞれの分野の専門教育において各分野の専門的基礎を集中的に教授するとともに、学生たちが教室で学んだエッセンスを現実社会・地域社会の具体的な課題に対して適用し、自ら問題を発見し、自ら思考する体験を重視するフィールドワーク教育を実践しています。フィールドワーク教育の方法・プログラムは学科ごとに異なりますが、もっとも重視しているフィールドは静岡県の地域史、地域文化、地域社会、地域経済です。

そういう意味で、本書は、静岡大学人文学部が目指す教育・研究の方向を具体的な形で世に問うひとつの試みです。本書の企画が成功したか否かについては、本学の学生と公開講座シリーズの受講生、そして本書の読者の判断にゆだねたいと思います。

まえがき

国立大学法人静岡大学は、今年で最初の中期計画六年間の五年目に入ろうとしています。現在、最初の中期計画期間のパフォーマンスを自ら点検し、それを基礎に大学評価・学位授与機構などの第三者機関による評価を受け、更にその成果と反省を踏まえ次期の中期目標・中期計画をまとめる作業に取り組んでいます。静岡大学人文学部がめざす教育・研究の成果の一端である本書の読後感想やご意見をお寄せいただければ幸いです。ご感想やご意見は、本学部の教育・研究の点検と評価に反映させるとともに、次の目標と計画の作成の参考にさせていただきます。

平成二〇年二月二五日

前期日程入学試験の日に本学で学ぶことを願う受験生の健闘を期待して

人文学部長　浅　利　一　郎

目次

Ⅳ　近現代の静岡

静岡の歴史と文化の創造

静岡の歴史と文化の創造をどう考えるか

上利博規

はじめに

われわれは過ぎ去った膨大な時間の流れの上に生きている。歴史にはおびただしい出来事とそれらにまつわる人々のさまざまな想いが存在する。われわれはそれらの力を身に受けることによって、今という時を生きることができる。

「歴史を活かした文化の創造」という言葉は、もはや新鮮な響きをもっていないかも知れない。あるいは、歴史文化を経済効果のために利用しようと聞こえるかも知れない。だが、歴史に触れることが、今を生きる糧を与えてくれることに偽りはない。教科書に書いてあるような歴史の大きな流れだけでなく、日々を生きた人たちの細部に触れることによって、われわれの心の中に何か共振するものが生まれてくる。

歴史は次から次に起こる出来事を羅列したものではなく、その一つ一つの出来事の中にさまざまな意味や想いが凝縮されたものである。平面化されただの情報となってしまった歴史的遺産を少しでも今に解き放ち、これからの静岡を創る糧になることを願って本書を上梓する。

本書は、静岡大学人文学部の三年間の公開講座のシリーズ「伊豆国の歴史と文化の創造」（二〇〇四年）、「遠江国の歴史と文化の創造」（二〇〇五年）、「駿河国の歴史と文化の創造」（二〇〇六年）を、地域別にではなく原始・古代、中世、近世、近現代と順を追ってまとめ直したものである。それぞれの章は、各時代のトピックを取りあげ、その時代と文化をよりリアルに感じ取ることを主眼としている。また、コラムをいくつか設け、関心をもった方がその地を訪れることも念頭に置きながら地図やアクセスなども掲載した。現場を訪れ、五感で歴史の痕跡を感じ取ることは、何にもかえがたい喜びである。

「木を見て森を見ず」にならないよう、各章の個別の話に入る前に、ここではまず静岡の歴史の大きな流れについて述べ、それぞれの章を理解する手助けとしたい。

一　原始・古代の静岡

●原始時代の静岡

遠い過去、人類が日本の地に移住を始め、その波が静岡に達したときから静岡の歴史は始まる。後期旧石器時代に彼らは静岡県東部の愛鷹山、箱根山周辺、あるいは西部の磐田原台地あたりで生活を始めたといわれる。

当時は陸路よりも海路の方が遠方との交流を可能とするものであった。日本地図を広げれば明らかなように、志摩半島・御前崎・伊豆半島の南端・房総半島の南端はほぼ一直線に並ぶ。この直線を西に延ばせば高知・鹿児島に向かい、東に延ばせば房総半島の東端の犬吠埼で北に折れ、東北・北海道へと向かう。つまり、原始時代の静岡は、海路により広範な文化圏に属しており、それらとの交流を通して生活が営まれていたのである。では、その具体的な様子はどのようなものであり、何によってそれは知り得るのか。これについては「原始古代の伊豆と海上の道」（滝沢誠）が詳しく述べている。

時代はやがて縄文時代を迎える。関東を中心として全国各地で貝塚が発見され、当時の様子を知ることができる。山にも海にも恵まれた静岡では、漁労も盛んに行なわれており、いくつもの貝塚が発見されている。また、静岡の各地から縄文時代の象徴である土偶が出ている。

時代が弥生に入り、農耕が伝えられると社会関係は大きく変化し、次第に小さなムラからムラ連合体へ、そしてクニへと社会組織が拡大する。この頃にはすでに金属器の使用が始まっており、それらは当時の文化圏の分布を知る有力な手掛かりになる。特に、銅鐸の分布は静岡県西部をその東端としており、西日本の文化が陸路により静岡県西部にまで伝播していたことをうかがわせる。これら発掘された銅鐸は県西部の博物館で見ることができ、レプリカの銅鐸をたたいて音を聞くこともできる。こうした事情については、「遠江における農耕文化の成立と地域間の交流」（篠原和大）が論じるところである。

古墳時代に入り、日本と大陸の交流が活発化してくると、大陸文化の強い影響は駿河や伊豆にも現れてくる。大陸文化の大きな影響は、古墳からの出土品に端的に現れる。県中部でいえば、賤機山古墳の金属器・馬具などの出土品が大陸との交流を示している。駿河の古墳は庵原の地（旧清水市）などに見られ、当時の様子を知る手掛かりとなる。県東部では沼津市周辺に古墳が多く見出せる。これは伊豆半島の木材を狩野川を使って切り出していたからであろう。こうした事情については「前方後円墳時代の駿河」（滝沢誠）が述べているところである。

われわれはこれらの推移から、大和政権の確立に伴い、政権の支配力が及ぶ遠江に対し、金谷・大井川あたりを境にして東の「賊地」が始まり、遠江と駿河の間には西日本文化と東日本文化を分かつ大きな境界線があると考えられていたことを理解するのである。

●古代の静岡

大化の改新以降五十年をかけて律令国家体制の基盤作りが徐々に進められ、七〇一年には大宝律令が制定され、日本の土地と人民の支配体制が確立されるにいたる。

日本の土地は、京、畿内、国・郡・里に行政分割され、静岡は伊豆国・駿河国・遠江国と定められ、このとき現在の三重県から茨城県に至る十五の国が東海道と名づけられた。つまり、当時「東海道」とは道路ではなく、今日の東海地方に近い意味をもっていた。そして、都と各国の国府は幹線道路によって結ばれ、三〇里（約十六キロ）ごとに駅を置く駅制によって緊密に統一された。

一般行政機構のほかにも、それぞれの土地の神社を中央集権的な支配下に置くために神祇官が設けられ、静岡の地の神社も格式が与えられた。それぞれの国の第一の神社として、伊豆は三島神社、駿河は浅間神社、遠江は森の小国神社があてられた。これら神社に今日まで残されている舞楽は、律令的な祭事＝政を象徴するものであった。

また、大宝律令では雅楽寮も制定され、これにより外国の芸能と日本の芸能が整理され、日本の芸能である「国風歌舞」の一つに「東遊」が入った。「東遊」は一歌、二歌、駿河舞歌、求子歌、大比礼広歌の五番によって構成され、駿河舞は「ヤ有度浜に、駿河なる有度浜に」と始まる。この「東遊」は『枕草子』にも『源氏物語』にも登場することから、京の地においてもしばしば演じられていたことがわかり、『枕草子』では評価が高い。

律令制度の崩壊の大きな原因の一つに平安時代に発達した荘園の存在があったといわれる。そして、地域が独自の発達をすることにより中央集権化を危うくしたが、さらには地方豪族たちが武装し国司にさえ反抗するようになった。こうして次第に武士が形成され、やがて鎌倉幕府への道を開いた。平安時代後期から始まるこうした事情については、「**鎌倉幕府と伊豆の武士団**」(湯之上隆)が詳しい。その際、源氏が東国武士団との主従関係を強めたことも見逃せない。また、静岡には牧ノ原台地をはじめとして、武士団の形成を促すことにもなった牧(馬を飼育する場所)の名残りを残す地域もある。

二　中世の静岡

●鎌倉時代

平安末期からの源平の争いとそれに続く鎌倉幕府の設立は、それまでの奈良・京都を中心とした日本の政治地図を塗り変えることになった。それまでは奈良・京都を中心とする一方的なベクトルの中で東にゆくほど蛮族であると考えられ、静岡は東部戦線の砦であった。しかし、源平の争いにおいて源氏と平家の武士たちが頻繁に静岡の地を往来し、さらに幕府が成立すると、静岡は鎌倉と京都を中継する役割を負うようになった。鎌倉幕府が誕生した後も、幕府と天皇という二重構造の中で、静岡の地は頻々に人々が往来するようになったのである。

静岡の地を往来する人々が記した文は、当時の様子を今に伝えている。たとえば、平安末から鎌倉初期にかけて諸国を旅した僧の西行は、一一八六年に小夜の中山に立ち寄り和歌を詠んだ。作者不詳ではあるが一二二三年に京都と鎌倉を往復した人による『海道記』は当時の静岡の詳細を伝えている。特に興味深いのは、手越に泊まった作者はそのまま現在の東に向かわず賑やかな久能へと迂回するが、その際久能寺には天女が落とした面があったとするくだりである。その面は現在の鉄舟寺に残されており、実際には翁面と陵王面である。

鎌倉時代に起こった新しい変化で忘れてはならないのが、いわゆる鎌倉新仏教である。鎌倉に次々に新しい寺院が建立され、京都と鎌倉の間の人々の行き来が急速に盛んになったことによって、東海道筋の寺院が栄え、また新しい寺院が建立されるなどの発展が見られた。駿府最古の寺の一つであるといわれる建穂寺も、多くの僧が集まって修行を重ね、後に宋に渡った聖一国師や大応国師などを輩出することになる。遠江でも、曹洞宗は広沢山普済寺、臨済宗は方広寺などを中心に寺院の発達・興隆をみている。これらについては「鎌倉期駿府の宗教世界」（湯之上隆）が論じている。

●室町時代

鎌倉時代が終わり南北朝時代に入ると、その争いは日本を南朝側と北朝側に二分した。駿河国では南朝側につくものが多かったが、足利氏の遠縁にあたる今川氏は北朝につき、駿河国の南朝勢力と戦った。その功績により今川氏は駿河国を与えられることとなり、範国・範氏たちは浅間神社の造営を始めるなど、本格的な駿河国の府中作りに着手し、このときから駿河国の府中は駿府とも呼ばれるようになった。

駿河国が与えられた後も駿河に入ることに慎重であった今川氏は、足利氏と同様に公家文化を好み、京都とのつながりが強く、応仁の乱の際には多数の公家たちが争いを避けるために駿府に居住し、駿府は小京都とも呼ばれた。

駿河国の京風化に伴い、従来の金谷・大井川を境とする西日本文化と東日本文化の境界線は、伊豆あたりにまで移動したと考えることができる。それを象徴するのが、一四三二年に足利義教が富士遊覧と称して駿河に下向した出来事であり、「富士遊覧」は遊びのように見えながら、同時に東国の勢力の視察・牽制という意味をもつものであると考えられている。つまり、この時には駿河が支配の及ぶ東端になっていたといえるのである。実際、応仁の乱の直前の鎌倉公方が引き起こした享徳の乱の際にも、足利政知は鎌倉に入ることができず、伊豆に御所を構えて堀越公方と呼ばれることになった。

●戦国時代

戦国時代とは一般に応仁の乱以降の約一世紀をいうが、その頃の静岡の地は、駿河国と遠江国は今川氏が、伊豆国は堀越公方の茶々丸が治めていた。北条早雲が茶々丸を滅ぼして伊豆、さらに相模を手にすることによって、今川義元は西に織田信長、北に武田信玄、東に北条早雲に囲まれることになった。

事態が急変するのは、大軍率いる今川義元が桶狭間で織田に敗れてからである。義元なきあとの駿河国の支配をめぐり武田は北条と争い、勝利した武田はさらに遠江・三河へと向かう。このとき遠江の家康が三方原で大敗北を喫する。結局、武田信玄の病死により、時代は織田と豊臣の安土・桃山時代へと移る。その詳細は、「浜松の発展と徳川家康」（本多隆成）が論じている。

三　近世の静岡

江戸時代は静岡にとって極めて重要である。その理由の一つは、家康が駿府城で大御所時代を過ごし、駿府城下は今の静岡の街にも多くの影響を残しているからである。もう一つは、東海道五十三次のうち、静岡には二十二宿があることからもわかるように、江戸に幕府が置かれ、さらに参勤交代制がとられたことは、東海道筋に多大な影響を与えたからである。

しかし、より大局的にみたとき、江戸時代がもつ重要性は戦がなくなったということではないだろうか。すでに述べたように、全国の土地と人民を中央集権的に統治する律令体制が荘園によって崩され、その中から武士団が生まれ、鎌倉・室町幕府が開かれた。その間、四百年である。江戸時代は幕府が作られたという点においては鎌倉・室町時代と同じであるように見えるが、幕府安泰のために知恵を絞った徳川は、逆説的にも戦を前提してきた武士の存在を危機に陥れたのである。原始のクニとその統合体としての古代の国家権力を背景とした公家・貴族文化に対し、武芸を基盤にし自らの命を賭して戦うような社会と文化を形成したのが中世であった。江戸時代にあっては、武士は自らの生活基盤であった農村を離れ城下町に集中し、蔵米を給付されながら官僚的仕事に従事することになった。政治的安定を背景にして経済的にも大きく発展し、特に江戸は大消費都市となり、士農工商という身分規定はあるものの、社会を実質的にリードする人たちは次第に武士から町人へと移っていく。

それを象徴するのが、駿河が生んだ文学者十返舎一九であろう。彼はもともとは武士の出であったが、やがて文筆で生計を立てるようになった。静岡の文化を考えても、その中心は駿府城や浜松城の中ではなく、むしろ城下町の賑わいであり、二十二宿で営まれていた町民の文化であった。これらについては、「東海道と宿文化」(上利博規)が触れているところである。

この時代の日本をグローバルな視点から眺めれば、ヨーロッパが羅針盤をもって世界航路を開拓し、銃を片手に世界中からさまざまな物資を奪い始めた頃である。フランシスコ・ザビエルが日本に来たのは、カトリック勢力による反宗教改革運動、あるいはポルトガルとスペインの航路・領土の獲得争いの過程においてであった。さらには、長崎の出島で日本との貿易が許されたオランダは、世界の商人として世界中の珍しいものをヨーロッパにもたらしていた。オランダ商業主義により、中国の磁器 china はヨーロッパ人の憧れの対象となり、シノワズリー（chinoiserie、中国趣味）のブームを起こした。皮肉にも、こうしたことが欧米のアジア諸地域に対する植民地化への熱を高めることにもなり、江戸時代も終わりに近づくと静岡でも諸外国との接触が頻繁に起こるようになった。こうした事情については、「幕末開港期の伊豆とロシア」（松木栄三）の述べるところである。

四　近現代の静岡

やがて日本は開国、明治維新、殖産興業の時代を迎え、日本中が大騒ぎとなる。特に、交通とメディアが生活を大きく変えた。

明治時代には鉄道が、大正から昭和にかけて自動車が県内を走るようになった。そのため、文化の中心は次第に駅周辺に移動し、道路が整備・拡張された。伊豆半島の自動車道路が整備されると、東京の人を対象とした鉄道とバスを利用する観光化が進んだ。陸路のみならず、水の交通も変わった。清水湊は、横浜港と並ぶ海外貿易の重要拠点としての清水港へと生まれ変わり、日本の軍国化に伴い次第に軍港としての役割を帯びるようになった。

駿府では街の中心が札の辻から次第に駅のある方へ南下したが、他方、七間町界隈の芝居小屋は芝居のほかに国会開設運動や民権運動の政治演説会にも利用され、活動写真の上映も行うなど、なお繁盛を見せる。明治末には静岡市内を電車が走るようになるほか、一九二八年に七間町は舗装され鈴蘭燈が取り付けられ、街は「近代化」されていった。

産業においては、明治以降の工場労働の開始は都市への人口移動を加速したが、その人口移動が交通のさらなる発達を求めるという循環が始まった。こうして、交通・産業などの発達は、否応なく自然風土・社会生活・集団組織などの変化をもたらし、一方では山村・農村・漁村の郷土芸能の衰退を、他方では都市での娯楽産業の興隆を招くことになった。

また、メディアにおいては、まず郵便局が、次いで静岡電信局が開局され、やがて「電話病」という言葉も生まれるほどになった。日本は明治時代末期から慢性的な不況に悩まされていたが、第一次世界大戦によって好景気がもたらされ、日本は中国市場をほぼ独占し輸出超過の状況になった。そのため、映画やレコードなどの新しい外国文化が次々に輸入され、外国人演奏家も大量に来日した。こうしてマスメディアは次々と新しい消費や娯楽を提供したが、その裏では共同的祝祭空間としての祭りや芸能の崩壊が始まった。一九二五年にはＮＨＫラジオ放送が始まったが、ＮＨＫは番組名の関係から「歌謡曲」という名を考案した。こうして、マスメディアが生み出した歌謡曲は地域の郷土芸能を次第に駆逐してゆくようになった。マスメディアを通して、東京を発信源とする文化が全国を覆うようになったのである。

こうした時代の大きな変化は、われわれに二つの意味での近代化を課題として与えた。一つは産業の近代化という問題である。江戸時代末の開国、そして帝国主義化した諸外国との外交問題を抱えた明治以降の日本において、産業の近代化は必須の課題であった。静岡の地においてこれがいかになされたかについては、「遠州近代―起業家風土を検証する」（山本義彦）が論じている。しかし、今日近代化がもたらした諸弊害が話題になっている。産業の発展と産業廃棄物がもたらす環境破壊は一九七〇年代に急速に問題化され、今日でも重い課題の一つとなっている。いわゆる「環境にやさしい」産業や生活スタイルとは何かへの反省は、伝統的な地場産業の知恵を見直そうという流れも生み出している。静岡は豊かな山と水を生かして古くから木工産業が盛んであったが、伝統産業とその近代化について現代の視点から改めて問おうとするのが「静岡の地場産業　歴史と現代」（山本義彦）である。

そして、産業の近代化がもたらした生活文化の近代化、これが第二の課題である。既に述べたように、産業構造が変化し人々は働くために都市に集まるようになり、家庭にはマスメディアが入りこんで消費的・娯楽的な文化を流すようになった。人々は立身出世と自己実現が奇妙に合体したような個人主義の中で、何かを忘れていった。「静岡の文化とまちおこし」（日詰一幸）は、文化を消費するのではなく、自分たちで作り出すことの意味を今日問うものである。

そして、本書自身もまた、今われわれが立っている地点をみつめ直し、来し方を振り返り、行く方を見霽《はる》かしながら、新たな一歩を歩み始めるためのものである。

Ⅰ　原始・古代の静岡

原始・古代の伊豆と海上の道

滝沢　誠

はじめに

三方を海に囲まれた伊豆は、古くから海上交通の要衝として重要な役割を果たしてきた。「ウミツミチ」と呼ばれる古代の東海道ルートは、海路を含む海沿いの道であったと考えられるが、近年の考古学的成果は、その成立のはるか以前から海を媒介にしたさまざまな交流があったことを明らかにしつつある。その動きは、石器石材の流通というかたちをとって早くも旧石器時代にあらわれるが、ここでは、原始・古代の伊豆と海上の道の関係を、主として近年調査が進む古墳時代の洞穴墓を手がかりとして考えていくことにしたい。

以下、海に視点を定めながら、伊豆半島の原始・古代遺跡を概観する。つづいて、伊豆半島や房総半島で調査されている洞穴墓の実態について把握した上で、伊豆半島と海の道とのかかわりを考古学的な立場から展望してみることにしたい。

一　原始・古代の伊豆半島

●旧石器時代の遺跡

伊豆半島の周辺で人類の活動が開始されるのは後期旧石器時代である。後期旧石器時代の遺跡は、三島市を中心とした箱根西南麓と沼津市から長泉町にかけての愛鷹山麓に集中している。この地域では現在までに九〇箇所を越える旧石器時代遺跡の調査が行われているが、それよりも南の地域に行くと遺跡の分布は乏しくなる。

箱根西南麓や愛鷹山麓の旧石器時代遺跡で注目されるのは、神津島産の黒曜石が多数発見されていることである。当時の海面は現在よりも一〇〇m以上低下していたとはいえ、急峻な海底地形をもつ周辺海域を挟んで神津島と伊豆半島が陸続きになることはない。早くも後期旧石器時代には、伊豆半島付近と神津島を結ぶ海の道が存在していたものと考えられる。

●縄文時代の遺跡

縄文時代の遺跡も箱根西南麓と愛鷹山麓に集中する傾向をみせる（図1）。それと同時に注目されるのは、縄文時代には内陸部や海岸部にもひろく遺跡が分布するようになることである。縄文時代中期から後期にかけての竪穴住居や環状列石などが確認された伊豆市上白岩遺跡は、内陸部の代表的な集落遺跡である。一方、海岸部に位置する伊東市井戸川遺跡では、縄文時代後期の竪穴住居とともに魚類や海獣類の骨が検出されている。こうした海岸部の遺跡は、旧石器時代には認められない盛んな漁撈活動の展開を示すものである。

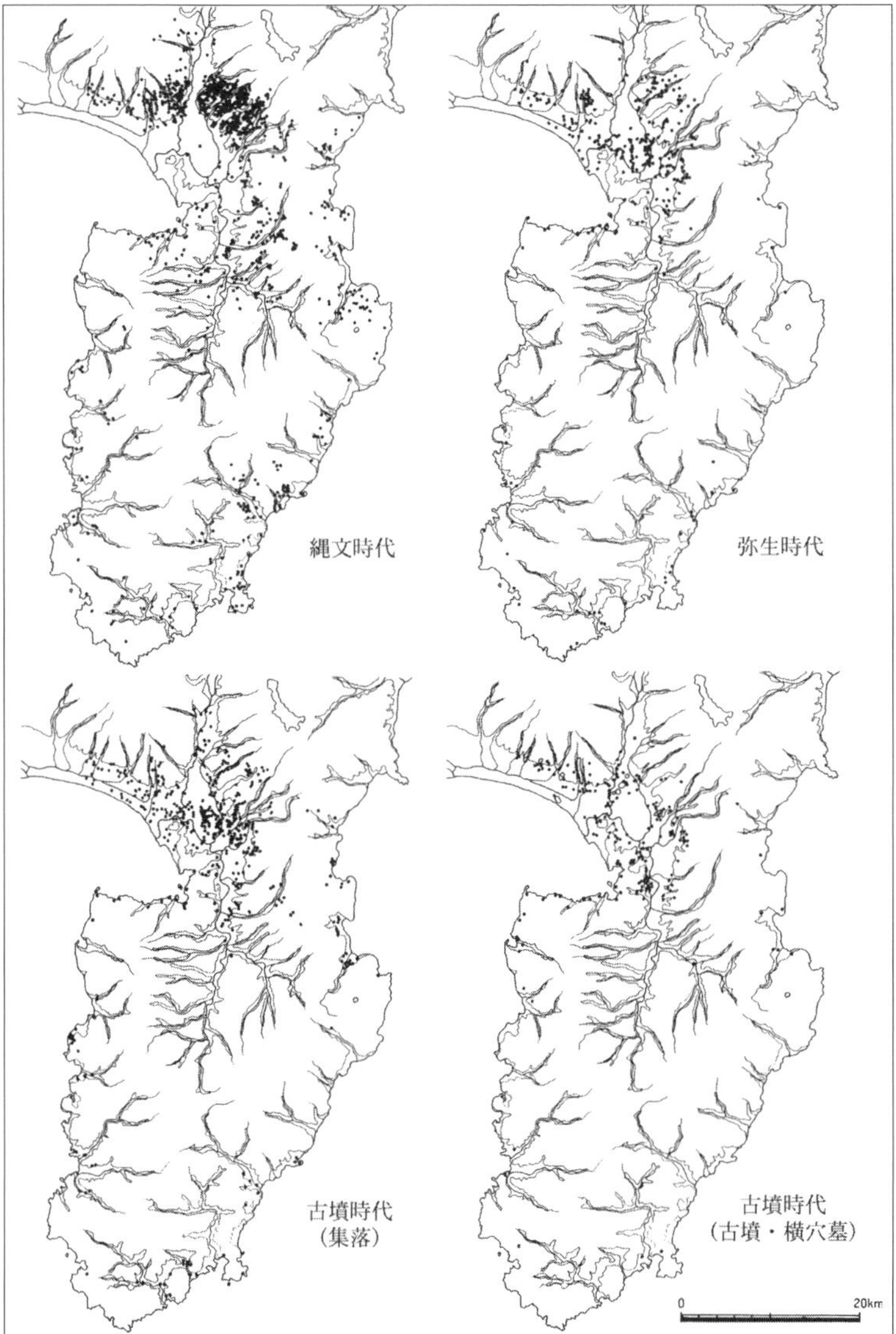

図1　伊豆半島の時代別遺跡分布（『井田松江古墳群』2000より）

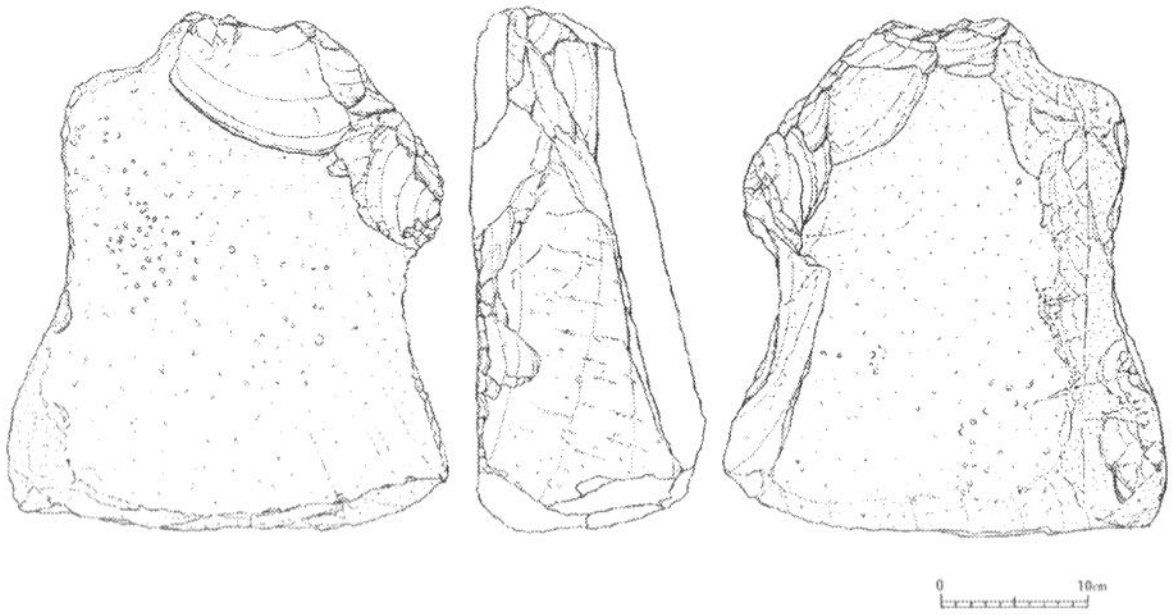

図２　段間遺跡出土の黒曜石原石（金山喜昭1989より）

●段間遺跡

海岸部に生活の場を求めた縄文人の中には、海を越えた他地域との交流に重要な役割を果たした人々がいたようである。河津町段間遺跡は、そのことを物語るきわめて重要な遺跡である。

伊豆東海岸に位置する段間遺跡は、海に突き出した標高約四〇ｍの海岸段丘上に立地している。一九二五年に遺跡が発見されて以来、六次にわたる発掘調査が行われ、縄文時代中期を主体にした遺構や遺物が数多く検出されている。その中には、黒曜石製石器の製作にかかわる原石（図２）や剥片、石核が多量に認められ、それらの多くが神津島産とみられる点は大いに注目される。(1)

日本列島には約五〇箇所の黒曜石産地が知られている。伊豆半島では天城山系の柏峠に産地が存在するが、段間遺跡の縄文人は、約六〇㎞離れた神津島から海を越えて多量の黒曜石を獲得し、それを原材料として大量の石器を製作していたと考えられる。また、多量の石器は一集落で使用する量をはるかに超えており、一定量が周辺の集落に供給されていたものと想定される。

段間遺跡の縄文集落は、海上輸送を利用した物流拠点としての役割を担っていたとみてよいだろう。

●弥生時代の遺跡

本格的な水田農耕が開始された弥生時代の遺跡分布（図1）は、縄文時代のそれとは大きく変化する。人々は水田可耕地と近接した場所に集落を営むようになり、田方平野の低地部には多くの農耕集落がみられるようになる。弥生時代後期の竪穴住居や水田が検出された伊豆の国市山木遺跡はその代表的な事例である。また、弥生時代中期後半から後期にかけての遺構が多数検出された南伊豆町日詰遺跡は、南伊豆地域の拠点的な集落と考えられる。

一方、海岸部の遺跡は縄文時代に比べて数が減少するものの、漁撈とのかかわりを示す特徴的な遺物がみられるようになる。網のおもりとみられる有頭石錘（図3）は、弥生時代後期の駿河湾地域に特有の漁具であり、海岸部には弥生時代以降も漁撈に従事する人々が暮らしていたとみられる。

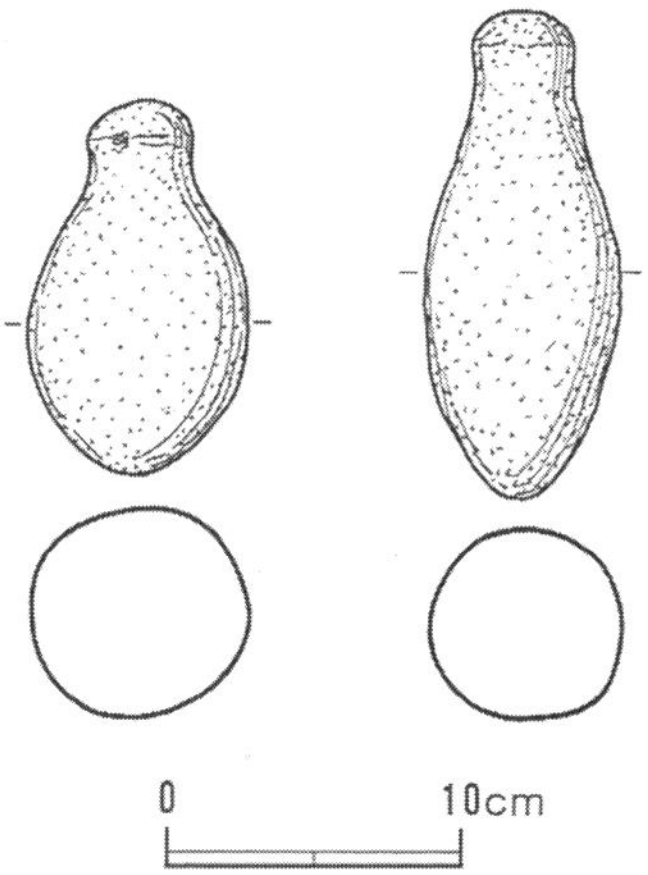

図3　有頭石錘
（『沼津市史資料編考古』2002より）

●古墳時代の遺跡

古墳時代における集落遺跡の分布は、弥生時代と基本的に変わりはない（図1）。ただ、弥生時代に比べて遺跡の数は確実に増加しており、古墳時代になって伊豆半島における人々の営みがさらに活発化したことは明らかである。

そうした集落遺跡のあり方とは対照的に、埋葬遺跡のあり方はきわめて特徴的である。具体的にいうと、古墳、横穴墓、洞穴墓という三つのタイプの墓制ごとに、際立った分布の差異が認められるのである。

古墳時代には大小さまざまな古墳が各地に築かれる。とりわけ古墳時代後期になると、被葬者層の拡大にともなって直径一〇m程度の小型墳が群をなして営まれるようになる。いわゆる群集墳の出現である。

伊豆半島にはそうした古墳が約九四〇基知られている。(2) その中には、三島市向山一六号墳や伊豆の国市駒形古墳など若干の前方後円墳が含まれるものの、圧倒的多数は群集墳を構成する小規模な円墳である。

静岡県の史跡に指定されている沼津市井田《いた》松江《すんごう》古墳群は、伊豆半島を代表する群集墳の一つである。この古墳群が所在する沼津市南部（旧戸田村）は、伊豆西海岸においてまとまった古墳が分布する南限であり、それよりも南に行くと古墳の分布はきわめて希薄になる（図4）。これと同様の状況は、伊東市を古墳分布の南限とする伊豆東海岸においても認められる。

土を盛り上げた古墳とは異なり、横穴墓は凝灰岩などからなる丘陵の崖面を横方向から掘り込んで墓室としたものである。九州から東北南部にまでひろく分布し、伊豆半島では六世紀の終わりから八世紀にいたるまで営まれている。横穴墓は同時期の古墳と同様に群集形態をとるのが一般的で、伊豆半島ではこれまでに五九群七一八基が確認されている。国の史跡に指定されている函南町柏谷横穴墓群（一〇八基）は、その中でも最大規模の横穴墓群である。

横穴墓の分布も特徴的である。東海岸などにある一部を除くと、その大半は半島基部の西側に集中している（図5）。横穴墓の集中域では一般の古墳と分布が重なる部分もあるが、年代的には横穴墓に新しいものが多い。

古墳や横穴墓に比べると数は極端に少ないが、伊豆半島には珍しい古墳時代の洞穴墓が存在する。現在までに五遺跡が確認されているが、伊豆の国市笠石山洞穴を除く四遺跡は、すべて半島南部の海岸沿いに分布している

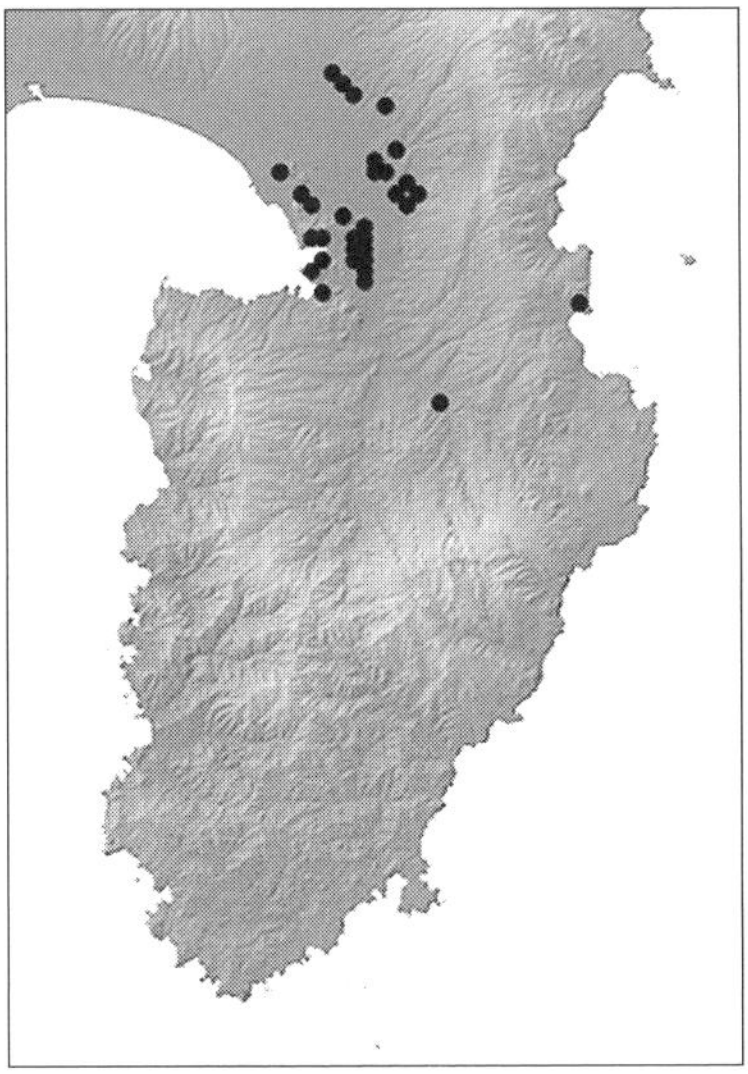

図５　横穴墓の分布

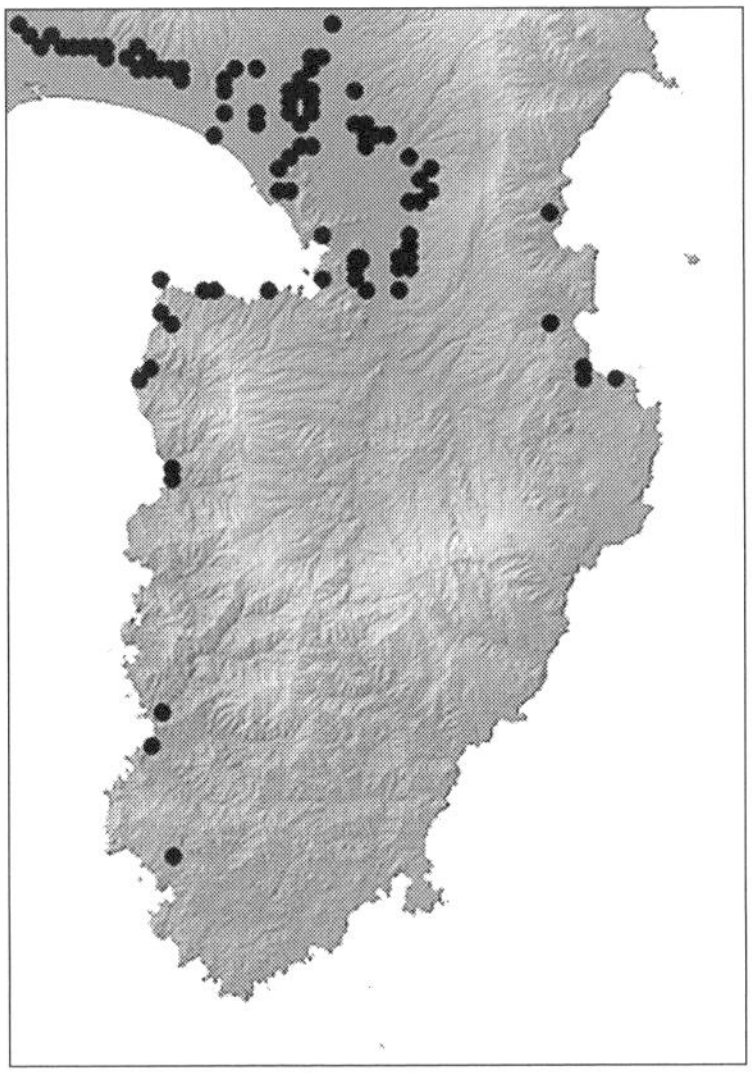

図４　古墳（群）の分布

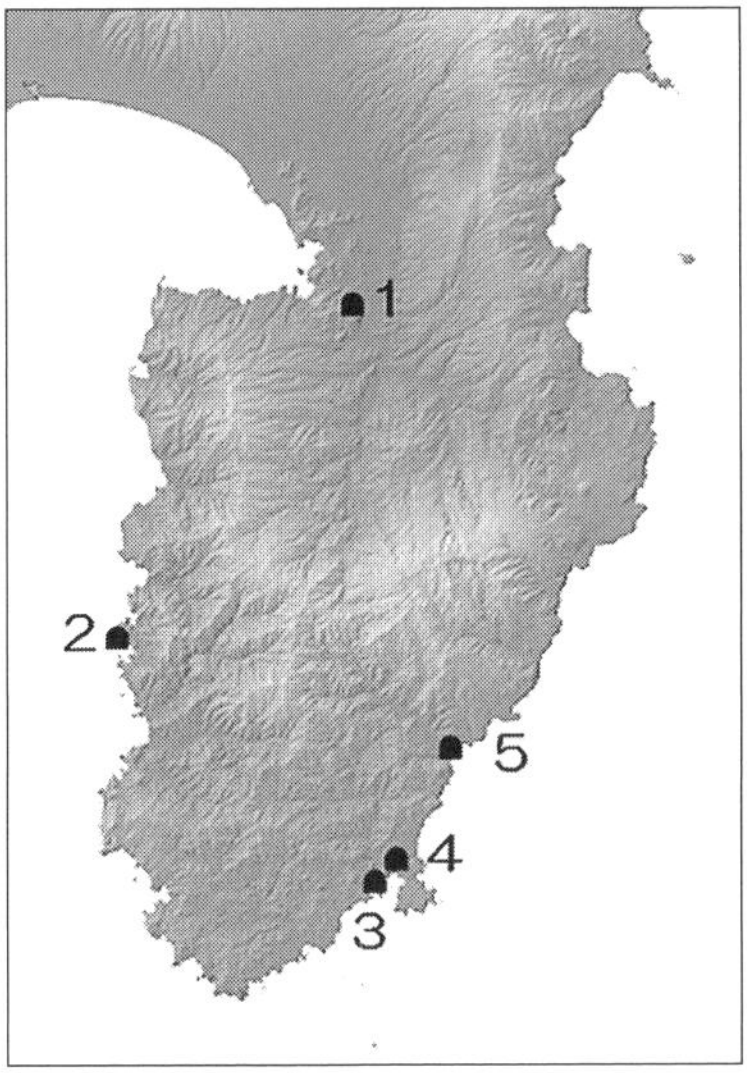

1：笠石山洞穴
2：辰ヶ口岩陰
3：了仙寺洞穴
4：上ノ山洞穴
5：波来洞穴

図６　洞穴墓の分布

（図6）。現状の分布から判断するかぎり、伊豆半島の洞穴墓は、古墳や横穴墓とは主要な分布域を異にしているとみてよいだろう。

伊豆半島の古墳時代遺跡の中ではごく少数派にすぎないこの洞穴墓が、じつは古代の伊豆と海の道の関係を考えようとするとき、きわめて重要な意味をもつことになる。以下、古墳時代の洞穴墓に焦点をしぼり、その内容をさらに詳しくみていくことにしよう。

二　洞穴墓の実態

●洞穴遺跡とは

洞穴遺跡とは、自然の洞穴を人類が利用した結果残された遺跡のことである。ここでは墓に注目するが、洞穴の利用は必ずしも埋葬に限定されるものではない。長崎県泉福寺洞穴をはじめとして、縄文時代には居住の場として利用された洞穴が全国に存在する。また、古代文字で有名な北海道フゴッペ洞穴のように、祭祀の場として利用された洞穴も知られている。実際には、居住、祭祀、埋葬などの場が時期を違えて複合した洞穴遺跡が少なくない。

なお、洞穴とは内部に十分な奥行きをもつ場合を指すが、それとは別に、奥行きのないわずかな岩陰を利用した事例もある。厳密には「岩陰遺跡」と呼ぶべきものであるが、ここでは、洞穴や岩陰に残された遺跡を「洞穴遺跡」、そこに残された埋葬遺構を「洞穴墓」として一括しておくことにしたい。

●洞穴の成因

ところで、自然の洞穴や岩陰はどのようにしてできるのであろうか。その成因は大きく四つにわけられる。まず第一は、海食を成因とするものである。最終氷期以後の温暖化により海面は上昇し、縄文海進期（約六千年前）には現在よりも五～六ｍほど海面が高かったと考えられている。その際、海水の浸食により形成された洞穴や岩陰が、やがて海面の低下とともに陸化していったというケースである。

第二は河川食によるもので、川の流れによって河岸が浸食され、岩陰や洞穴が形成されたケースである。福島県の名勝地「塔のへつり」はその典型的な事例である。さらに、第三は風食によるもの、第四は溶食によるものである。このうち溶食によるものとは、地下水等により石灰岩が溶けて洞穴が形成されたもので、日本列島では「鍾乳洞」がそれにあたる。

こうしてできた洞穴や岩陰のうち、原始・古代の日本列島で主に利用されていたのは海食や河川食によるものである。とくに今回取り上げる洞穴遺跡は、海岸部近くに位置する海食洞穴を利用したものがほとんどである。

●洞穴遺跡の研究

日本列島における洞穴遺跡の研究は明治期にその萌芽がみられるが、本格的な研究は戦後になってからである。とくに、縄文文化の起源を解明するための調査研究が一九五〇年代から六〇年代にかけて精力的に進められ、一九六七年にはその成果をまとめた『日本の洞穴遺跡』が刊行された。

その当時から近年にいたるまで洞穴遺跡の研究で中心的な役割を果たしてきたのは、故麻生優・千葉大学名誉教授である。じつは、麻生教授は静岡大学の集中講義でもたびたび熱弁を振るった静岡県にも大変ゆかりの深い人物である。その麻生教授らが推進した房総半島における洞穴遺跡の研究は、伊豆半島の洞穴遺跡を考える上でも大変参考になるものである。(3) まずは伊豆半島における洞穴墓の実態を把握した上で、房総半島などの研究成果と比較してみることにしよう。

●伊豆半島の洞穴墓

先にも述べたように、伊豆半島には五箇所の洞穴遺跡が存在する。そのうち、河津町波来洞穴、下田市了仙寺洞穴、同市上ノ山洞穴の三遺跡は、いずれも伊豆東南海岸に位置する。(4) また、それらとは離れた半島北部の内陸には、伊豆の国市笠石山洞穴が存在する。この四遺跡に加えて、近年西海岸の西伊豆町辰ヶ口岩陰でも古墳時代の洞穴墓が確認され、伊豆半島の洞穴遺跡は半島南部の両岸に分布することが明らかになった。

各洞穴墓からは土器（土師器、須恵器）や耳環、玉類、鉄製品などの副葬品が出土している。そのうち、笠石山洞穴出土の鉄鏃や須恵器はもっとも古く、五世紀後半にまでさかのぼるものとみられる。(5) また、波来洞穴や了仙寺洞穴では、六世紀後葉以降の須恵器が出土している。上ノ山洞穴の出土遺物は判然としないが、このあとに述べる辰ヶ口岩陰を含めて、半島南部で確認されている洞穴墓は六世紀後葉から八世紀にかけて営まれたものと考えられる。

●辰ヶ口岩陰

伊豆半島における洞穴墓の実態を、近年発掘調査が行われた辰ヶ口岩陰を取り上げてさらに詳しくみてみよう。

辰ヶ口岩陰は、西伊豆町北西部の田子湾に面した小さな入江に位置する。この辺りの海岸には崩落した板状の岩盤が点在しており、そうした岩盤と斜面の間に形成されたわずかな空間が古墳時代の埋葬地となっている。

一九九七年に行われた合計五地点の発掘調査では、第Ⅰ地点で明確な埋葬の跡が確認されている（図7）。同地点は、奥行三・七m、幅一・三m、高さ一・三mの空間で、その内部から人骨片、須恵器、鉄刀、鉄鏃、鉄製釣針、貝（イタボガキ）などが出土している。須恵器や鉄鏃の年代から、埋葬が行われたのは六世紀末ごろとみられるが、その後に追葬が行われた形跡はない。また、埋葬施設は内部の礫を除去しただけの簡素なもので、木棺などは使用せずに遺体を直接床面に置いたものと推定される。

この調査成果からも明らかなように、伊豆半島南部の洞穴墓は、半島北部に数多く存在する小規模の古墳や横穴墓と造営時期を同じくし、副葬品についても基本的な組み合わせに違いはない。海との関係を示す釣針や貝の存在は注目されるものの、鉄刀や鉄鏃、須恵器といった副葬品は、群集墳の一般的な事例と共通している。副葬品からみた社会階層という点では、洞穴墓の被葬者は群集墳の被葬者と変わらぬ集団内の有力家族層であったと考えられる。

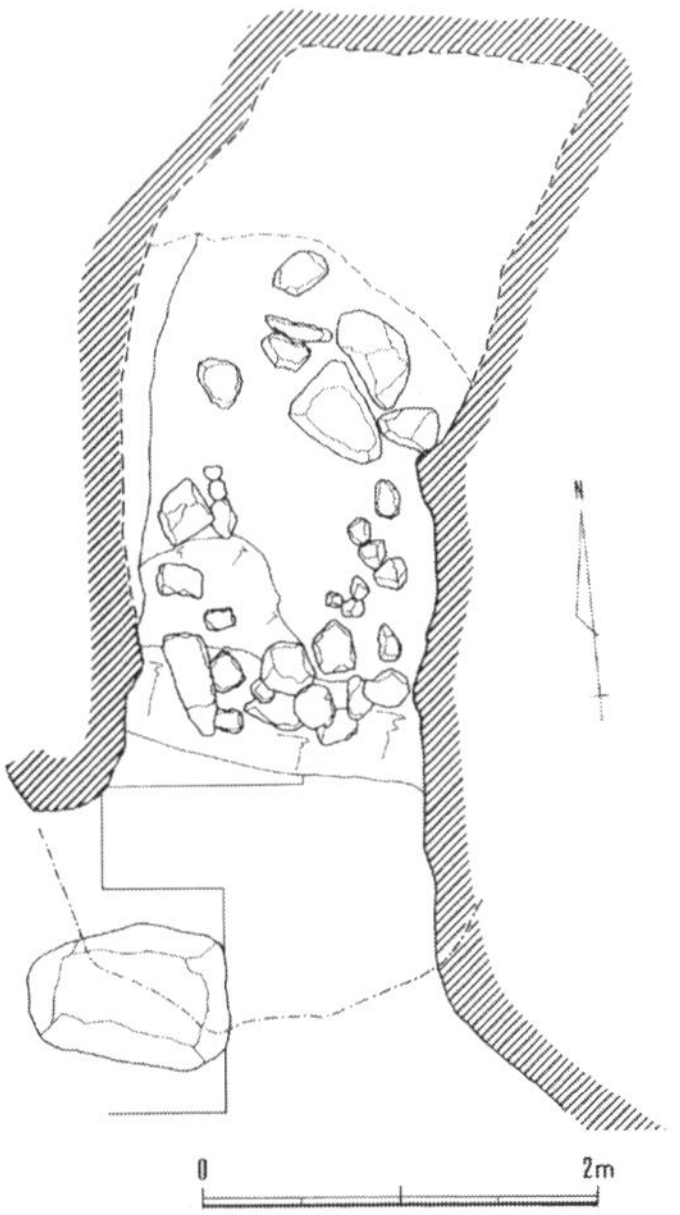

図7　辰ヶ口岩陰遺跡第Ⅰ地点
（『辰ヶ口岩陰遺跡』1998より）

●各地の洞穴墓

伊豆半島にみられるような古墳時代の洞穴墓は、列島各地の海岸部でも確認されている。主なものを北から挙げると、宮城県石巻市五松山洞穴（図8の1、以下同図）、千葉県館山市大寺山洞穴（3）、神奈川県三浦市大浦山洞穴（4）、

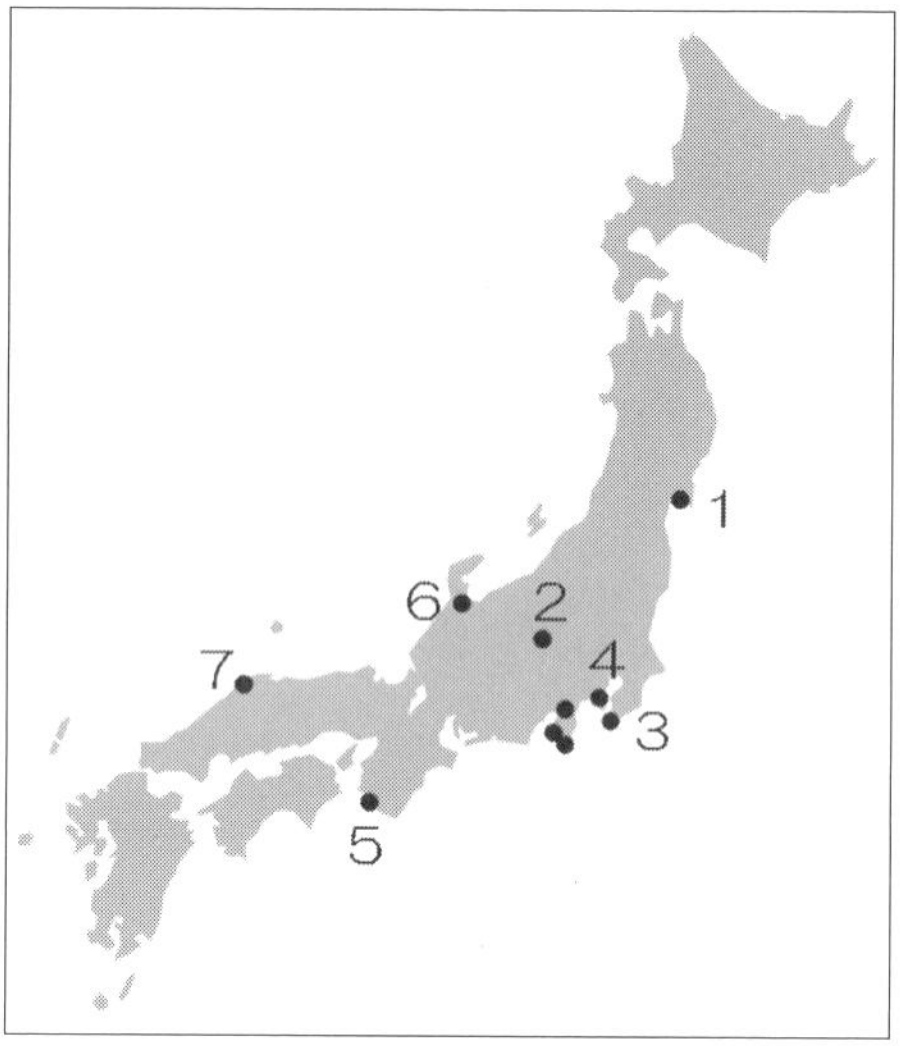

図8　主な洞穴墓の分布

和歌山県田辺市磯間岩陰（5）、富山県氷見市大境洞穴（6）、鳥取県平田市猪目洞穴（7）などである。また、一部は内陸部にも認められ、長野県上田市の鳥羽山洞穴（2）はその代表的な事例である。

それらと伊豆半島の洞穴墓を比較すると、古墳時代の中でもより古い時期のものがあり、埋葬方法などにも明らかな違いが認められる。伊豆半島に近い太平洋岸では房総半島や三浦半島で多くの洞穴墓が調査されているが、それらはいったいどのような内容をもっているのであろうか。

●大寺山洞穴

房総半島南端の海岸部には、縄文時代以降に利用された二〇箇所以上の洞穴が知られており、そのうちの半数近くから古墳時代の遺物が出土している（図9）。もっとも注目されるのは、先に紹介した麻生教授らによって発掘調査が行われ、洞穴墓の実態が詳しく明らかにされた館山市大寺山洞穴である。

大寺山洞穴は、館山湾を望む丘陵に位置する三基の海食洞穴から構成されている。古墳時代の埋葬が確認された第一洞は、奥行き二九m、幅五・五m、高さ四mを測る最大の洞穴で、その内部からは丸木舟を転用したとみられる一〇基以上の木棺が検出されている。棺の周辺からは、多数の人骨片とともに、甲冑、鉄刀、鉄鏃、木製楯、青銅製鈴、玉類、須恵器、土師器などの遺物も出土している。その年代は五世紀前半から七世紀前半におよ

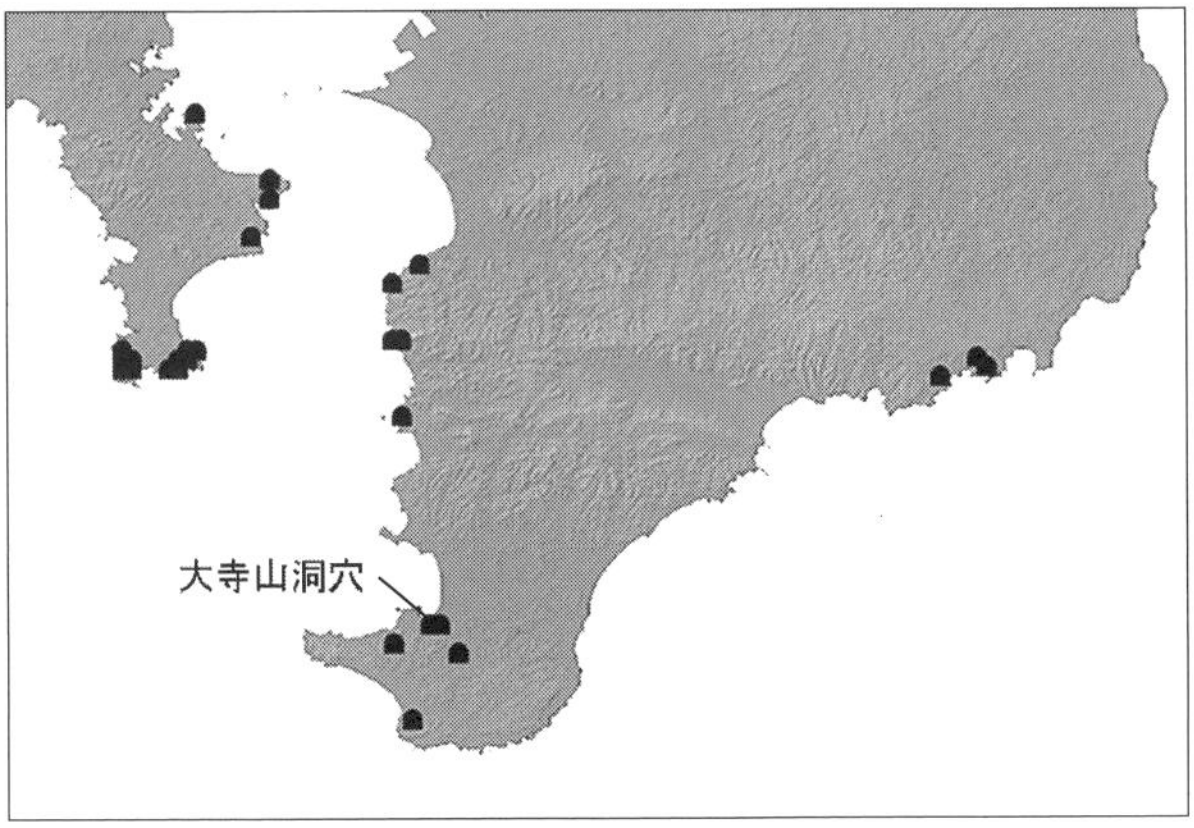

図９　房総半島・三浦半島における洞穴墓の分布

び、洞穴はおよそ二〇〇年間にわたって埋葬地として利用されていたことがわかる。

　この大寺山洞穴における最大の調査成果は、丸木舟を転用した木棺の発見である。日本の考古学界でつづけられてきた「舟葬」の存否論争に終止符を打つ成果であり、古代人の他界観を考える上できわめて貴重な資料を提供するものである。それと同時に、三浦半島の洞穴遺跡でかつて出土した舟形の木棺が、けっして孤立した存在ではないことを示した点においても重要である。海岸部を活動拠点とする対岸の集団に共通の墓制が認められることの意味を問うきわめて重要な成果である。

　いま一つの大きな成果は、五世紀代の埋葬にともなう豊富な副葬品の出土である。とくに、衝角付冑と短甲という鉄製甲冑のセットは、多くの場合、大型古墳などの有力な古墳に認められる副葬品である。それらと同等の副葬品をもつ五世紀代の被葬者について、「海人の首長」[6]という評価が与えられることも十分にうなずけるところである。

　こうしてみると、伊豆半島と房総半島の洞穴墓には、その形成時期や埋葬方法などに明らかな違いが認められる。しかし、それをもって両者の系譜関係を否定するのは早計であろう。洞穴墓という特殊な墓制はやはり重要な共通項であり、また、伊豆半島における洞穴遺跡の研究が房総半島ほどには進んでいないという現状にも配慮する必要がある。その辺りの事情をふまえて、最後に古墳時代の伊豆半島と海の道について考えてみよう。

三　海の道を探る

●駿河湾をわたる海の道

ここまで述べてくればわかるように、古墳時代の洞穴墓は伊豆半島と他地域との広範な交流を示す重要な手がかりとなる可能性がある。その一方で、伊豆半島と近隣地域との交流を示す興味深い資料も存在する。

静岡市宮ヶ崎町に所在する賤機山古墳は、六世紀後半の静岡平野でもっとも有力な人物が葬られたとみられる円墳（直径三二m）である。この古墳の埋葬施設は、近畿地方の影響を強く受けた大型の横穴式石室で、その内部には近畿地方と同様の家形石棺がおさめられている（図10）。注目されるのは、その石棺が「伊豆石」と呼ばれる凝灰岩でつくられていることである。

静岡平野では特定有力者のために用いられた家形石棺ではあるが、じつは伊豆半島の北西部一帯には伊豆凝灰岩製の家形石棺が多く分布している（図11）。東日本の太平洋側で駿河、伊豆以外に家形石棺が分布するのは、美濃、尾張、毛野の地域に限定されるので、これはきわめて特徴的なあり方といえる。

家形石棺をともなう北伊豆一帯の古墳や横穴は、賤機山古墳よりも年代的に遅れるものがほとんどである。おそらく、賤機山古墳の石棺製作にかかわった北伊豆地域の集団がその形態を踏襲したというのが実情であろう。

賤機山古墳の家形石棺は、北伊豆の地で製作され、駿河湾を越えて海路で静岡方面に運ばれた可能性が高いと考えられる。

古墳時代後期における北伊豆地域と静岡地域の結びつきについては、主流となる横穴式石室の形態や箱形石棺の盛行（図11）という側面からも指摘されている。[7] 陸続きの富士地域よりも、北伊豆地域と静岡地域の古墳に強い親縁性が認められるというのである。一方、駿河湾の奥部に位置する富士地域の横穴式石室は甲斐地域のものと共通し、その系譜は三河地域に求められる可能性があるという。

図10　賤機山古墳の家形石棺（筆者撮影）

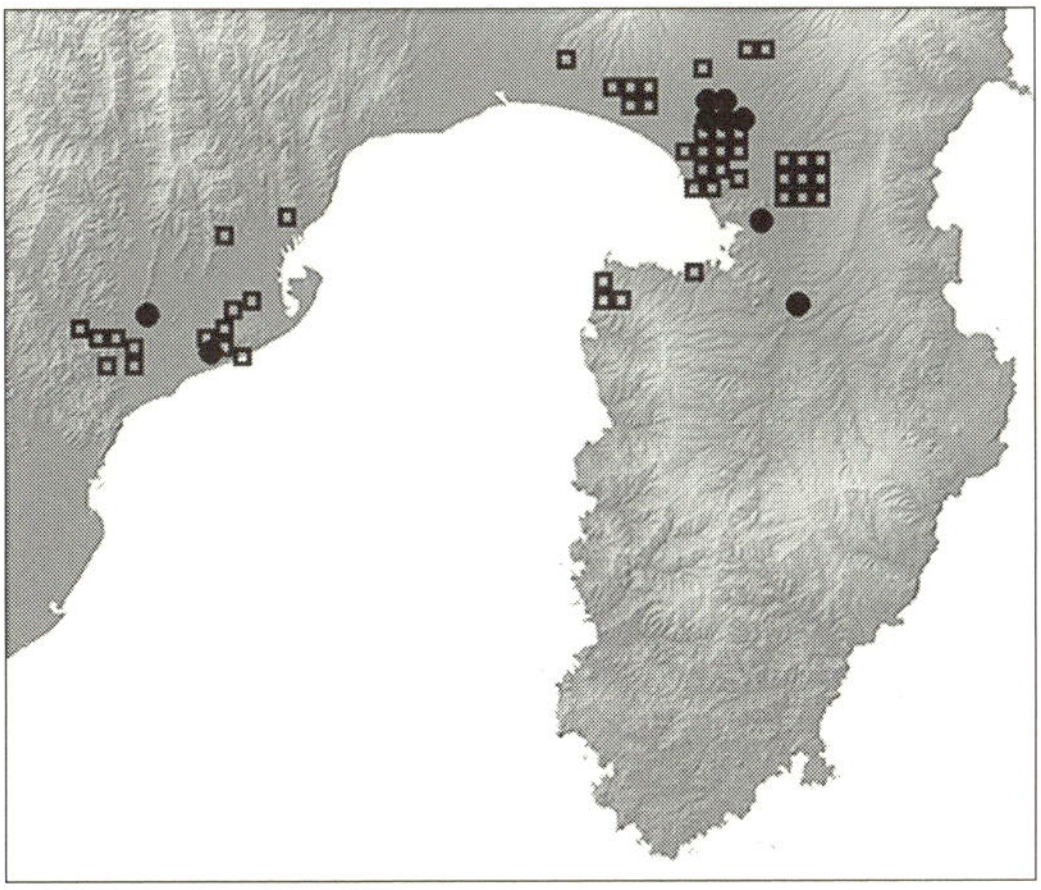

図11　駿河湾地域における石棺の分布
（●は家形石棺、□は箱形石棺）

以上のことを総合すると、伊豆半島の南部に洞穴墓が営まれていたころ、半島北西部には駿河湾を横断する海上交通に関与した人々がいたとみてよいだろう。その候補となるのは、半島北西部に古墳や横穴墓を営んだ人々である。

●列島を結ぶ海の道

伊豆半島北西部の集団が駿河湾を結ぶ海上交通に関与していたとすれば、一方で半島南部の洞穴に葬られたのはどのような人々だったのであろうか。ここで浮上してくるのが、伊豆を含む各地の洞穴墓に葬られた人々は、列島諸地域を結ぶ広域海上交通に関与していたのではないかという仮説である。

洞穴墓の成立については、洞穴の奥に「黄泉の国」を観念した古代人の他界観に深くかかわるとする意見がある。(8) 奈良時代に編纂された『出雲国風土記』には、島根県猪目洞穴のことを記したとみられる箇所があり、猪目洞穴はかつて「黄泉の坂」「黄泉の穴」と呼ばれていたことがわかる。そうした記述などには、横穴式石室にも通じる他界観が読みとれるというわけである。

こうした理解自体は大変興味深いものであるが、ここで問題にしたいのは洞穴墓という墓制を共有した集団の特殊な性格である。他界観に相通じるものがあるとはいえ、洞穴墓という墓制そのものは普遍的に存在するものではない。伊豆半島はもとより房総半島や三浦半島でも、古墳時代の洞穴墓が認められる地域では古墳の分布が極端に乏しい。それらの地域では、古墳をつくるための外的条件に特別な制約があるわけではないのである。

やはり海岸部の洞穴に葬られた人々は、海を越えてひろく結びついた海人集団であったとみるのが妥当な解釈ではないだろうか。近畿地方を主な発信源とする古墳という墓制の強い影響下にあってもなお、特殊な墓制を維持し続けた集団の独自性は際立っている。なお、長野県鳥羽山洞穴のように内陸部に位置する洞穴墓については、海人集団の移住という問題を考慮する必要があるだろう。

近年調査が進展した房総半島などに比べると、伊豆半島の洞穴墓については依然不明な点が多い。房総半島や三浦半島で指摘されている遺体処理方法（再葬、火葬）や舟棺の有無など、細部の比較を行うにはなお資料が不足している。ただし、伊豆の国市笠石山洞穴が五世紀代にさかのぼるとするならば、集落の分布状況からみて、伊豆半島南部に五世紀代の洞穴墓が確認されたとしても何ら不思議ではない。その解明が進められたとき、古墳時代の日本列島を東西南北に結ぶ海の道は、さらに鮮明な姿をあらわすことになるだろう。

おわりに

冒頭にも述べたように、伊豆半島と他地域との海を越えた交流は、旧石器時代にさかのぼる可能性が高い。そして今回取り上げた古墳時代には、その交流が近隣地域のみならず、列島の広い範囲におよんだ可能性がある。その手がかりとなる洞穴遺跡について、伊豆半島における調査研究はなお十分であるとは言い難い。今後、海岸部の組織的な踏査を行うとともに、『豆州志稿』(9)に記された洞窟の実態解明なども進める必要があるだろう。

静岡市内の海岸から晴れた日に望む西伊豆の海岸はまさに手に取るような位置にある。現在多くの人は、その間に横たわる駿河湾を「隔ての海」とみるが、前近代にあっては必ずしもそうではない。むしろそれは、駿河湾地域はもとより、ひろく列島諸地域と伊豆半島を結ぶ「交流の海」であったとみる必要がある。伊豆の歴史や文化を考える上で、こうした視点を欠くことはできないであろう。

(1) 金山喜昭「伊豆半島段間遺跡出土の黒曜石原石」『考古学雑誌』七五―一、一九八九年。
(2) 『静岡県史　通史編1　原始・古代』一九九四年。
(3) 麻生優『日本における洞穴遺跡研究』二〇〇一年。岡本東三編『原始・古代安房国の特質と海上交通』千葉大学考古学研究室、二〇〇二年。ほかに調査報告書多数。
(4) 宮本達希「伊豆半島南部における洞穴遺跡と古墳」『静岡県考古学研究』一六、一九八四年。
(5) 資料を実見する機会は得られていないが、報告に図示された逆刺の深い鉄鏃や波状文を施した須恵器は五世紀後半代のものであろう。尾形禮正・漆畑稔「伊豆大仁町笠石山洞穴発掘調査報告」『駿豆考古』7、一九六八年。
(6) 白井久美子「海人の首長」『房総考古学ライブラリー6　古墳時代(2)』㈶千葉県文化財センター、一九九二年。
(7) 菊池吉修・田村隆太郎「駿河・伊豆の後期古墳」『東海の後期古墳を考える』東海考古学フォーラム、二〇〇一年。
(8) 辰巳和弘『「黄泉の国」の考古学』講談社現代新書、一九九六年。
(9) 寛政一二年(一八〇〇)に編纂された伊豆の代表的な地誌。洞窟の記述も多い。

●コラム●

海と古墳

伊豆半島の基部にあたる沼津市街地から海岸線に沿って県道を進むと、急峻な山地を背後に抱えた大小の入り江が次々と現れてくる。そうした入り江に対応するかのように、入り江を望む丘陵上や岬の先端部には、六〜七世紀の古墳や横穴が確認されている。それらの中には一〜数基単位で存在するものが認められ、そこには海に生業の場を求めた小規模な集団のあり方が想定される。

伊豆西海岸を画する大瀬崎をめぐると、急崖をなす海岸線がしばらくつづく。やがて、つづら折れの道の先に小さな入り江と集落がみえてくる。現在は沼津市となった旧戸田村井田地区である。この井田集落の南側に、海に向かって突き出した標高七〇mほどの丘陵があり、その尾根上に営まれたのが、伊豆西海岸最大の古墳群、井《い》田《た》松江《すんごう》古墳群（静岡県史跡）である。

井田松江古墳群は、江戸後期の『豆州志稿』にも「井田洲郷ノ近所ニ冢多シ曾テ石槨刀鏃ナト掘出セリ」とあり、古くからその存在が知られていた。戦後になり、一九五四年に七号墳、一九六四年に九号墳と一八号墳の発掘調査が行われ、徐々にその重要性が認識されるなか、一九九五年から一九九七年にかけては県史跡指定にともなう保存整備のための発掘調査が実施された。

同古墳群ではこれまでに二三基の古墳が確認されており、そのうち県道建設で消滅したものをのぞく一七基が現存している。古墳はいずれも直径一〇m前後の円墳で、既知の埋葬施設はすべて横穴式石室である。まさに古墳時代後期に一般的な群集墳の姿といえるが、一方で、その地理的環境や副葬品の豊富さなどからは、この古墳群を造営した集団の特異な性格をうかがうことができる。

井田松江一八号墳は、伊豆半島最大級の横穴式石室をもつ直径約一一mの円墳である。近年の再調査で、銀象嵌円頭把頭、金銅製圭頭把頭（いずれも刀の装具）が出土したことから、あらためて過去の出土品を精査したところ、刀の鐔四点に銀象嵌文様が確認された。それらは六世紀末頃を中心に若干の時期差をともなうが、五〜六点におよぶ数種の装飾付大刀を副葬した小規模古墳の例は全国的にも珍しい。

古墳時代後期に盛行する各種の装飾付大刀については、その身分表象的性格が問題とされるが、少なくともそれらの一部を継続的に入手し得た被葬者たちが、この地に安定した経済的基盤と優位な政治的立場を築いていたであろうことは想像に難くない。とはいえ、いま眼下に広がるのは小さな入り江とわずかな可耕地である。

当時の集落と目される井田遺跡の調査では、弥生時代以来の居住と稲作の痕跡が確認されているが、伊豆西海岸の中でこの地の農業生産力が抜きん出ていたとは考えられない。となると、なお考古学的な証拠は不足しているものの、井田松江古墳群の造営集団は目前に広がる海を主要な生業の基盤とし、その活動の延長線上に海上交通の担い手としての役割を増大させていった、とする見方を十分に検討してみる必要があるだろう。

現在、古墳群脇の県道沿いには「煌めきの丘」と名付けられた展望台と駐車場が設けられ、駿河湾越しに絶景の富士山を望むことができる。そこから古墳群に歩を進め、眼下にたたずむ明神池（海跡湖）が海に開いた良港として機能していた往時を想像しながら、豊かな自然に育まれた伊豆の歴史を考えてみるのも面白い。

（滝沢　誠）

井田松江18号墳出土銀象嵌円頭把頭の復元図

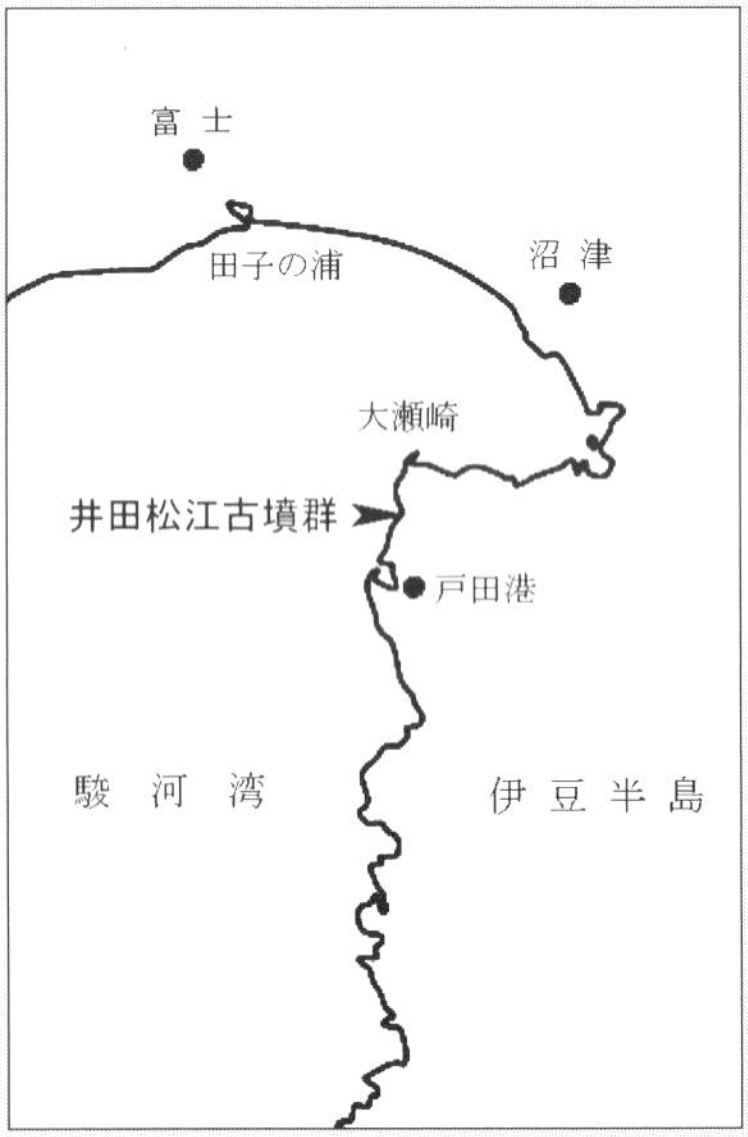

遠江における農耕文化の成立と地域間の交流

篠原和大

はじめに

弥生時代は、日本列島の多くの地域において水田稲作農耕が定着した時代であると考えられている。ただし、その農耕文化の形成のあり方は地域によってさまざまであって、それが、現在に至る列島各地の地域性にも現れているといっても過言ではない。ここでは、旧国で遠江と呼ばれた地域のなかでも西側の浜名湖から天竜川あたりまでの地域（西遠江地域とよぶ）を対象にして、弥生時代に農耕文化が形成されていくあり方をたどっていきたい。それは、この地域と周辺地域、さらに海や山を越えた遠隔地との交流の歴史でもある。

西遠江地域は北側を中部山岳地帯で画されながらも南は遠州灘に面し、浜名湖と三方原台地、天竜川とその沖積平野といった多様な環境を有している（図1）。こうした多様な環境が西遠江地域の独自性を育んだと考えられるが、一方、天竜川や浜名湖、遠州灘は各地との重要な交通路を形成し、西日本・濃尾平野と中部高地、東海東部・関東を結ぶ結節点となっていた。この地域の後期弥生文化に三遠式銅鐸という特徴的な銅鐸の文化が盛行したことやこの地域周辺から東日本各地へ人の移動が起こったことには、このような地理的条件が背景にあると

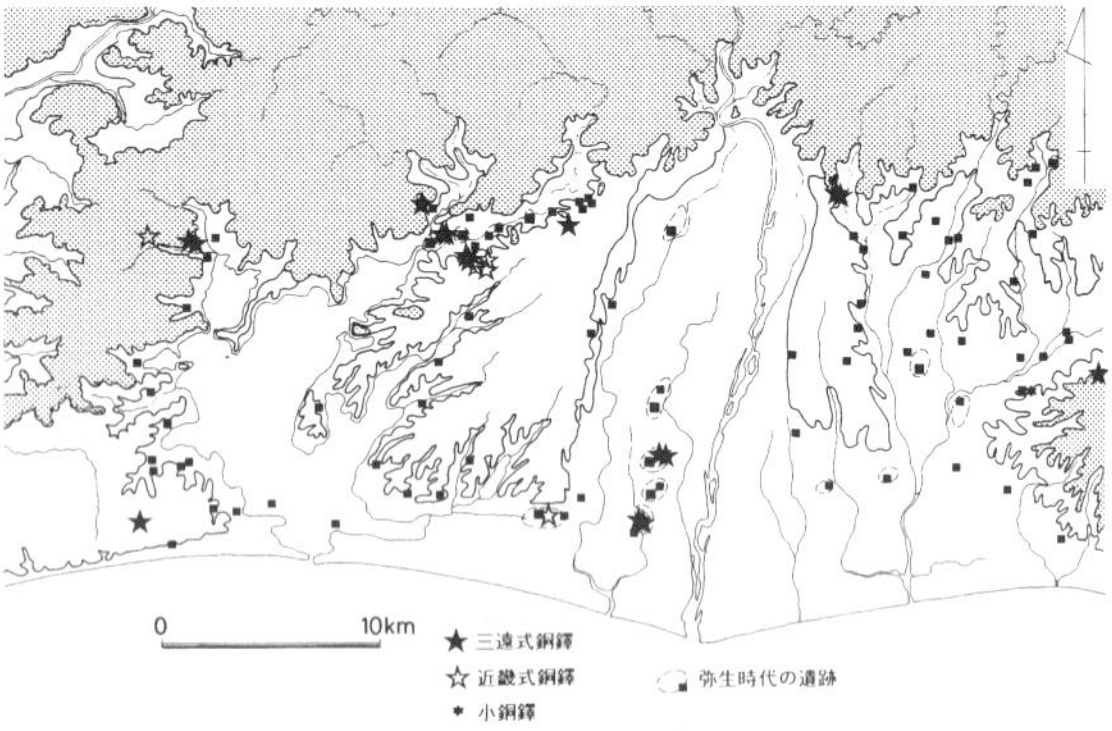

図1　西遠江地域の地形と弥生時代遺跡の分布（註1文献より）

考えられるのである。

以下では、弥生時代の古い段階から時期を追ってその文化の変遷のあり方をとりあげていきたい。

一　遠江地域における農耕文化の形成（弥生時代前期〜中期）

●条痕文土器文化と初期農耕

日本列島における農耕文化は、北部九州に水稲耕作文化が伝えられ、それが列島に広がっていくことによって成立したと考えられてきた。弥生時代前期には愛知県西部の濃尾平野あたりを東限として西日本に類似した土器文化が広がることが知られるが、これらは遠賀川式土器と呼ばれ、初期水稲耕作文化の担い手と考えられている。一方、東日本には縄文文化の伝統を引く土器文化が地域性を持って展開するが、遠賀川式土器文化に接してその東側の中部地域に展開したのが条痕文土器文化である（図2）。したがって、遠江地域の弥生時代はこの条痕文土器文化から始まることになる。

条痕文土器文化の中心は三河・遠江の地域であるが、縄文時代の終わり頃（後・晩期）、この地域には多くの貝塚が残され、海や汽水域の資源を利用する独特の文化が存在した。現在、浜松市立博物館が設置されている蜆塚遺跡もその一つであるが、こうした貝塚の一部は条痕文土器文化の時期まで続いている。条痕文土器の「条

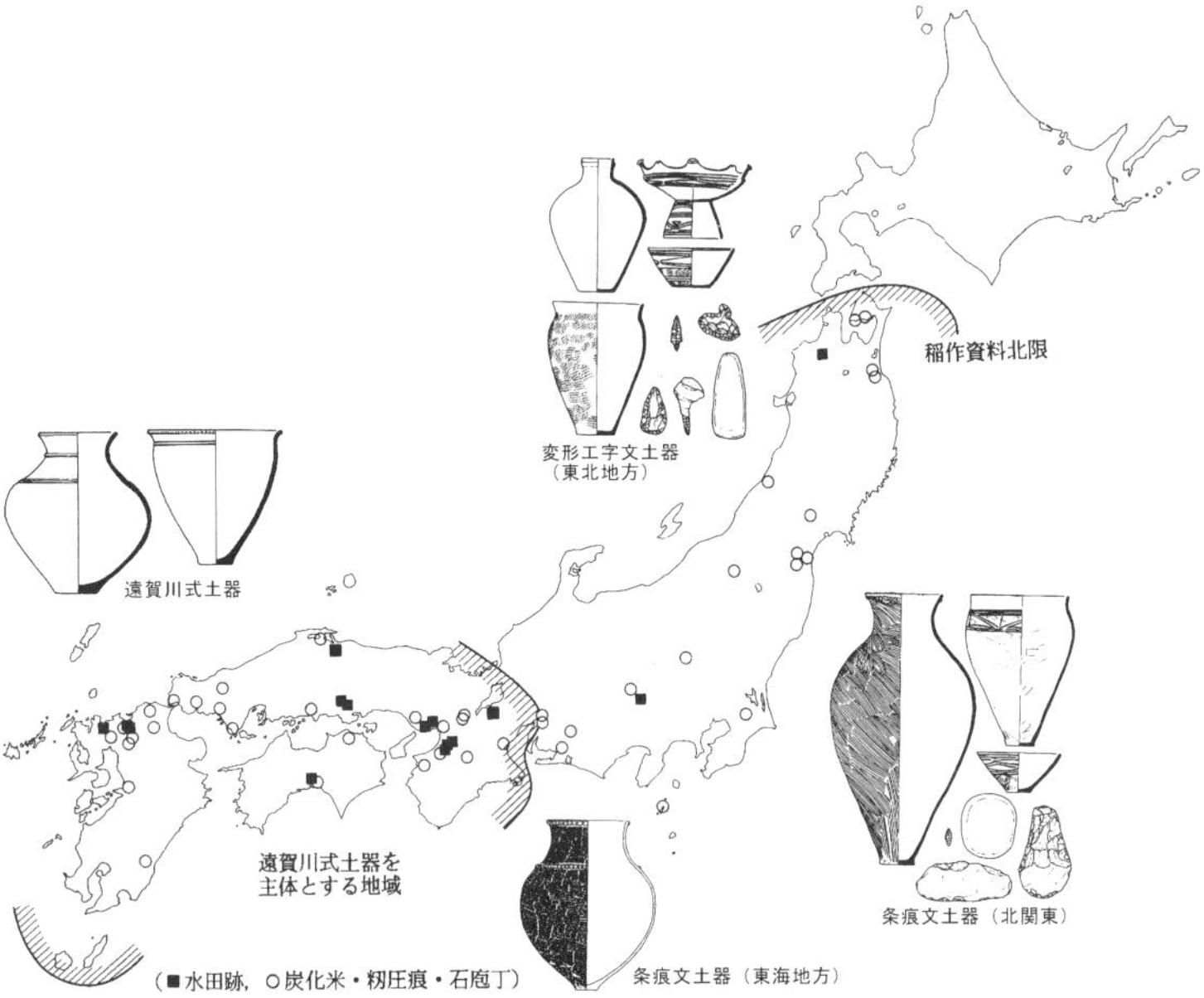

図2　弥生前期の各地の土器様相と稲作資料
（『日本の人類遺跡』東京大学出版会，1992年を改変）

痕」とは、土器の表面を貝殻などで引っ掻いて仕上げる手法のことであるが、条痕文土器文化はこうした縄文時代後・晩期の貝塚文化の伝統を受け継いでいる。この条痕文土器文化は永らく西の遠賀川式土器文化に同化することなく、それと接して対峙し続けるが、その理由の一つにこうした縄文時代以来の伝統の強さが考えられる。

三方原台地の基部を西に流れ、浜名湖に注ぐ都田川の流域には条痕文文化の遺跡がいくつか知られているが、遺跡はいずれも谷部を臨む丘陵上に位置しており、規模は小さい（図3）。前原Ⅷ遺跡や沢上Ⅵ遺跡では[1]、竪穴住居状の穴や掘立柱建物の柱穴が見つかっており、谷の奥部の小高い丘の上に集落があったと考えられる。また、土器を二つ口を合わせて小児用の棺にした土器棺墓がいずれの遺跡でも見つかっている（図4）。このような土器棺墓は三河・遠江の条

図3　都田川流域の条痕文土器文化の遺跡（註1文献より）

痕文文化に特徴的なものであって、愛知県豊川市の麻生田大橋遺跡[2]では、土器棺墓が大量に見つかっており、周囲に分散的に住んだ人々の共同墓地であると考えられている。都田川の流域でも小規模な集落が分散的に存在した様子が復元できる。前原Ⅷ遺跡や沢上Ⅵ遺跡の出土遺物（図5）には狩猟用の石鏃（やじり）や伐採用の磨製石斧、土掘具である打製石斧、堅果類を磨り潰す磨石などがあり、狩猟とともに植物資源を利用する縄文時代的な生業を営んでいたことがわかる。ただし、打製石斧の存在が顕著であることも注目され、これを用いて地面を耕作し、畑作や簡単な水田を作って穀類などを栽培していた可能性も考えられる。土器は、条痕文土器が主体であるが、遠賀川式土器も少量認められる。これは西の農耕文化の担い手たちと交流を持った証拠でもある。

●東日本初期農耕文化の重層性

弥生時代前期の間に西日本に広がった遠賀川式土器の文化は、水稲耕作をおこなった文化と考えられ、水田や木製の農具、それを作るための加工用石器などが各地で見つかり、稲作をおこなった村の様子が知られる遺跡も

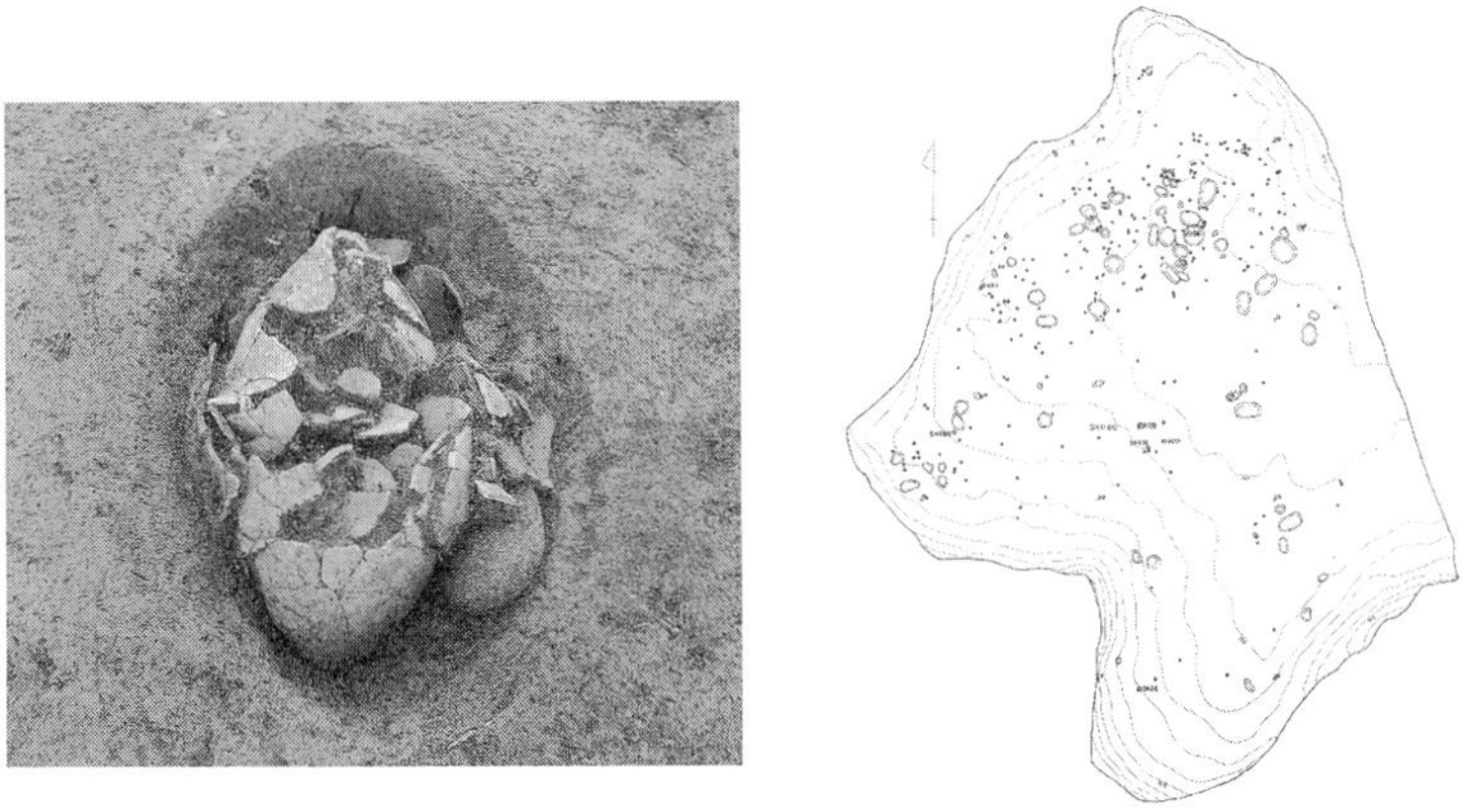

図４　前原Ⅷ遺跡の全体図（右）と沢上Ⅵ遺跡の土器棺墓（左写真）（註１文献より）

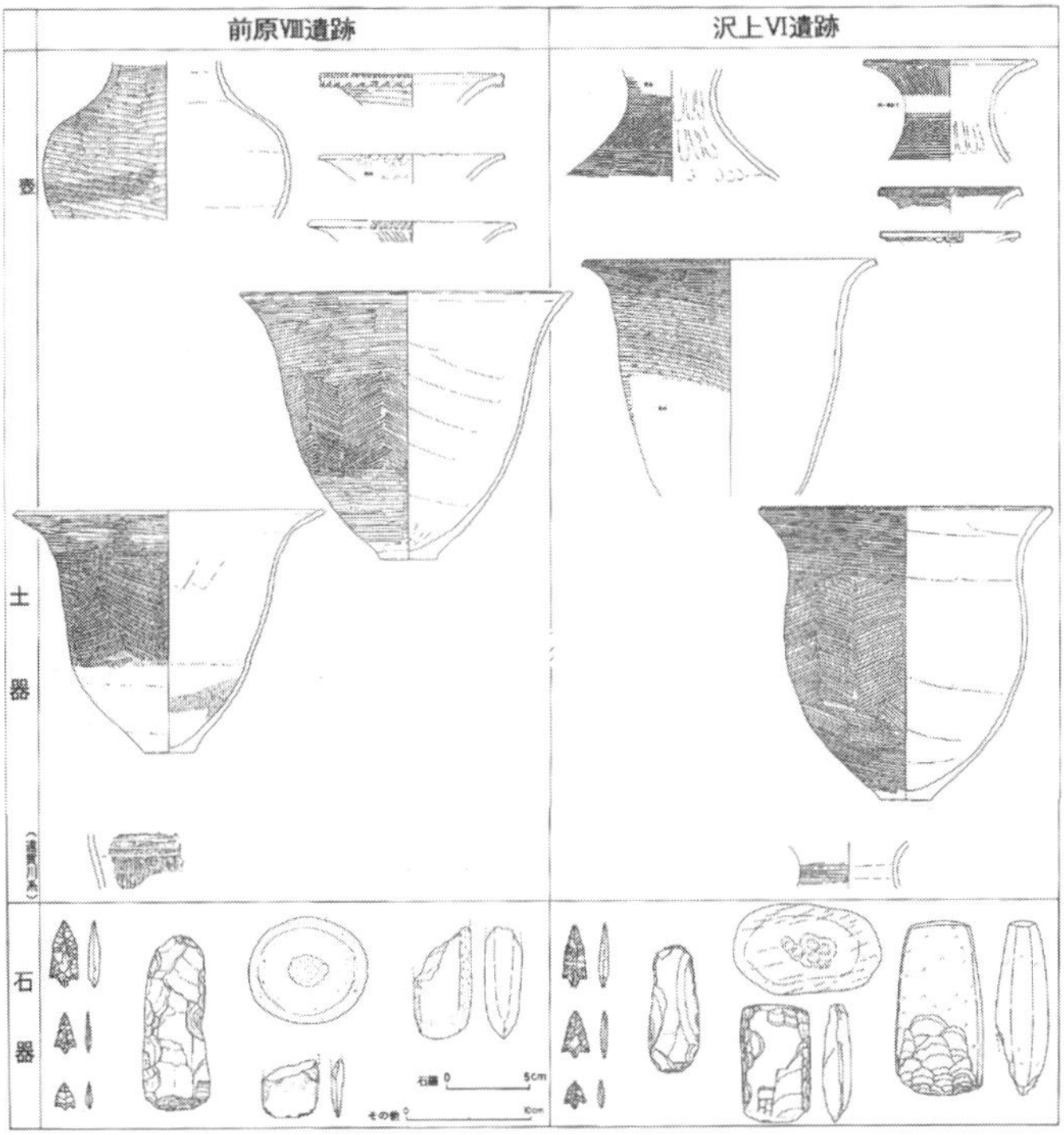

図５　前原Ⅷ遺跡と沢上Ⅵ遺跡の出土遺物（註１文献を改変）

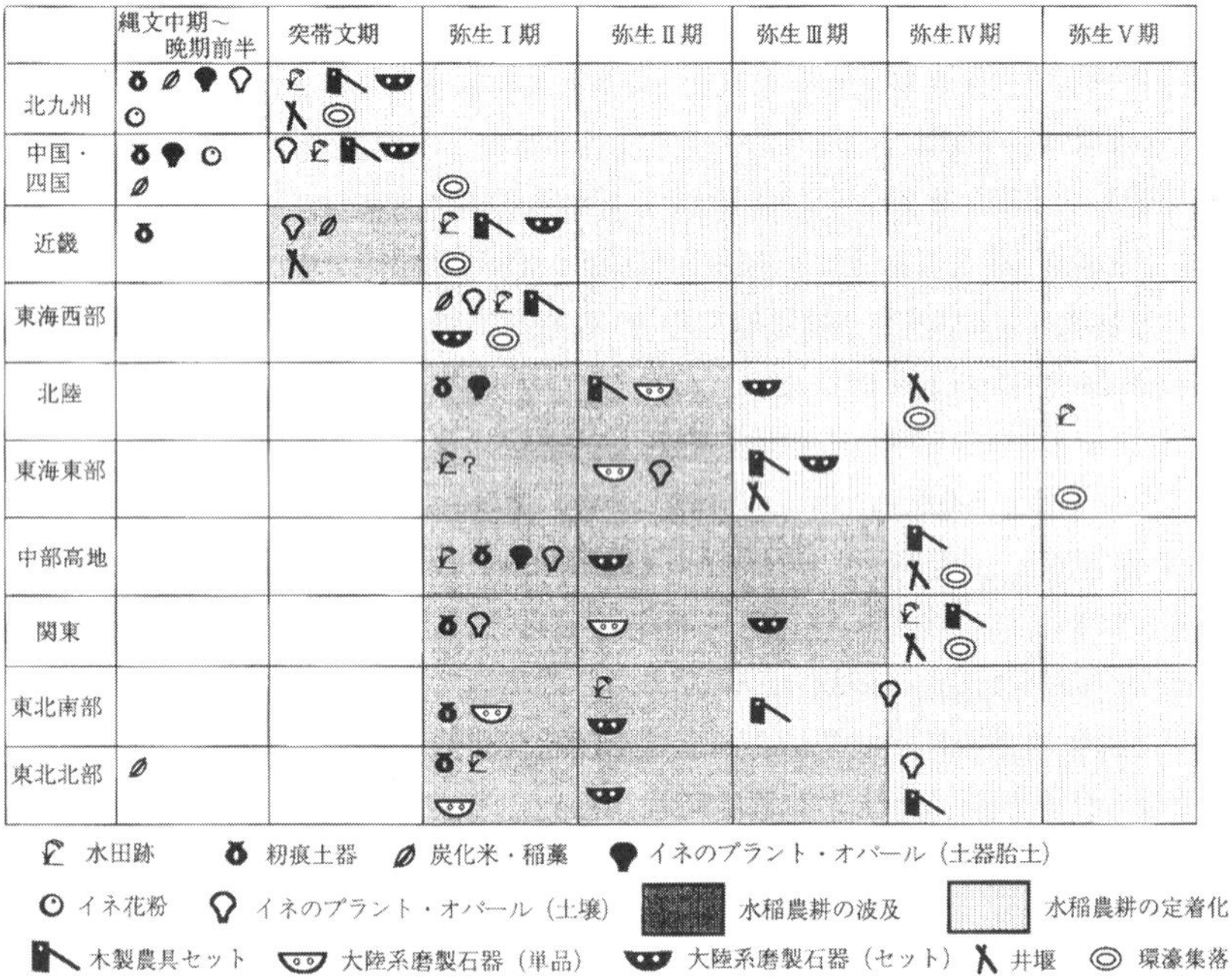

図6　日本列島各地のイネ資料と水稲稲作技術の出現時期

（中山誠二「日本列島における稲作の受容」『食糧生産社会の考古学』朝倉書店，1999年）

ある。一方、東日本の各地でもこの頃になると土器についた籾殻の圧痕やプラントオパールと呼ばれるイネの組織が遺跡や土器の中から見つかるなど、米や穀物を利用した証拠が見つかるようになる。ただし、木製農具や石器のセット、何より水田耕作を主体的におこなったと考えられる農耕集落はこの段階には見当たらない。図6は、列島各地で稲作農耕文化の諸要素がどのように出現するかをまとめたものである。西日本では、弥生前期（弥生Ⅰ期）の間に農耕社会が定着する。一方、東日本では、やはり弥生前期に稲の利用が始まると考えられるが、水田耕作の技術や文化が定着するのには、弥生時代の中期中頃（弥生Ⅲ期）を待たなければならない。この図は、東日本におけるイネ資料の出現と農耕社会の定着の間に「ずれ」があることを示しているのである。

条痕文土器文化はこの「ずれ」の時期の文化にあたる。その内容をよくみると、前原Ⅷ遺跡や沢上Ⅵ遺跡のように人々は小規模な集団で生活し、多様な生業を行っていた。特にこの時期、中部地方や関東地方では打製石斧の利用が盛んになり、大型化することが知られているが、こうした打製石斧を用いた穀類の耕作・栽培が、多様な生業の中の一つとして取り入れられたようである。それは、西の水稲耕作文化の影響ととらえることもできるが、道具の組み合わせなどは縄文時代以来の体系にある点にも注意しなければならない。よく似たことは、実は西日本の縄文時代後半期にも認められる。近年西日本の縄文時代後・晩期を中心としてコメや雑穀などの栽培植物資料が多く発見されるようになり、この時期すでに朝鮮半島に見られるような穀物の栽培が生業の中に取り入れられていたことは通説化してきているのである。つまり、列島の農耕の開始は、畑作を中心とした穀類の小規模な栽培が先に存在し、新たに弥生文化の指標となった水稲耕作文化が導入されたと考えられ、二つの農耕のかたちは列島内で地域差と時間差とを持って重層的に展開したといえそうである。それらの詳細は、まだこれからの研究課題であるが。

条痕文文化の人々は、比較的小さな単位の集団で活動しながらも、比較的強い地域的なつながりを持っていたと考えられている。その根拠になるのは、先にあげた麻生田大橋遺跡のような大規模な共同墓地の存在である。同じようなことは、関東地方や東北地方にもあてはまり、これらの地域では、集落の存在は不明瞭であるのに、土器棺再葬墓と呼ばれる壺に二次葬骨を入れて葬る墓が一つの遺跡で大量に見つかる例がある。こうした東日本の各地も弥生時代中期の中頃（弥生Ⅲ期）に水稲耕作文化を受け入れることになるが、その担い手は、外来集団ではなく、こうした地域集団がその集団のあり方を変えたものだったようである(3)。

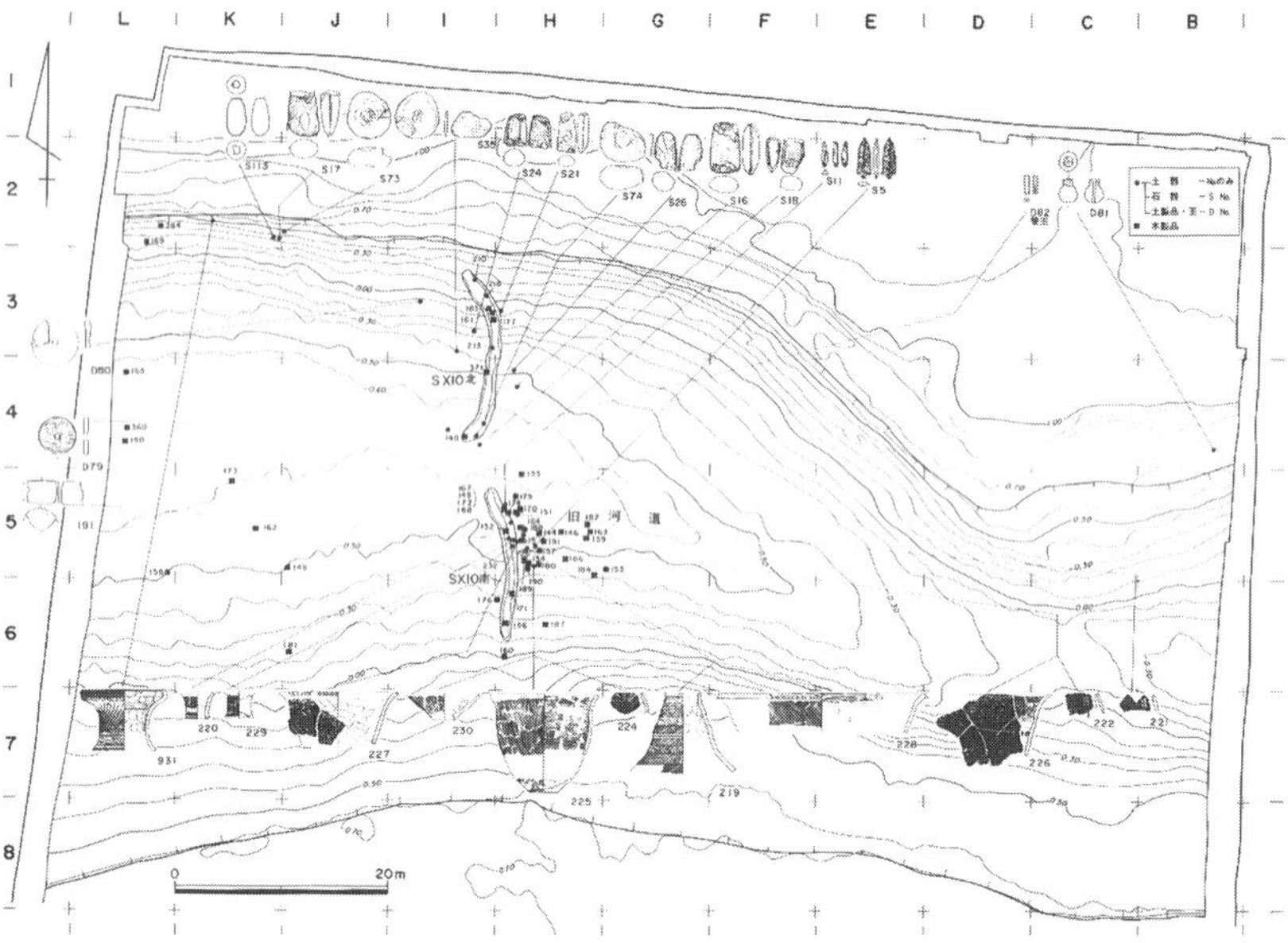

図7　梶子北遺跡低地部の弥生時代中期中葉遺物出土状況（註4文献より）

●農耕集落の成立（弥生時代中期中頃～後半）

弥生時代中期の中頃（弥生Ⅲ期）、三河と西遠江の土器の特徴は、尾張地域の影響を受けながらも強い独自性を持った瓜郷式土器へと変化する。この時期には、丘陵部の遺跡は姿を消し、低地部に遺跡が現れる。三方原台地の南縁の低地部に位置する梶子北遺跡[4]はこの時期の西遠江地域を代表する遺跡である。集落の様子は明らかではないが、川の跡から土器とともに蛤刃石斧や柱状の片刃石斧、茎の付いた細身の石鏃、打製石剣など西日本の弥生文化に通有の石器類が出土し、木製の広鍬、叉鍬、杵、石斧柄など農耕具や水稲耕作にかかわる製品が出土している（図7）。木製農具には作りかけの未成品が含まれているから、このムラで農具が作られたことがわかるが、そのためのさまざまな工具類もそろっていたと考えられる。前代の条痕文文化からは道具の組み合わせ（物質文化）が大きく変り、水稲耕作をおこなうための技術が体系的に導入されたことがわかる。南側の梶子遺跡や城山遺跡、北側の中村遺跡では、環濠（集落を囲む溝）やたくさんの方形周溝墓（図８）が見つかっており、弥生中期後半（弥生Ⅳ期）にかけて規模の大きい集落に発展したと考えられる。また、都田川流域では、最近、都田川河口近くの井通遺跡が調査され、弥生中期後半を中心とする数多くの住居跡や環濠が見つかっている。

このように、弥生中期中頃から後半にかけて低地部に規模の大きな集落が形成され、灌漑水田耕作を主要な生業とする生活が開始された。灌漑水田耕作は、河川に堰を構築し、水路を引き、土地を開いて畦畔をつくり、水田を広げていく作業である。これらの作業をおこない、それを維持管理していくためには、まとまった労働力が継続的に必要とされる。また、そのために道具を作り、補給していかなければならない。つまるところ、灌漑水田を導入すること自体に、規模の大きい集団を形成することが必要であり、それを指揮管理していく指導者的な人物や組織が必要とされるのである。そうした集団を維持するためにも環濠で囲まれるムラのスタイルや方形周溝墓のような新しい墓制が導入され、それらを貫くイデオロギーにもとづいた祭祀がとりおこなわれたであろう。

図８　中村遺跡（南伊場地区）の中期後半の方形周溝墓
（『中村遺跡（南伊場地区）』浜松市文化協会，2003年より）

同じ頃の中部・関東地方を見渡すと、静岡平野の有東遺跡、小田原平野の中里遺跡、房総半島の常代遺跡など、数は限られるが沖積地に規模の大きい集落が形成され、灌漑水田耕作が開始されたものと考えられる。これらの集落はまたそれぞれの地域の伝統的な土器文化の延長にとらえられる土器様相をもっているが、特に太平洋岸の各地では、外来系の土器として伊勢湾岸の土器とともに瓜郷式土器が発見される場合が多い。弥生前期以来、東日本的文化の西界に位置した三河・西遠江の地域は、いち早く灌漑水田の農耕文化を導入し、その東日本における導入にあたって、各地に技術提供者を派遣したのではないだろうか。

二　弥生農耕社会と銅鐸のまつり（弥生時代後期）

●伊場環濠集落と銅鐸の時代

弥生時代後期（弥生Ⅴ期）になると少し様子が変った集落が現れる。伊場遺跡とその周辺の梶子遺跡などを含めた遺跡群（伊場遺跡群）(5)がそれである（図9）。伊場遺跡では直径約一〇〇メートルの範囲を瓢箪のような形の環濠で囲った区域（居住域？）が見つかっており、溝は掘り足されて結果として三重にめぐるように見える（図10）。溝の中には完全な形の土器が大量に捨てられていて、彫刻を施して赤彩された木製の短甲なども見つかっている。溝の内部の様子はよくわかっていないが、明らかに特殊な空間であると考えられる。北側に一〇〇メートルほど離れた梶子遺跡では、東西四〇〇メートルほどの区域を溝で囲った居住域が見つかっており、内部には掘立柱建物が集中して建てられる地点も確認されている。伊場遺跡の環濠と梶子遺跡の環濠集落は同時期に継続して存在したようであり、地点を分けてある程度機能が分化した空間に、やはり大きな集団が居住した集落といえそうである。さらに北側の梶子北遺跡では、数多くの土坑墓群（図11）が発見されているが、中期に数多く構

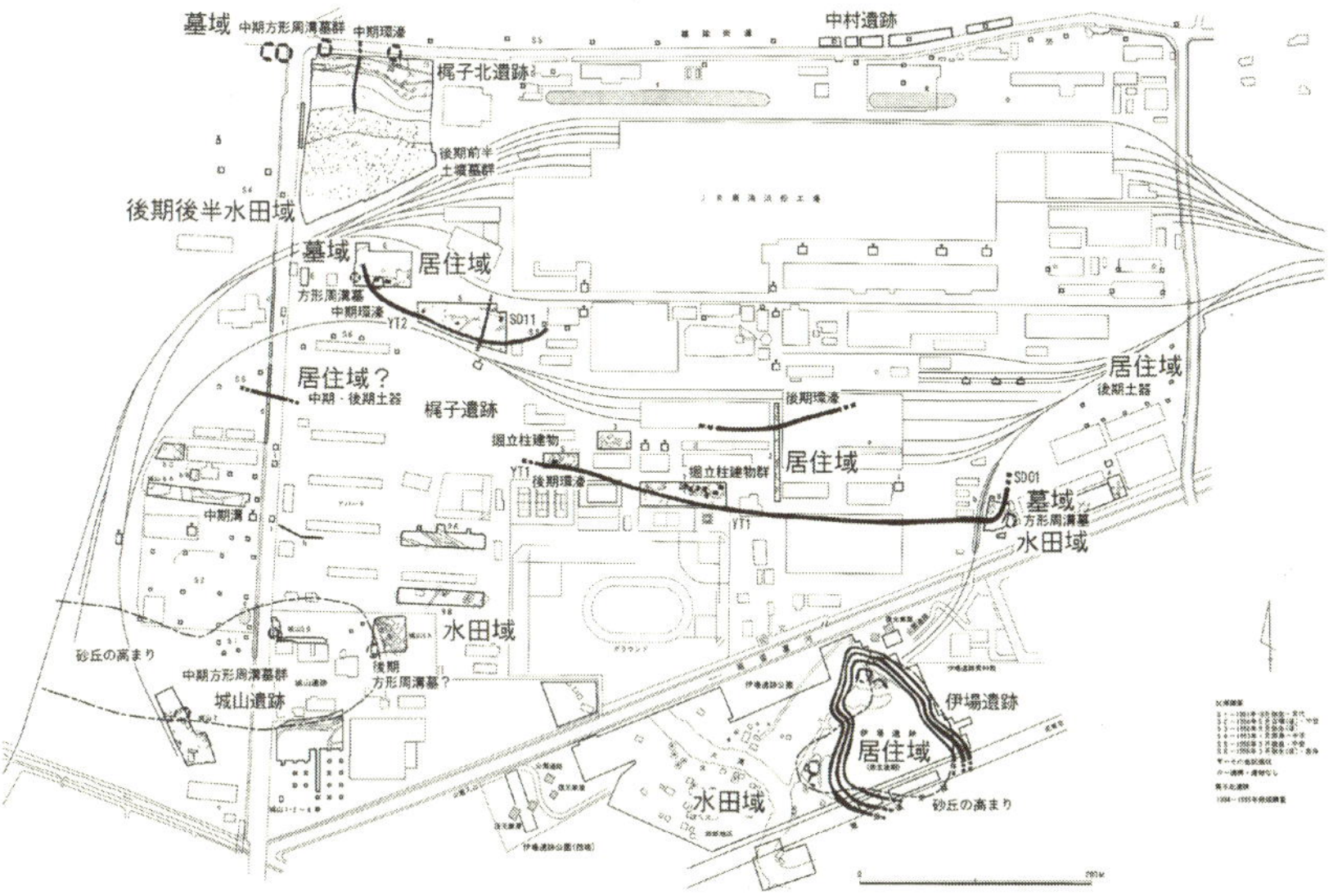

図９　弥生時代の伊場遺跡群（鈴木敏則『城山遺跡Ⅶ』浜松市文化協会，2000年より）

図11　梶子北遺跡の土坑墓群
（註４文献より）

図10　伊場遺跡の三重の環濠
（『弥生の“いくさ”と環濠集落』
横浜市歴史博物館，1995年より）

築された方形周溝墓の存在ははっきりしない。おそらく手厚く葬られる人々と土坑墓に葬られる人々の間に階層的な差が生じてきた結果であると考えられる。水田は集落の周辺に営まれていたと考えられ、土坑墓群が存在した地点は、その後水田が開かれる。

こうした伊場遺跡群の全体像は、長年の調査によって次第に明らかになってきたものであるが、あらためて、伊場遺跡群の中での三重環濠の評価が問題となる。集落を統括した首長が存在し、その居住空間であったとの解釈もあろうが、弥生後期のこの地域で、突出した個人の権力を示すような物的証拠は希薄である。先に述べたように、灌漑水田耕作をおし進めていくためには、多くの人々の協力が必要であって、農業をきっかけとした共同体が形成される。また、水利によって結ばれる集団の間にも協力関係が必要となってくる。こうした農業共同体を維持していく仕組みが必要となるのだが、弥生時代中期ごろから、東日本各地でも発見される集落内部に建てられた大型の掘立柱建物が持つ象徴性やそこでとりおこなわれたと考えられる祭祀は、そうした機能を持ったと考えられる。後に述べる銅鐸のような祭祀遺物も共同体の結束をはかる祭りの道具として使われたであろう。また、集落の周りに大規模な溝を掘る環濠集落も、そうした共同作業をおこなって集住村落をつくる行為自体に共同体の結束をはかる機能があると考えられるようになってきた(6)。伊場遺跡の三重の環濠に囲まれた地区は、大量の土器や特殊遺物の出土からも祭祀的な空間が想定され、それが集団の中の特別な階層とかかわる可能性も考えられるが、少なくともここに住んだ多くの人々の結束や地域共同体の安定をはかる社会的な役割を持った空間であったといえよう。

伊場遺跡群の集落が出現した弥生後期には、地域的な集団関係にも大きな変化が見られる。土器作りに見られるように条痕文土器文化以来、三河・西遠江の地域は、伝統を維持しながら西の伊勢湾地域と対峙してきた。し

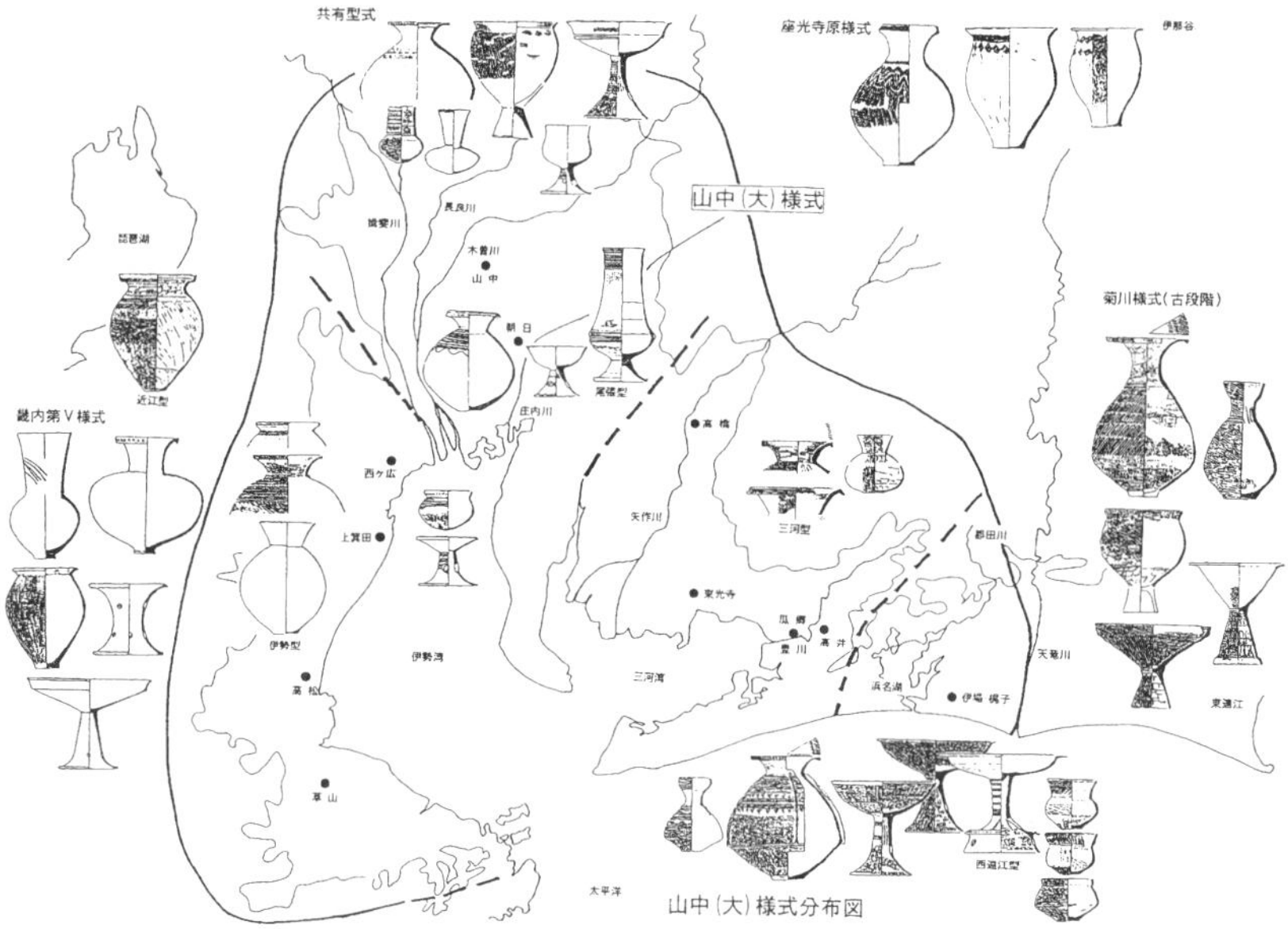

図12　東海の後期弥生土器（山中（大）様式分布図）
（鈴木敏則「遠江」註11文献より）

かし、弥生後期になると尾張や美濃、伊勢などの地域とも共通した、大きく山中式土器として括られる土器文化圏に組み込まれる（図12）。伊場遺跡の土器の組み合わせには中期に少なかった高坏や小型の壷、鉢類が多くみられるように、西遠江地域の土器様相は伊勢湾岸と共通したスタイルになり、天竜川以東の東遠江地域との差が明瞭になってくる。伊勢湾岸を中心とするこの土器文化圏は、いわゆるクニにあたるような地域圏を反映しているとも考えられるが、西遠江地域はその東の境界部に位置する地域となった。

●共同体のまつり——銅鐸

西遠江地域の弥生時代を代表する遺物として大型の青銅製品である銅鐸がある。天竜川の西岸や都田川流域のほか、旧三ヶ日町や豊岡村などでその出土が知られる（図1参照）。銅鐸は集落遺跡とは関係しないような地点から出土することが多く、西遠江地域の銅鐸も多くは偶然発見されたものである。特に都田川流域では多くの銅鐸が知られている（図13）が、そのような中で前原Ⅷ遺跡の銅鐸（図14）は発掘調査で出土したものとして注目される。この銅鐸は調査区西側の斜面寄りの部分にそれがちょうど収まるくらいの穴を掘り、鰭（ひれ）の部分を上下にして横倒しに埋められていた（図15）。前原Ⅷ遺跡は先に述べた条痕文文化の遺跡で、銅鐸の時期と考えられる弥生後期の遺構は同じ丘陵上や谷部を含めてほかに発見されていない。東側の別の谷奥には、弥生後期の集落が発見されているから、この銅鐸が埋められた谷は神聖視された空間で人が住まわなかったとも考えられている。このほかに都田川のさらに下流からは、九個もの銅鐸の出土が知られている。そのうちの六個は、中川地区の一つの谷筋に集中しており、ここもまた聖域であった可能性がある。

西遠江地域で発見されている銅鐸は、突線鈕式と呼ばれる銅鐸の中では最も新しい型式の銅鐸である。[7]弥生時代に日本列島で作られるようになった銅剣・銅矛・銅戈・銅鐸などの青銅器は、もともと実用品であったが、次第に祭器として変化し、大型化して非実用品となることが知られている。銅鐸ももとは吊り手のついた小さな鐘であったが、吊り手は扁平になり音を鳴らすために中に下げられた舌は失われ、装飾豊かな大型品へと変化した。この変化を「聞く銅鐸」から「見る銅鐸」へと表現した田中琢氏の考察は著名である。[8]大型化した最後の銅鐸である突線鈕式銅鐸は、三遠式銅鐸と近畿式銅鐸に分けられるが、近畿式は近畿地方を中心に広く分布し、三遠式は東海地方東部、三河遠州地域を中心に分布することからその名もつけられている。三遠式と近畿式の違いははっきりしていて、三遠式は吊り手の部分に耳がつかない、帯状の文様の真ん中に引かれた太い突線が鰭の部分にまで突き抜ける、断面形が円ではなく楕円であるなど近畿式とは異なる特徴を持っている（図16）。

銅鐸が何のためにつくられどのように使われたかは諸説があって定まっていない。出雲（島根県）の加茂岩倉

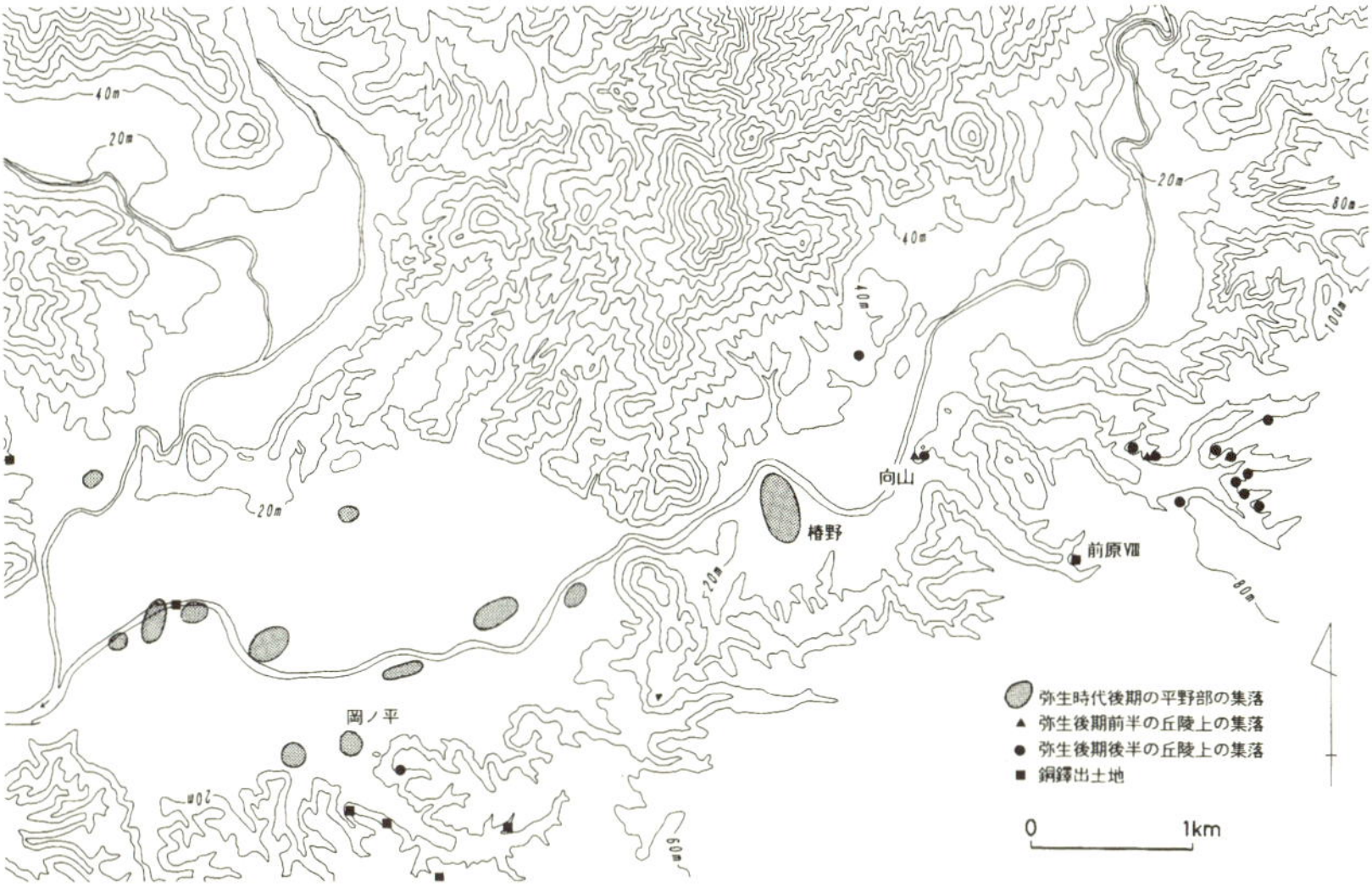

図13　都田川流域の弥生時代後期の遺跡（註１文献より）

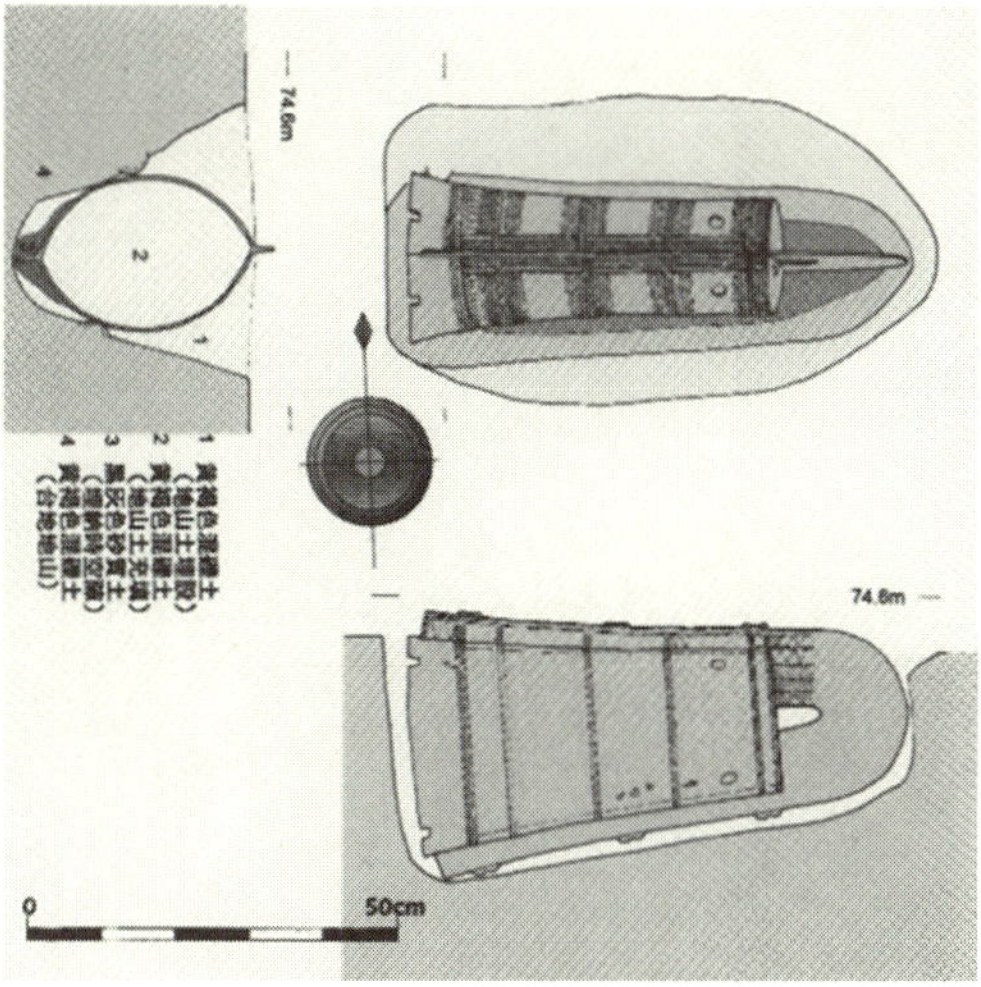

図15　前原Ⅷ遺跡銅鐸の埋納状況
（大田好治「静岡県浜松市前原銅鐸の発掘調査」
註７一宮博物館2007年文献より）

図14　前原Ⅷ遺跡出土銅鐸
（出典は図11文献に同じ）

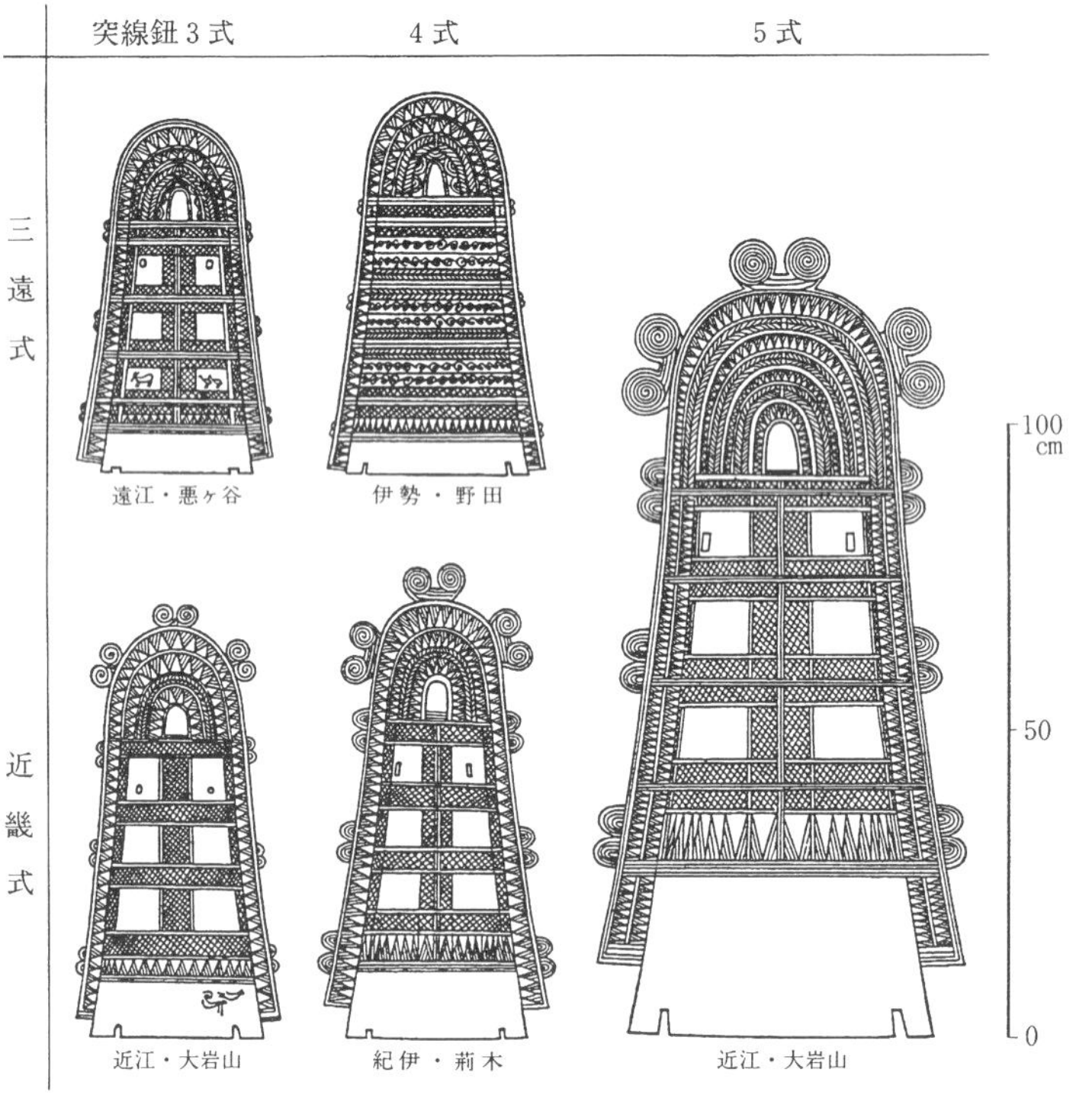

図16　近畿式銅鐸と三遠式銅鐸の比較
（春成秀爾「最後の銅鐸」『邪馬台国時代の東日本』六興出版，1991年より）

遺跡では多くの銅鐸が出土して注目されたが、これらはそれまで使われてきた銅鐸が弥生中期末頃に集められて一括埋納されたものであることがわかってきた。山陰地方や吉備などの地域ではその後の弥生後期には大きな墳丘をもつ墓が作られて、そこでおこなわれた首長権力の継承儀礼が祭祀の中心になると考えられている（図17）。これはその後の古墳の発生に大きく影響した。こうしたことから考えると銅鐸は個人の墓などに埋葬されるものではなく、それ自体が祭りのシンボルとなって農業共同体のような集団の祭りに使われたものであろう。その終焉と入れ替わるように首長の権力が明確化するというのである。同じ弥生後期に近

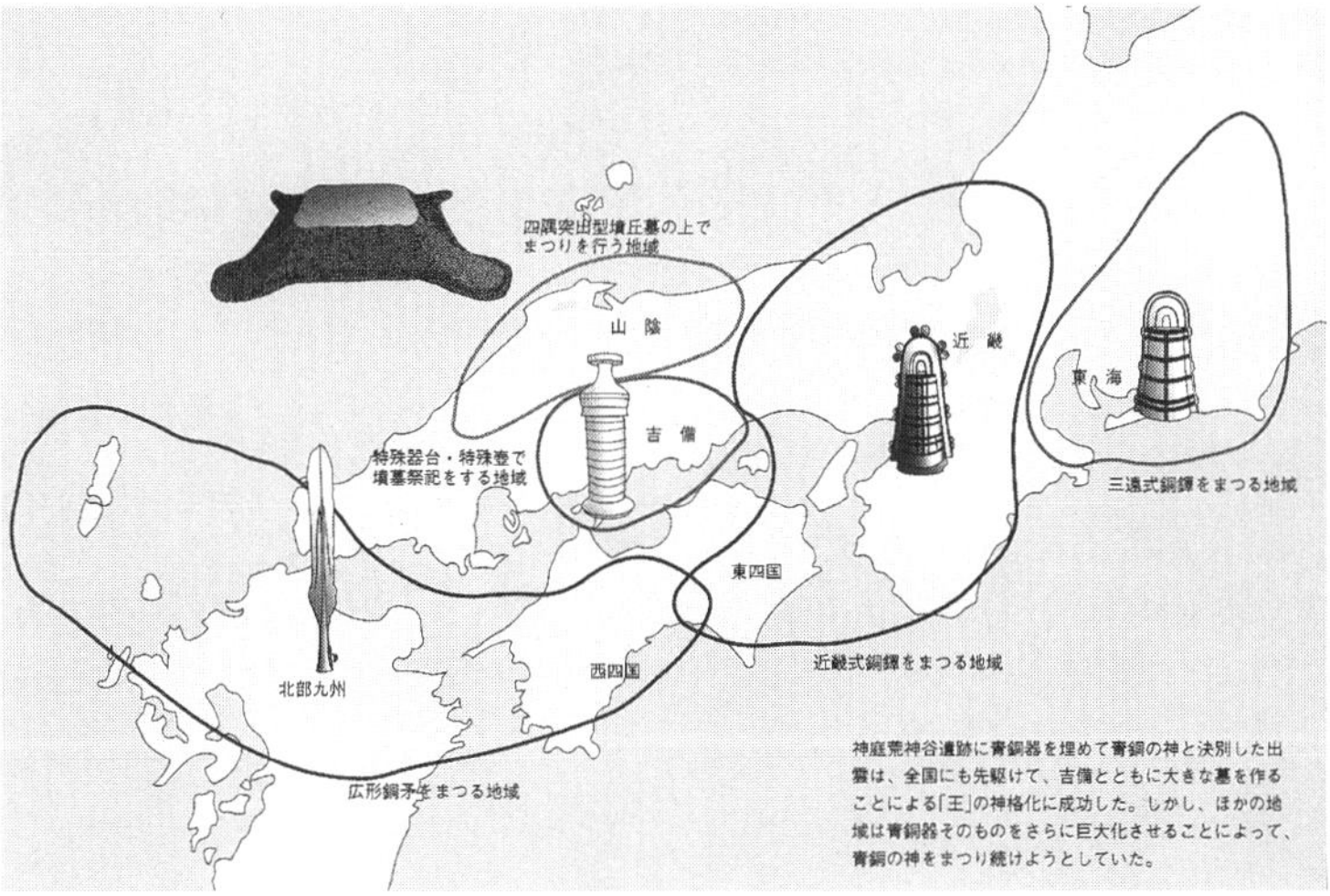

図17　弥生後期の各地の祭りのシンボル
（『古代出雲文化展』島根県教育委員会，1997年より）

畿地方や東海地方では銅鐸がさらに大型化して使われ続けたが、それらは多くの発見例がそうであるように最後には地中に埋められた。

近畿地方でこの最後の銅鐸が多数見つかった遺跡として近江（滋賀県）の大岩山[9]が著名である。琵琶湖の東岸に臨むこの丘陵から西に約五キロメートル離れた平野部の伊勢遺跡では近年祭祀的な性格が考えられる大型建物が多く発見され、近畿の勢力の中でも東海との境界に近いこの地域が、祭祀的なセンターとして重視されたのではないかと考えられるようになっている[10]。先に西遠江は弥生後期に伊勢湾を中心とする勢力圏に入り、その東縁に位置したと述べたが、浜名湖に臨む都田川流域に銅鐸が多く埋納されたことは、さらに東の文化圏との境界に位置するこの地域が東海の勢力の中でその領域を示す祭祀の場として重視されたと想像することもできる。都田川の低地部には、椿野遺跡や祝田遺跡といった弥生後期の遺跡が知られているが、そこには大規模な祭祀遺跡があったのではないか、といった想像も膨らむのである。

図18　西遠江地域の弥生後期遺跡分布

三　地域開発と人の移動

●伊場遺跡の盛衰と地域開発

伊場遺跡群は弥生後期前半に大規模な集落となったが、後期の後半にかけて居住域は縮小し、水田などがつくられるようになる。それと前後するように周辺には家形土器の出土で知られる鳥居松遺跡など新たな集落が増加する。天竜川西岸の山の神遺跡周辺などでも同様な現象が見られるが、拠点的な居住から、地域に分散した居住に集落のスタイルを変えることによって、開発の地域を広げる戦略がとられたのであろう（図18）。その背景には、分散した集落間で協力して開発をおこなっていくような農業を通じた共同体が形成されていたと考えることができる。

●東国へ渡った人々

同じ弥生後期の頃、天竜川以東から関東にかけての地域では各地に独自性の高い土器文化があった。これらの地域では、東海地方の土器がしばしば出土することが知られていたが、調査が進む中で、各地域の隙間を埋めるように西遠江・三河の土器（伊場式・寄道式土器）や東遠江の土器（菊川式土器）がまとまって出土する遺跡が存在することが明らかになってきたのである（図19）。それらの多くは、環濠集落を形成するが、中には、東海地方の集団が集落の単位で移住してきたと考えられる例も存在する。神奈川県の神崎遺跡は、短期間営まれた環濠集落であるが、出土した土器のほとんどは三河地域の特徴を持つものであった。特に相模川東岸の地域には、三河、西遠江に系譜をもつ土器を持った集落が多く発見されている。また、東京都下戸塚遺跡も集落形成期には環濠集落であったが、この最初の頃の土器は東遠江の菊川式にきわめて類似した特徴を持っている。同様に東遠江の菊川式に系譜を持つ土器をもった集落は、南武蔵や相模川西岸の地域に多い。

前述したように、遠江地域の弥生後期は地域開発が進んだ時期と考えられ、新たな集落も増加していったと考えられる。この弥生後期文化の成立の背景に伊勢湾地域からの人の移動の可能性もあるが、そうした動きの中で、この地を離れてさらに東国へ移動した集団があったのであろう。さらに気候や環境の変化、あるいは社会的な要因があったことも考えられるが、慎重に検討すべき課題である。逆に、東国からこの地に文物の移動があった証拠はほとんど無く、これらの移動した集団の多くは、再びこの地に帰ることなく移動先に定着していったようである。[11]

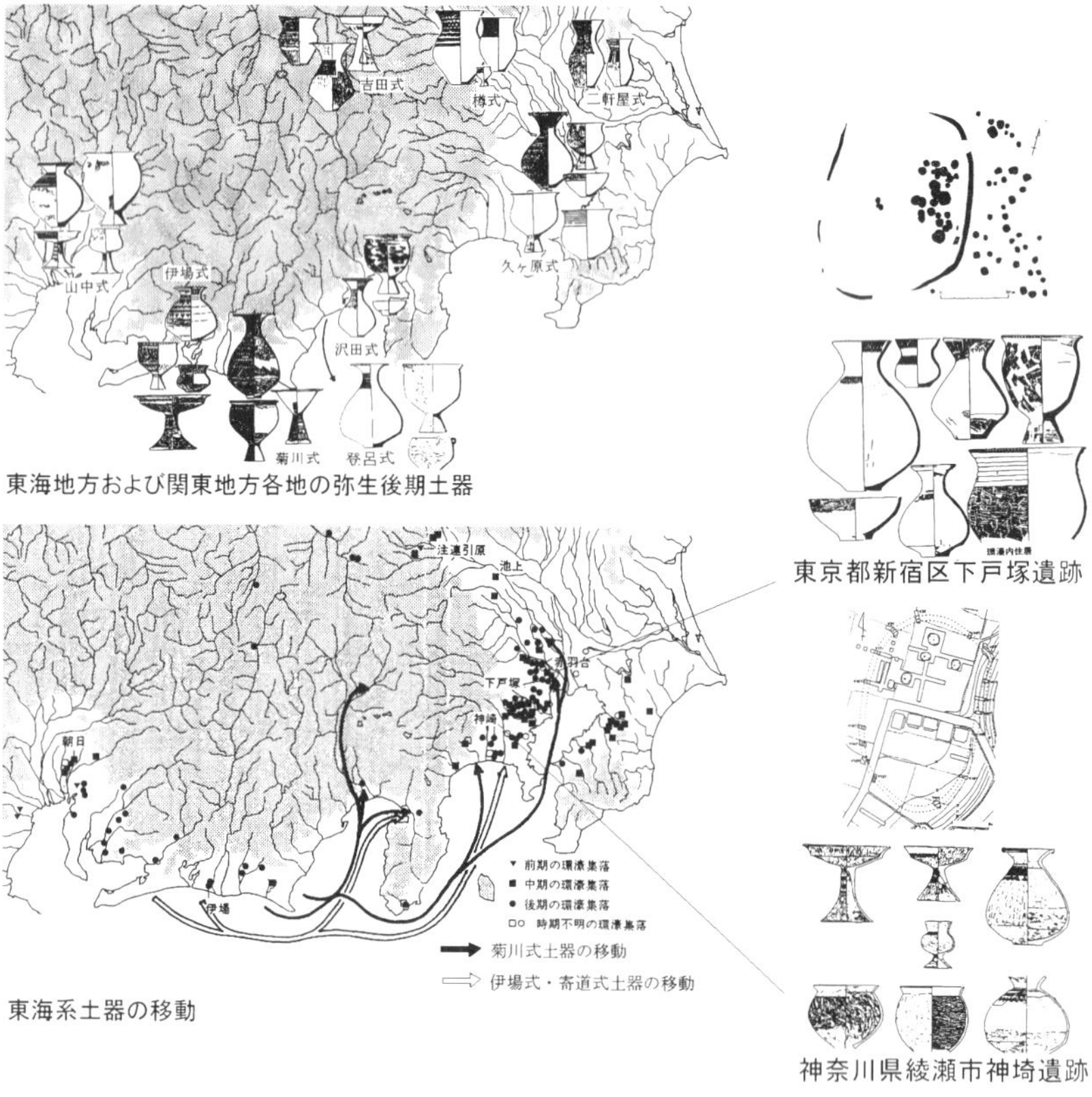

図19　東海地方および関東地方の各地の弥生後期土器と東海土器の移動
（車崎正彦「東日本の環濠集落」『邪馬台国時代の東日本』，1991年をもとに加筆修正）

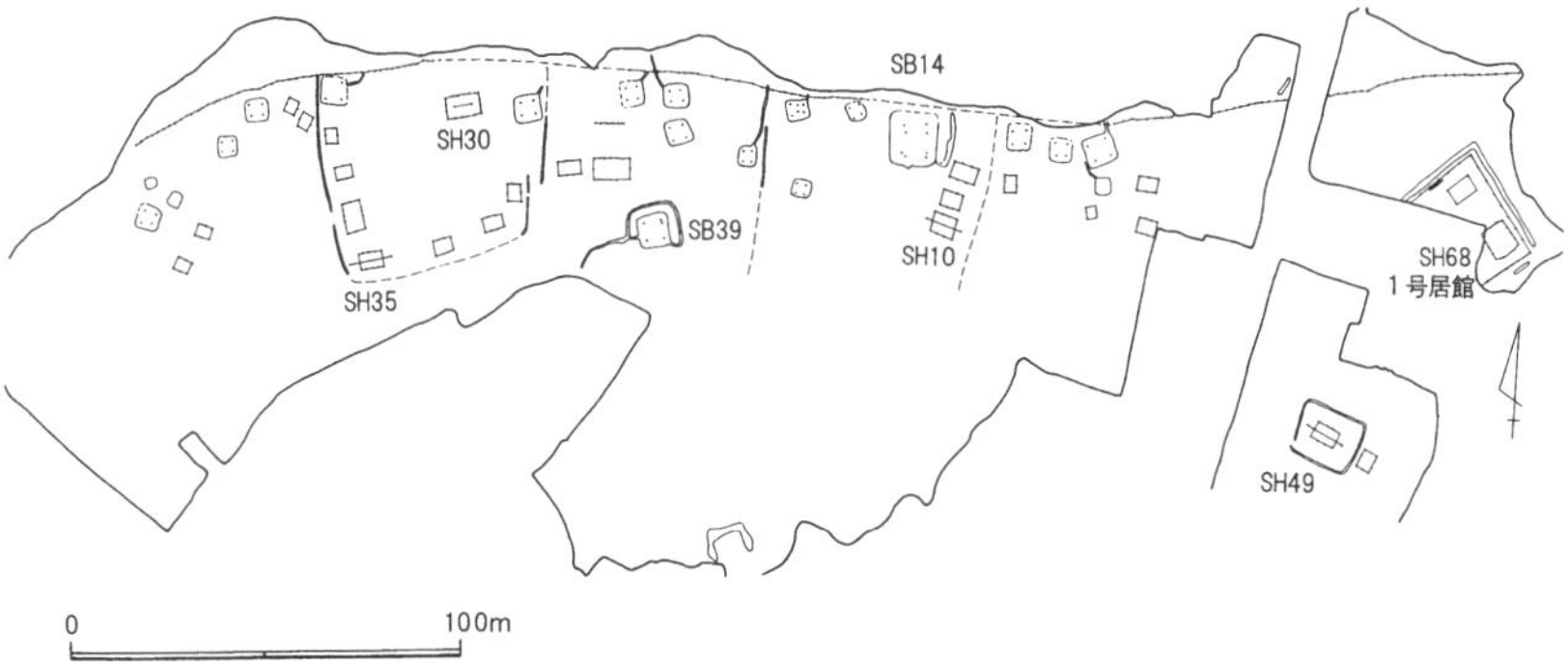

図20　浜松市大平遺跡の古墳時代前期の状況
（鈴木敏則「東海・関東における大型建物・方形区画の出現と展開」註10文献）

四　首長の居宅と古墳時代の到来

●大平遺跡の首長の居宅

古墳時代が始まる頃（古墳時代前期前半）、浜松市大平遺跡では、特異な集落が発見されている（図20）。大平遺跡は佐鳴湖西岸の遠州灘を望む丘陵上にあるが、東西に長い丘陵上の平坦地の北縁には三六〇メートルあまりにわたって柵が作られており、その南側には方形区画に囲まれた建物群や独立棟持柱付掘立柱建物が建てられている。さらに西側には五〇メートル四方ほどの柵や溝で囲まれた区画が連接し、内部に竪穴住居や倉庫と見られる建物が配置される。方形区画内の建物群は首長居宅空間と考えられ、独立棟持柱付掘立柱建物は祭殿、西側の区画群は倉庫群や特定の機能を持った空間と考えられる。大平遺跡の西側には谷を隔てて中平遺跡、坊ヶ跡遺跡といった一般的な建物からなる同時期の集落があるから、その比較の上でも大平遺跡は首長の居宅と祭祀や物資の蓄積など政治的な機能を持った空間が集中した遺跡であると考えられる。大平遺跡は、古墳時代になって首長層が一般の集団からは隔絶して居住するようになったことを示している。

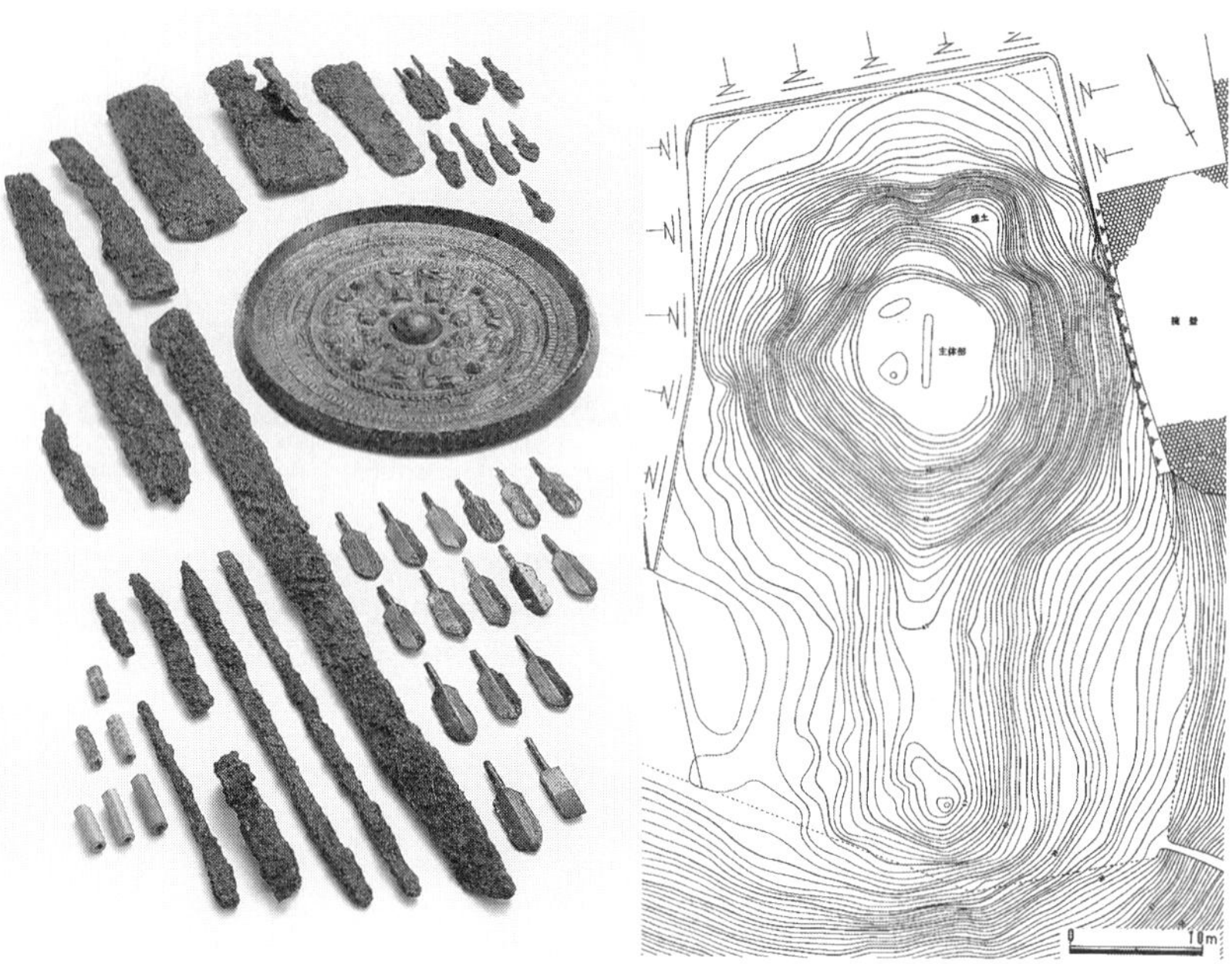

図21　浜北市赤門上古墳と出土遺物
（『浜北市史資料編』2004年より）

●首長権継承のまつり――前方後円墳

大平遺跡の周辺には古い時期の大型古墳は未発見であるが、ほどなく西遠江地域にも前方後円墳や前方後方墳が築造されるようになる。旧浜北市赤門上古墳（図21）はその代表的なものであり、全長五六・三メートルの前方後円墳で、後円部から発見された全長五・五八メートルの木棺からは、三角縁神獣鏡をはじめとして鉄刀、鉄剣、銅鏃、鉄斧、玉類などが出土している。古墳の形態や副葬品は、当時の地域首長が畿内政権と密接な関係を持ったことを示しているとされる。

　このように、西遠江地域では共同体のシンボルとしての銅鐸のまつりは、弥生時代の終わりとともに姿を消し、これに代わるように大平遺跡に見るような集落の様相にも首長層の姿が明確に現れてくる。大型の前方後円墳の出現は、祭祀の中心が首長権継承のまつりへ移行し、地域社会が首長によって政治的に支配されるようになったことを示している。

まとめ

西遠江地域は、弥生時代を通して変化した地域圏において、その境界に位置し、またそれがゆえに地域を結ぶ結節点でもあった。また、農耕社会形成の過程で土器文化や銅鐸など特色豊かな文化を創造した一方で、新たな情報や技術・文化を受け入れ、また、そうした情報や文化、時に人間集団をも各地に送り出していったのである。このような状況は、続く古墳時代にも積石塚のような外来文化を受け入れたり、独自の須恵器生産を発展させ、太平洋岸の東日本各地にその製品を流通させるなどといったかたちで続いていくが、それは地理的な条件や環境によっても育まれた地域社会の伝統ともいえよう。遠江地域のさまざまな情報や人々を柔軟に受け入れ、また外にその文化を発信していく風土は、その後も伝統的に受け継がれ、現在に至っているように思われるのである。

（1）『都田地区発掘調査報告書』（浜松市文化協会、一九九〇年）。
（2）『麻生田大橋遺跡発掘調査報告書』（豊川市教育委員会、一九九三年ほか）。
（3）再葬墓や東日本の初期農耕については、設楽博己「東日本農耕文化の形成と北方文化」『稲作伝来』（先史日本を復元する4）（岩波書店、二〇〇五年）に解説されている。
（4）鈴木敏則『梶子北遺跡遺物編』（浜松市文化協会、一九九八年ほか）。
（5）伊場遺跡、梶子遺跡、梶子北遺跡、中村遺跡、城山遺跡を含む遺跡群である。『伊場遺跡』（浜松市伊場遺跡保存会、一九五三年）をはじめとして、その後も各遺跡の報告書が浜松市文化協会などから刊行されている。

（6）寺沢薫『王権誕生　日本の歴史02』（講談社、二〇〇〇年）など。
（7）銅鐸の分類と編年は佐原真氏によって体系づけられた。佐原真「銅鐸の鋳造」『世界考古学体系Ⅱ』（平凡社、一九六〇年）。また、東海地方を中心とした近年の研究成果は、『銅鐸から描く弥生社会』（一宮市博物館、二〇〇一年）にまとめられている。
（8）田中琢「「まつり」から「まつりごと」へ」『古代の日本5』（角川書店、一九七〇年）。
（9）滋賀県野洲郡野洲町大字小篠原字大岩山に所在する。明治一四年に一四個の銅鐸が発見され、その後昭和三七年に別の地点から一〇個の銅鐸が発見された。
（10）「弥生集落における大型建物・方形区画の出現と展開」『日本考古学協会二〇〇三年度滋賀大会研究発表資料』（二〇〇三年）など。
（11）弥生後期の東海系土器の移動については、西相模考古学研究会編『弥生時代のヒトの移動―相模湾から考える―』（六一書房、二〇〇二年）に詳しい。

●コラム●

銅鐸の谷

銅鐸は、近畿地方から東海地方を中心に弥生時代に製作された青銅器である。最初は鳴らされる鐘であったものが、祭りの道具として次第に大型化していったものと考えられている。遠江地域では、古くから浜名湖周辺部を中心にその出土が知られているが、それらはいずれも突線鈕式と呼ばれる銅鐸の中でも新しい段階の大型の銅鐸である。

浜名湖北東部に流れ込む都田川の流域は、中でも銅鐸が多く出土した地域である。この下流部に合流する滝峯川がつくる谷の谷口付近からは、一九一二年（明治四五）に悪ヶ谷銅鐸と名付けられた鹿と鳥を描く著名な銅鐸が発見された。さらに、一九六〇年代半ばになると、滝峯七曲り一号鐸、同二号鐸、不動平銅鐸が滝峯川の谷筋から相次いで発見されたが、向坂鋼二元浜松市立博物館館長は、当時この谷を「銅鐸の谷」と名付けた。

一九八九年（平成元）一二月、この銅鐸の谷で新たな銅鐸が発見された。しかも、金属探知機によって埋まったままの

状態で発見されたというのである。この地点は滝峯才四郎谷遺跡と名付けられ、翌年二月には学術調査が行われた。その結果、鰭を上下にして横に寝かされた状態で埋納された銅鐸一口の姿が明らかになった。銅鐸の谷では、このように、これまで六口におよぶ銅鐸が発見されたことになる。このほかにも細江町内では河川敷から発見された船渡銅鐸など三口の銅鐸があり、全国的にも有数の銅鐸の町として知られる。

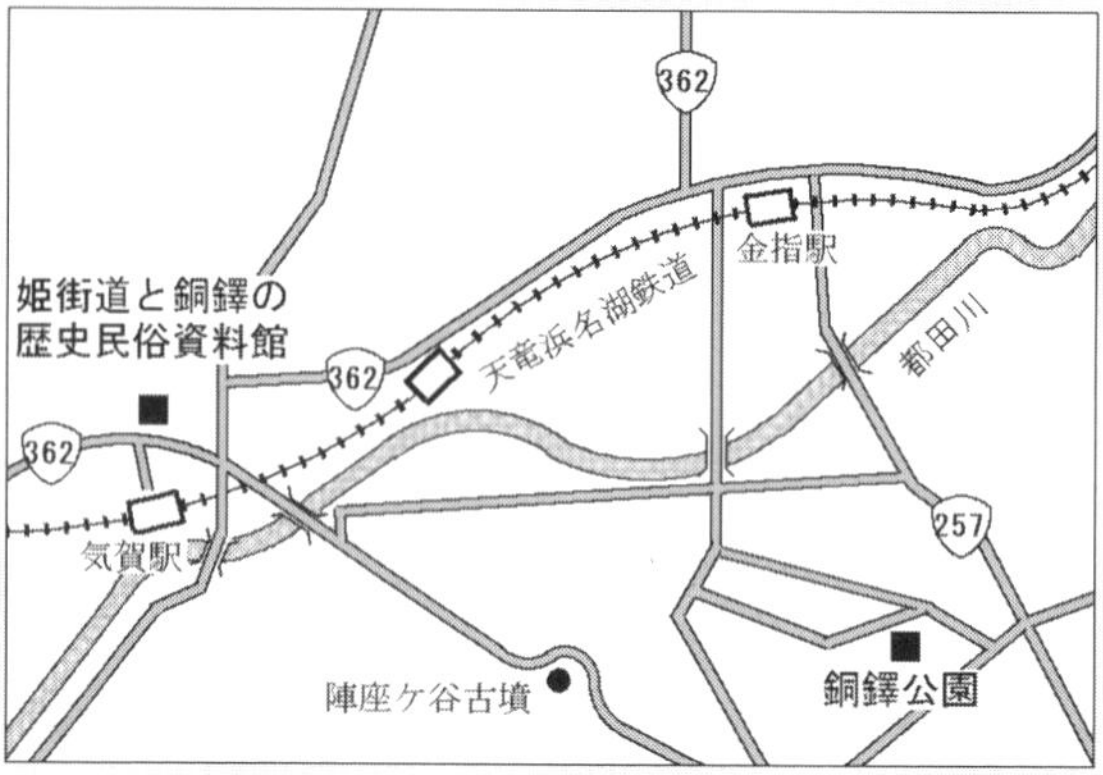

浜松周辺で発見される突線鈕式の銅鐸は、さらに三遠式と近畿式の二つのタイプに分けられる。三遠式が三河、遠江を中心に出土しているのは、その名の由来のとおりであるが、一方で近畿式の銅鐸も出土しているのである。著名な悪ヶ谷銅鐸は三遠式、一方、新たに発見された滝峯才四郎谷銅鐸は近畿式であった。三遠式銅鐸がどこで作られたのかについても議論がある。遠江の地で作られたのか、それとも、当時の東海西部文化圏の中心地尾張平野で作られたのか。いずれにしても、近畿式をも含んでこの地に埋められた銅鐸は、当時の東海一円の勢力が周辺地域と対峙、交流する中で、祭りのシンボルとして用いられながらも重要な意味をもったものと考えられる。

銅鐸の谷が臨む都田川流域の低地部には、祝田遺跡や椿野遺跡など弥生後期の大規模な遺跡がある。弥生時代後期の東海西部勢力の東縁に位置する浜名湖。その湖岸に臨むこの地には、大規模な祭祀センターがあったのかもしれない。

現在、滝峯才四郎谷銅鐸出土地は、銅鐸公園（浜松市北区細江町中川滝峯）として出土状況が復元されている。また、銅鐸の谷や細江町で出土した銅鐸は、浜松市姫街道と銅鐸の歴史民俗資料館（浜松市北区細江町気賀一〇一五―一）に展示されているほか、東京国立博物館や東京大学に収蔵されている。

（篠原　和大）

前方後円墳時代の駿河

滝沢　誠

はじめに

およそ三世紀の後半から七世紀の初めにかけて、東北地方から九州地方にいたる日本列島の広い範囲に前方後円墳をはじめとする大小の古墳が盛んに築かれた。古墳時代と呼ばれるこの時代は、近畿地方に成立した王権を中心として日本列島の広い範囲におよぶ政治的統合が進んだ時代である。墓制としての古墳やその影響を受けた墳墓は八世紀にいたるまで築かれるが、七世紀初め頃までに築造を終える前方後円墳の歴史的役割を重視する立場から、古墳時代を「前方後円墳時代」と言い表すこともしばしば行われている(1)。

ここでは、そうした前方後円墳の時代に焦点を絞り、近年の発掘調査によってあらたな側面がみえてきた駿河における大型古墳の変遷過程を整理する。その上で、王権とのかかわりにも着目しながら、前方後円墳の時代における駿河の政治状況を考古学の立場から展望してみることにしたい(2)。

一　二つの前方後円墳

●古墳の年代を考える

大型古墳の分布やその変遷過程をつうじて地域の古墳時代史を明らかにしようとするとき、まず検討しなければならないのは、それぞれの古墳が築かれた年代である。もちろんそうした検討を進めるにあたっては、古墳を構成する個々の要素についての編年研究が必要となることは言うまでもない。

古墳時代の研究では、墳丘の形態や埋葬施設の変遷、さらには埴輪や副葬品の変遷について、これまでに数多くの議論が行われてきた。そうした編年研究には、依然として多くの課題が残されているものの、発掘調査等により多くの情報が得られた古墳の場合には、個々の要素の年代を総合することにより、一定の時間幅の中でその築造年代をとらえることが可能である。一方、発掘調査が行われていないなどの理由で十分な情報が得られていない古墳の場合、その年代を絞り込むことは容易なことではない。

現在にいたるまで、列島の各地では大型古墳の変遷を把握しようとする数多くの研究が行われている。そこでは、年代的根拠が明らかな古墳とのかかわりで年代的根拠を欠く古墳の年代を推定するという方法がしばしばとられてきた。これは、当時の有力者が葬られたであろう大型古墳（とくに前方後円墳）は一定地域の中で累代的に築かれたに違いない、という暗黙の了解にもとづく推定である。しかし、これまでの研究を全体として振り返るならば、各地域の大型古墳が長い期間をつうじて継続的かつ安定的に営まれているというケースはむしろまれで、時期ごとに造営場所を異にし、また墳形や規模の変化をともなう場合が一般的である。

ここで対象とする駿河においても、従来大型古墳の継続的な変遷を想定してきた部分があることは否めない。しかしそうした見方は、近年の調査成果により大幅な見直しを迫られている。その典型的とも言える成果は、静岡市神明山一号墳と沼津市神明塚古墳の発掘調査にみることができる。この二つの前方後円墳は、これまで古墳時代中期の築造と推定されてきたが、その年代はいずれも古墳時代前期に遡る可能性が高い。

以下、神明山一号墳と神明塚古墳の調査成果を紹介していくことにしよう。

●神明山一号墳の調査

神明山一号墳は、静岡市清水区袖師町に所在する前方後円墳である。清水平野の北東部、庵原川西岸の独立丘陵上に立地し、周辺には午王堂山三号墳、三池平古墳が存在する。神明山一号墳は、それらの大型古墳と一連の系譜をなすものと理解され、従来は三池平古墳に後続する古墳時代中期前半の古墳と考えられてきた。

神明山一号墳では、一九六七年に県道建設にともなう発掘調査が行われ、前方部前端側で周溝の外縁部とみられる落ち込みが確認されている。しかし、古墳に直接関係する出土遺物は認められず、古墳の詳しい内容は長らく不明のままとされてきた。そうしたなか、一九九八年から二〇〇一年にかけて静岡大学考古学研究室が実施した発掘調査では、これまでの理解とは異なる神明山一号墳のあらたな姿が浮かび上がってきた(3)。

現在、古墳を含む丘陵の主要部分は神社の境内地となっており、墳丘の東側を区画するかたちで社殿が建てられている。また、前方部の西側も後世の土地利用によって全体が直線的に削り取られている。このように古墳は各所で変形しているため、三回におよぶ発掘調査では合計一七箇所に調査区を設け(図1)、本来の墳丘を復元するためのデータを収集した。その結果、後円部、くびれ部、前方部の各所で墳端を確認することができ、後円

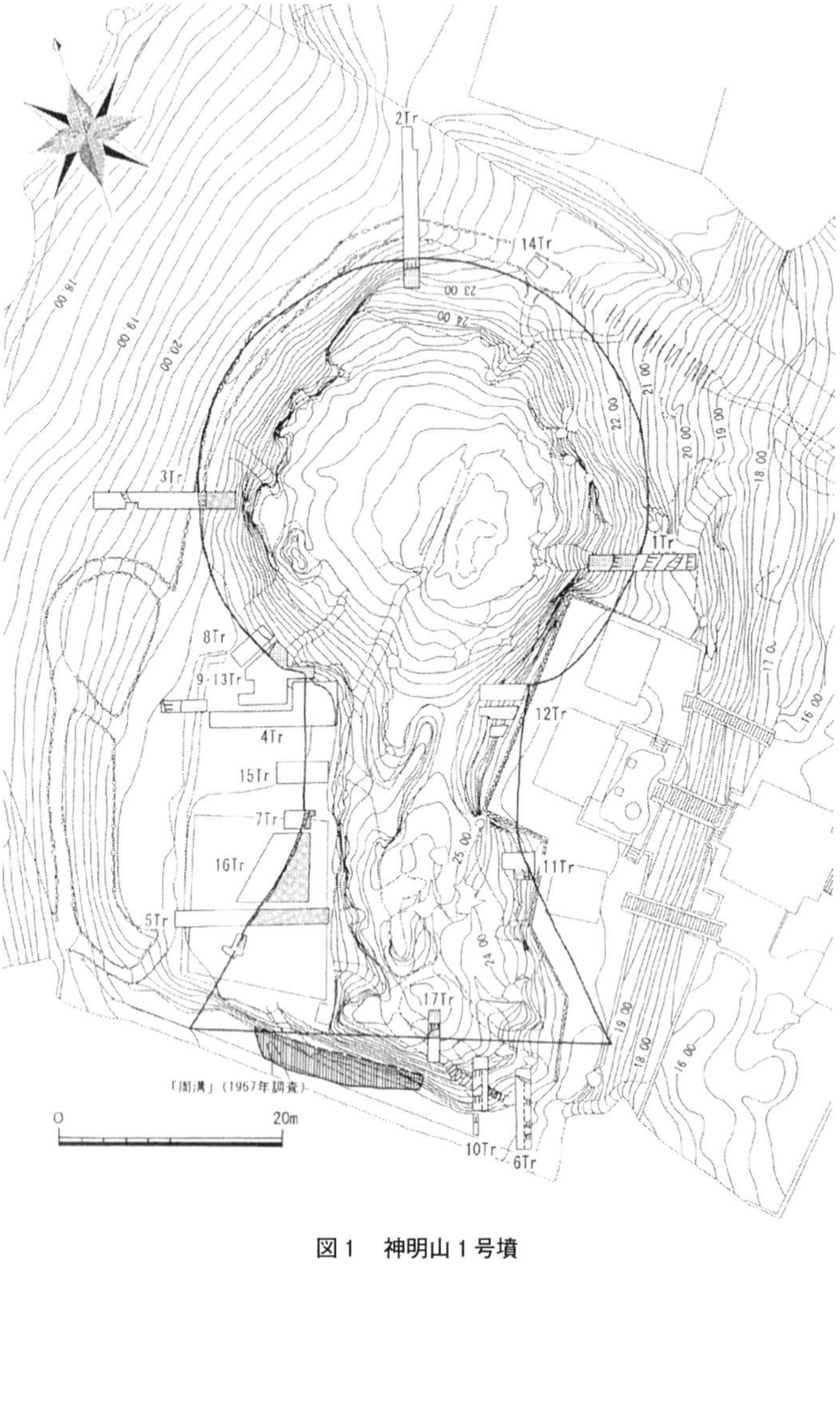
2Tr
14Tr
3Tr
1Tr
8Tr
9·13Tr
4Tr
12Tr
15Tr
7Tr
16Tr
11Tr
5Tr
17Tr
「周溝」(1967年調査)
0
20m
10Tr
6Tr

図１　神明山１号墳

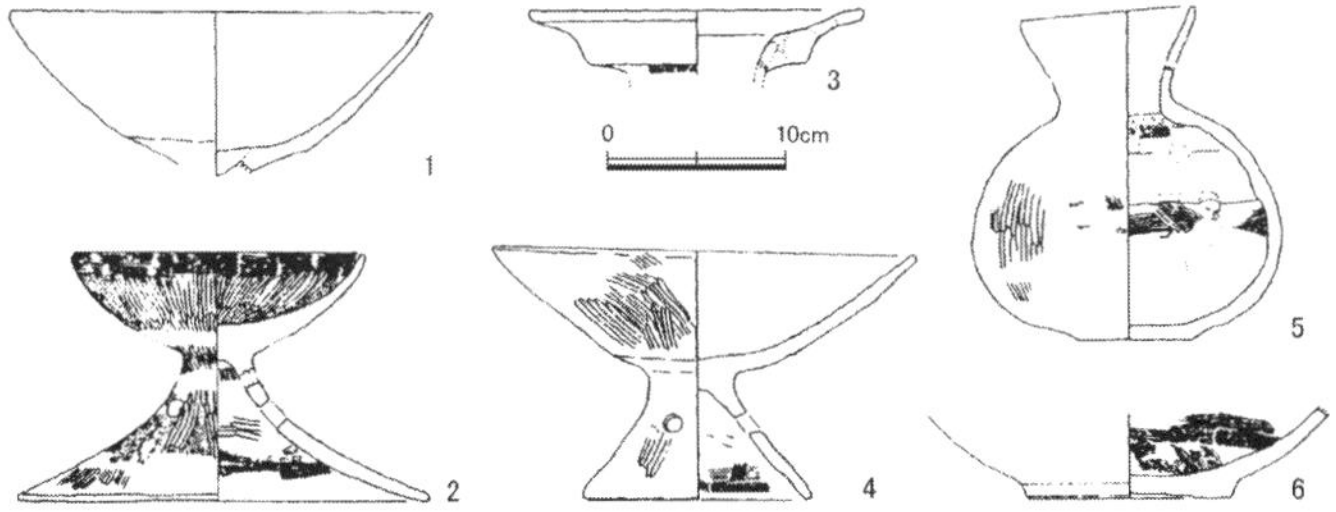

図2　神明山1号墳出土の土器
（1～3：前方部西側，4～6：前方部南側）

部をめぐる周溝や墳丘の構造についても一定の所見を得ることができた。それらを総合すると、墳丘の規模は、墳丘長六九・〇m、後円部径四〇・八m、前方部長三一・六mと復元することができる。

各調査区では、古墳時代前期の土器のほか、弥生土器（中期初頭・後期）、平安時代の土師器・灰釉陶器などが出土した。とくに前方部西側の墳端付近でまとまって出土した古墳時代前期の土器（図2）は、古墳築造後の比較的早い段階に形成された層の中に含まれていたもので、本来は前方部に置かれていたものと想定される。

これらの土器は、東海西部地域の系譜をひく在地品とみられ、同地域の土器編年[4]に照らし合わせるならば、おおむね廻間Ⅲ式の初頭を前後する時期に位置づけることができる。これは古墳時代前期前葉段階に相当し、神明山一号墳の年代を考えるきわめて有力な手がかりとなるものである。

●撥形の前方部

出土した土器の年代に加えて注目すべきは、前方部西側（第一六トレンチ）の状況である。そこで検出された前方部西側縁部は、前方部の中間地点から大きく外方に開いていき、前方部全体としてはいわゆる撥《ばち》形の平面形を呈する。こうした前方部の形状は、墳端に沿って検出された小型埋葬施設の存在からも

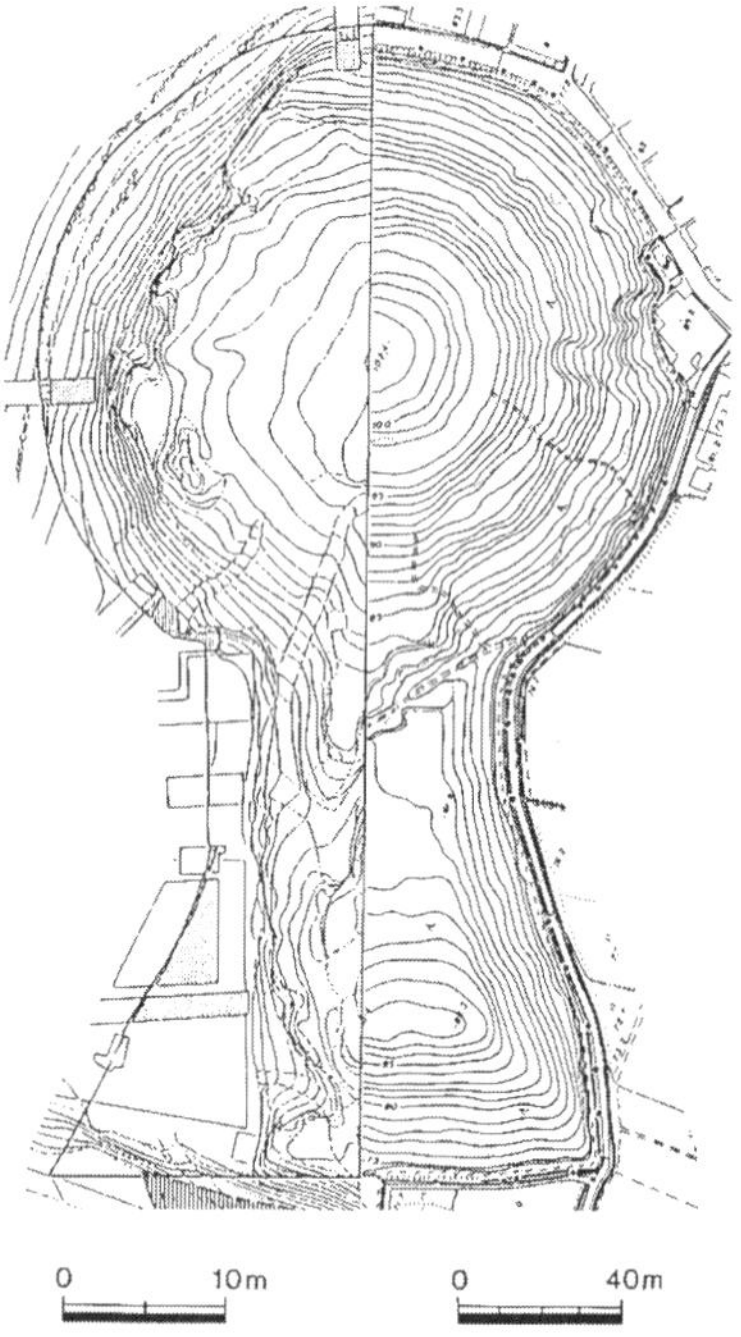

図3　神明山1号墳（左）と箸墓古墳（右）

疑う余地はない。

撥形の前方部は、奈良県箸墓古墳に代表される初期前方後円墳の特徴であり、箸墓古墳と企画を共有し、その規模も整数比の関係にあることが指摘されている[5]。神明山一号墳と箸墓古墳を比較すると、墳丘長約二八〇mの箸墓古墳は、神明山一号墳のほぼ四倍の規模をもつことがわかる。後円部径などもそれと近い関係にあり、また、くびれ部の位置や撥形に開いていく屈曲点の位置など、前方部の形態は近似している（図3）。

以上にみた出土土器と墳丘の特徴から、神明山一号墳の年代は古墳時代前期前葉に遡る可能性が高いと考えられる。この段階の東日本各地には前方後方墳が数多く築造されており、定型的とも言える初期の前方後円墳が当地域に存在するとなれば、それ自体が初期古墳の研究全体に投げかける問題は少なくない。ただし、この問題を考えるためにはより視野を広げた検討が必要であり、ここでは、これまで中期古墳とみられてきた古墳の年代に大幅な変更が必要となることを確認するにとどめたい。

●神明塚古墳の調査

神明塚古墳は、沼津市内に三基知られている前方後円墳のうちの一つである。愛鷹山麓に立地する長塚古墳、子ノ神古墳とは異なり、駿河湾沿いの砂丘上に立地する点に大きな特徴がある。

神明塚古墳では、一九八二年に沼津市教育委員会による発掘調査が実施されている(6)。この調査では、後円部で粘土槨とみられる埋葬施設の一部が検出されるとともに、計一七箇所の調査区からコンテナ二箱分ほどの土器片が出土している。それらは少量の弥生土器をのぞいてすべて古墳時代前期の土器であったが、いずれも古墳の周辺にひろがる集落遺跡の土器が盛土中に混入したものとみなされ、古墳の年代を直接示す資料とは考えられなかった。結果として、古墳の年代は五世紀後半から六世紀初頭と推定されることになったが、その背景には、発掘調査によって年代が明らかな長塚古墳を定点として、子ノ神古墳を加えた三基の前方後円墳の年代を継続的に理解しようとした側面があったことは否めない。

こうした状況のなか、二〇〇三年には筆者らが中心となって沼津市史編さん事業にともなう発掘調査をあらたに実施した。この調査は三箇所に調査区を設けただけの小規模なものであったが、くびれ部の墳端付近から古墳時代前期に属する底部穿孔壺の底部片を検出するなど、貴重な成果を挙げることができた(7)。

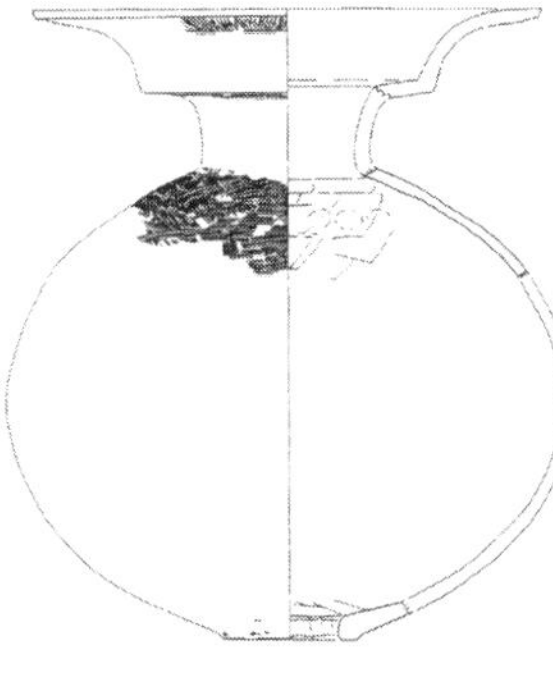

図４　破片から復元した神明塚古墳の底部穿孔壺（約1/8）

前述のように、神明塚古墳では過去にも古墳時代前期の土器片が多数出土している。それらは周辺からの混入とみられてきたが、あらためて全体の資料を見直すと、過去の調査でくびれ部付近から出土した有段口縁壺の破片は、器面を赤く塗るなどあらたに出土した底部穿孔壺の破片と同一のつくりであることがわかる（図４）。

以上の事実は、一般に古墳祭祀に用いられる有段口縁の底部穿孔壺が、神明塚古墳の墳丘上に配置されていたことを示唆している。あらたな調査では盛土中に混入したとみられる古墳時代前期の土器片は出土していないこと、また、これまでの調査で古墳時代中期や後期の土器片は一切出土していないことを考えあわせるならば、神明塚古墳の年代は古墳時代前期に遡るとみるのが妥当であろう。なお、底部穿孔壺の特徴などから判断すれば、その年代は古墳時代前期中葉にまで遡る可能性がある。

●短い前方部

ところで、あらたな調査成果をもとに復元した神明塚古墳の規模は、墳丘長約五三m、後円部径約三七mとなり（図5）、その形態は、後円部径に対して前方部長が二分の一以下となる点に最大の特徴がある。年代的には先に述べた神明山一号墳が先行するとみられるが、あらたに前期古墳として認識されることとなった両古墳の墳丘形態は著しく異なっている。

前述のように、神明山一号墳の墳丘形態については、近畿地方の典型的な大型前方後円墳との系譜関係が想定される。一方、神明塚古墳の墳丘形態については、それとの直接的な系譜関係を想定することが難しい。この点に関連して注目したいのは、神明塚古墳で部分的に確認された墳丘主軸に斜交する埋葬施設の存在である。静岡県内の前期古墳では、浜松市馬場平古墳（四七・五m）(8)に類例があり、その前方部もやはり短い。

墳丘主軸と斜交する埋葬施設については、前方後円墳定型化以前の墳墓（纒向型前方後円墳）や帆立貝形古墳に多くみられることから、一定の墳形に共通して存続した可能性が指摘されている。(9)この点の全般的な整理は今後の課題であるが、駿河における前期前方後円墳の系譜を考える上でも注意しておくべき問題であろう。

●あらたな問題

以上にみた二つの前方後円墳は、従来中期古墳と考えられてきたものであるが、近年の調査によって前期古墳であることが明らかとなった事例である。とくに神明塚古墳は、以前の調査で有段口縁壺を含む古墳時代前期の土器が多数出土していたにもかかわらず、中期後半の年代が与えられてきた古墳であり、そこには先に指摘した暗黙の了解が少なからず影響していたと思われる。

ともあれこうした調査によって、二基の中期前方後円墳はあらたに二基の前期前方後円墳として位置づけられることとなった。そしてその結果として浮上してきたのは、それぞれの古墳が所在する一帯に中期の明確な前方後円墳が見出せないというあらたな問題状況である。そうした問題の輪郭をさらに明確にするため、次に駿河各地域の大型古墳についてみていくことにしよう。

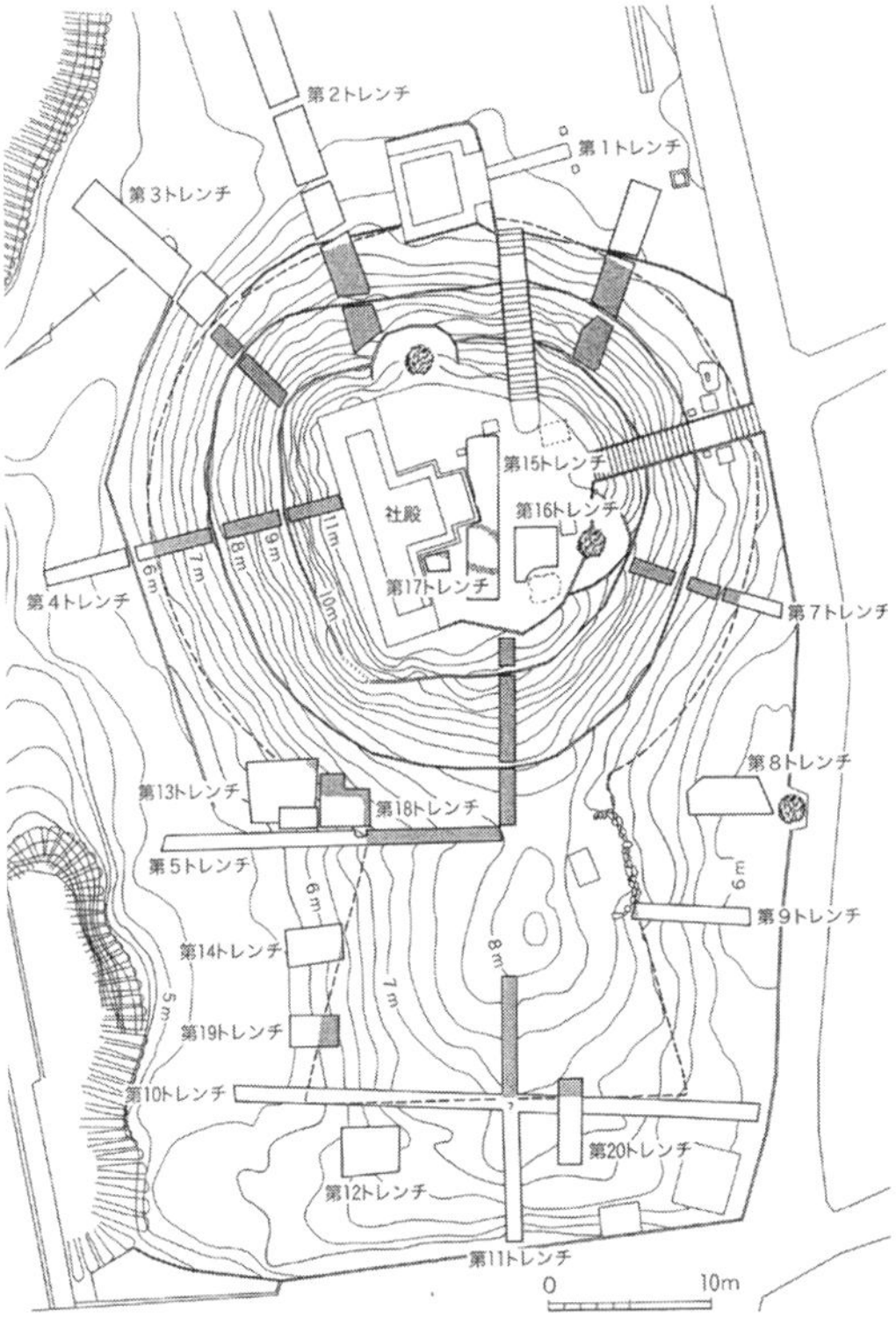

図5　神明塚古墳

二　駿河の大型古墳

●前方後円墳の分布

律令制下の遠江国、駿河国、伊豆国の範囲に相当する静岡県では、これまでに八五基の前方後円墳（帆立貝形古墳六基を含む）と四基の前方後方墳が確認されている。[10]このほか、前方後円墳の可能性がある古墳が二〇基近くあり、加えて未発見のものも考慮に入れるならば、静岡県の範囲には、一〇〇基前後の前方後円（方）墳が築かれたものとみてよいだろう。

これらのうち、ほぼ確実なものについて前方後円墳と前方後方墳をあわせた数を旧国別にみてみると、遠江では六三基、駿河では一九基、伊豆では三基を数え、遠江の事例が際立って多い。その背景を探るには、王権とのかかわりを見きわめながら各地域社会の特質を検討していく必要があり、また、大化前代の国造や律令制下の郡（評）とのかかわりにも配慮が必要であろう。ここでは、のちの駿河国を主な対象とすることから、この問題に深入りはしないが、前方後円墳の存在形態と政治的領域の関係については後で少しふれることにしたい。

さて、駿河（一部伊豆を含む）に分布する大型古墳についてみてみると、大まかな地域ごとのまとまりが認められ、さらに細かな小地域単位での把握が可能である（図6）。以下、対象とする範囲を便宜的に、志太地域、静岡・清水地域、富士・沼津地域、北伊豆地域の四つにわけ、大型古墳のあり方を概観していきたい。[11]

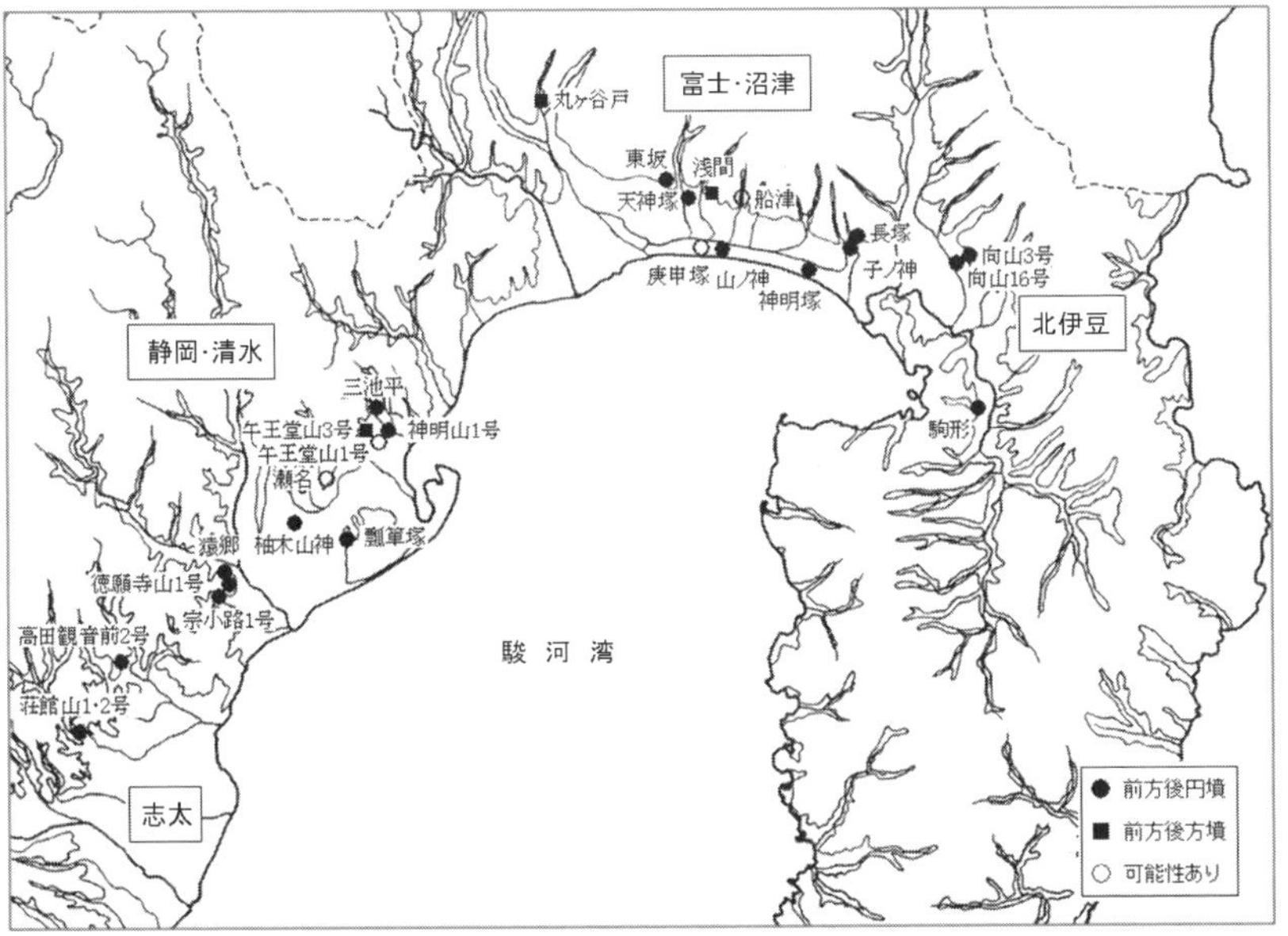

図６　駿河・伊豆における前方後円墳・前方後方墳の分布

●志太地域

大井川下流域に形成された志太平野を中心とする地域である。ただし、大井川の西岸域は遠江に属するため、ここでは大井川の東岸域を中心にみていくことにする。

当地域の特徴としてまず指摘できるのは、古墳時代前期および中期に位置づけられる前方後円（方）墳がいまのところ認められないということである。前期後半には、藤枝市の五鬼免一号墳や秋合一号墳のような円・方墳が知られているが、いずれも一〇〜二〇ｍ規模の古墳である。また、前期末から中期前葉にかけての小型墳が群集する藤枝市若王子古墳群のような存在も当地域の大きな特徴である。

こうした小型墳のあり方は地域特有の古墳時代史を理解する上でとくに重要であるが、それと近接した時期にやや規模の大きな円墳が築かれていることにも目を向けておく必要がある。藤枝市の五州岳古墳（二七ｍ）や岩田山三一号墳（四五ｍ）がそれで、いずれも中期中頃の築造と考えられる古墳である。

やがて後期になると、当地域にようやく前方後円墳が出現する。まず築かれたのは、近年あらたに発見された藤枝市高田観音前二号墳である。墳丘長三一mの同古墳は、出土した埴輪や副葬品の特徴から後期初頭の築造と考えられる。これにつづく後期中頃には、藤枝市荘館山一・二号墳が相次いで築かれる。両古墳は狭い丘陵上に近接して築かれており、墳丘長は、一号墳が約三〇m、二号墳が約四二mである。いずれも横穴式石室を埋葬施設とし、その部分的な特徴から一号墳が先行するとみられるが、確証は得られていない。なお、大井川西岸域でも同じ頃、数少ない前方後円墳の一つである島田市愛宕塚古墳（二二m）が築かれている。

以上のように、志太地域の前方後円墳はいずれも後期初頭から中葉にかけて営まれたものである。つづく後期後葉には前方後円墳は認められず、目立った大型古墳も知られていない。

●静岡・清水地域

静岡平野と清水平野を中心とする地域である。大型古墳の分布状況からみると、さらに細かな小地域単位の把握が可能であるが、ここでは時期ごとの推移を全体として確認しておくことにする。

この地域の中で最古とみられる大型古墳は先に述べた神明山一号墳である。その年代は前期前葉にまで遡る可能性が高い。神明山一号墳が位置する庵原川流域では、三角縁神獣鏡を出土した午王堂山三号墳（前方後方墳・約七八m）がつづく前期前半頃に築かれ、豊富な副葬品を出土したことで知られる三池平古墳（前方後円墳・約六七m）は前期末葉に築かれたものと考えられる。

一方、静岡平野中央部に位置する谷津山の山頂には、前期後葉に柚木山神古墳（谷津山一号墳）が築かれる。

同古墳は、墳丘長約一一〇ｍを測る当地域最大の前方後円墳であり、後円部の竪穴式石室からは明治期に鏡や銅鏃などが出土している。なお、谷津山二号墳も前方後円墳とする見方があるが、実態は明らかでない。

このように当地域では、前期のうちに静岡平野と清水平野の双方で大型古墳の築造が認められる。とくに庵原川流域では、ほぼ同規模の大型古墳が相次いで築かれており、安定した勢力基盤の存在がうかがえる。

ところがつづく中期前半になると、当地域に明確な大型古墳を見出すことは困難となる。静岡平野では、一本松古墳がこの時期に築かれるが、それほど規模の大きくない円墳とみられる。注目されるのは、静岡平野と清水平野の中間に位置する瀬名古墳群で、壺形埴輪や滑石製模造品を出土したマルセッコウ古墳（約三一ｍ）は、この時期の有力な円墳と考えられる。また、同古墳群内にはすでに消滅したものを含め複数の前方後円墳が築かれたとみられ、その中にはこの時期の前方後円墳が含まれている可能性がある。ただしこの点を考慮したとしても、前期の段階に比べて大型古墳の築造状況に大きな変化が生じていることは確かであろう。

以上のような段階を経て、再び明確な前方後円墳がみられるようになるのは中期の終わりから後期にかけてのことである。有度山北麓に位置する瓢箪塚古墳は墳丘長約四五ｍの前方後円墳で、墳丘の形態や近接する古墳の年代を参考にすると、中期後葉頃の年代が想定される。この時期には安部川西岸域でも前方後円墳の築造が顕著となり、猿郷古墳（約五五ｍ）、徳願寺山一号墳（約三六ｍ）が築かれる。また、宗小路一号墳（約三九ｍ）もこの時期の前方後円墳である可能性が高いとみられるが、確証は得られていない。

つづく後期後葉頃になると、前方後円墳の築造は認められなくなる。かわって築かれるのは大型の横穴式石室や豊富な副葬品をもつ円墳および方墳である。静岡平野中央部の賤機山古墳（円墳・約三〇ｍ）はその中でも傑出した存在であり、やや時期がくだる駿河丸山古墳（方墳・一八ｍ）、宗小路一九号墳（方墳・一五〜一八ｍ）、神明山四号墳（円墳・約一八ｍ）も有力な古墳と考えられる。

●富士・沼津地域

ここでは、富士川以東、狩野川以西の地域を一括して取りあげる。大型古墳の多くは、愛鷹山麓と駿河湾沿いの千本砂礫洲上に認められ、かつてこの一帯にひろがっていた浮島沼を取り囲むように分布している。

当地域ではまず、富士宮市丸ヶ谷戸遺跡で確認された前方後方形周溝墓（約二七ｍ）が前期前葉に築かれる。ただし、後続する大型古墳は周囲に認められず、その造営は単発的と言わざるをえない。

これまで当地域において最古の大型古墳と考えられてきたのは、愛鷹山麓西部に位置する富士市浅間古墳である（図7）。同古墳は、墳丘長約九〇ｍを測る静岡県内最大の前方後方墳である。未発掘のため年代を推定する手がかりは乏しいが、墳丘の特徴や規模などから判断すると、その年代は前期中頃に求められる。この浅間古墳につづいて、愛鷹山麓西部では前期末葉に東坂古墳（前方後円墳・約六〇ｍ）が築造されたと考えられる。

当地域では、浅間古墳から東坂古墳へとつづく愛鷹山麓西部でまず大型古墳が築造されたとするのが従来の見方である。しかし、千本砂礫洲東部に位置する沼津市神明塚古墳の年代が前期に遡るとみられることは先述のとおりである。そこで問題となるのは神明塚古墳と浅間古墳の関係であるが、神明塚古墳の年代が前期中葉にまで遡る可能性を考慮するならば、現段階において両古墳の間に明確な年代差を指摘することは難しい。

いずれにせよ、当地域では前期の間に顕著な前方後円墳や前方後方墳の築造が認められるが、つづく中期前葉から中葉になると、一転してその存在は不明瞭となってしまう。ただし、前方後円墳の可能性を残すものや、やや規模の大きな円墳などに、この時期の有力古墳とみられるものが存在する。

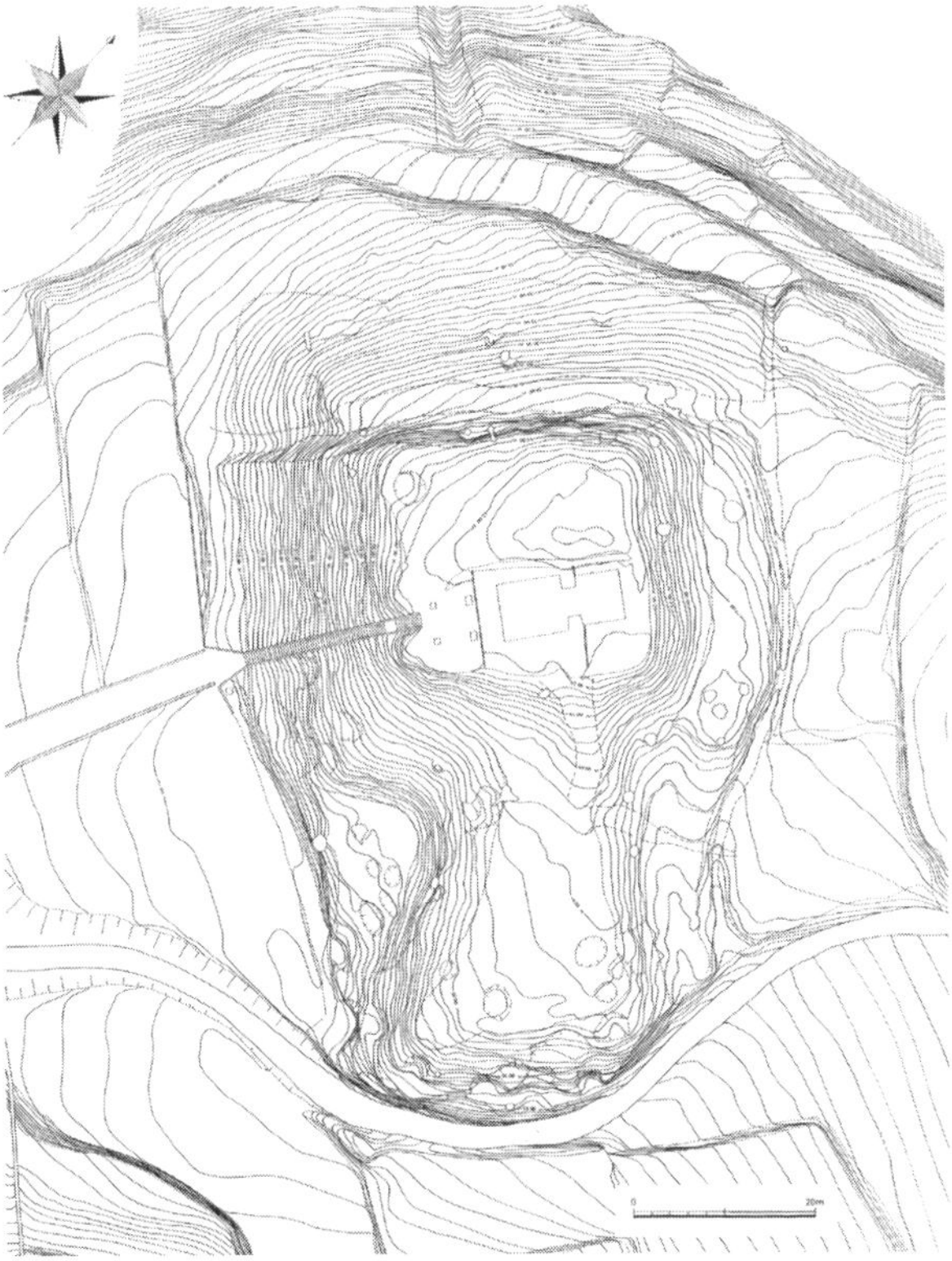

図7　浅間古墳

その候補としてまず挙げられるのは、愛鷹山麓西部に位置する富士市ふくべ塚古墳である。同古墳を前方後円墳とみることには慎重にならざるを得ないが、伝えられる鏡や滑石製品の出土が確かであれば、中期前半における有力古墳の一つと考えてよいだろう。また、出土遺物などから判断して、同古墳を含む船津古墳群内には他にも中期前半の有力古墳が存在するものと考えられる。このほか、沼津市大中寺が所蔵する最末期の三角縁神獣鏡は、愛鷹山麓東部に前方後円墳以外の墳形をもつ中期初頭の有力古墳が存在した可能性を示している。

このような状況とは対照的に、

中期後葉から後期前半にかけては大型古墳の築造が再び活発化する。

愛鷹山麓東部の沼津市域では、この時期に長塚古墳、子ノ神古墳という二基の前方後円墳が築かれる。このうち、墳丘長約五六mを測る長塚古墳については、出土した埴輪や須恵器の特徴から後期初頭の年代が与えられる。一方、墳丘長約六四mと推定される子ノ神古墳については明確な年代の根拠を欠いているが、近年の調査成果をふまえるならば、その年代は長塚古墳に先行する中期後葉に求めるのが穏当であろう。

愛鷹山麓東部と同様に、富士市域の愛鷹山麓西部や千本砂礫洲西部にもこの時期の前方後円墳が認められる。愛鷹山麓西部の天神塚古墳（約五二m）は、墳丘基底部に堆積した火山灰（大渕スコリア）の存在や埴輪をともなわない点から、先の子ノ神古墳と同様の年代が想定される。一方、千本砂礫洲西部の山ノ神古墳（約四二m）は、出土した埴輪の特徴から後期前半の年代が与えられる。大型古墳としてはこのほか、富士市域の潤井川東岸に伊勢塚古墳が存在する。造り出しをともなう大型円墳とみられ、墳丘長は五四m以上と推定されている。出土した埴輪の特徴からみると、その年代は後期前半に求められる。

以上のように、中期後葉から後期前半にかけて、当地域では前方後円墳築造の動きが再び強まりをみせる。しかし、つづく後期後半になると前方後円墳は築かれなくなり、以後の有力古墳は石室規模や副葬品の差異をともなって立ち現れることになる。

●北伊豆地域

駿河とのかかわりを考慮して、伊豆の大型古墳についても取りあげておく。伊豆では、現在の三島市から伊豆の国市にかけての田方平野に大型古墳の分布が認められる。

伊豆では最近まで前期古墳は知られていなかったが、二〇〇四年になりあらたに三島市向山一六号墳が発見された。同古墳は墳丘長約七〇ｍの前方後円墳で、試掘調査により後円部に竪穴式石室が確認されている。いまのところ詳しい年代を知る手がかりはないが、本格的な竪穴式石室の存在を重視すれば、ひとまずは前期後半を中心とした年代が考えられよう。

つづく中期に明確な大型古墳は知られていない。この時期の古墳として確認できるのはいずれも直径二〇ｍ台の円墳である。向山一六号墳と同じ古墳群中に属する向山一号墳が中期中頃に、また、横矧板鋲留短甲を出土した伊豆の国市多田大塚四号墳が中期後葉に築かれたと考えられる。

ところが後期前半になると、再び前方後円墳の築造が認められるようになる。伊豆の国市駒形古墳は墳丘長約四九ｍの前方後円墳で、出土した埴輪の特徴から後期前半の築造と考えられる。また、三島市向山三号墳は墳丘長二一・五ｍの前方後円墳で、やはりこの時期の築造と考えられるものである。このほか、伊豆の国市多田大塚古墳群では、中期末葉から後期前半に、六号墳（造り出し付き円墳・二八・五ｍ）、一号墳（円墳・一五ｍ程度）が相次いで築かれている。

後期後半以降に目立った大型古墳は認められないが、横穴式石室の規模や副葬品の内容からみて、近年調査された三島市原分古墳（円墳・一六ｍ）は有力古墳の一つと考えられる。また、七世紀前半の原分古墳に先行する有力古墳としては、三島市井ノ森古墳（円墳・二〇ｍ）が注目されるが、詳細は不明である。

三　大型古墳の変遷とその背景

●変遷の諸段階

現在までの知見をもとに整理した駿河における大型古墳の変遷は以上のとおりである。情報が不足している古墳もあり、今後の発見が多分に予想されることなどを思えば、到底十分とは言い難い内容である。しかし、あらたな調査成果を加味してみた以上の整理からは、駿河における大型古墳の変遷についていくつかの段階を見出すことが可能である。以下、図8を参照しながら、各段階の内容をまとめてみよう。

まず第一段階は、前期前葉から中葉にかけて前方後円墳や前方後方墳が出現する段階である。静岡・清水地域の神明山一号墳がいち早く築かれ、遅れて富士・沼津地域の浅間古墳、神明塚古墳が築かれる。志太地域では、方形周溝墓の系譜に連なる小型墳墓が引きつづき営まれており、他の地域とは異なる様相が認められる。

第二段階は、前段階までにみられた前方後方墳の築造が認められなくなり、大型の前方後円墳が各地域に築かれる段階である。ほぼ前期後葉に相当し、駿河最大の前方後円墳である柚木山神古墳はこの段階に築かれる。北伊豆地域の向山一六号墳もこの段階に築かれた前方後円墳である可能性が高い。志太地域では依然として小型墳が営まれるが、この段階になって円墳が出現し、やがて主流となっていく。こうした円形原理への移行が、ほぼ時を同じくして小型墳にも認められることは注目に値する。

第三段階は、中期前葉から中葉にかけて前方後円墳の築造が途絶もしくは限定的になるとみられる段階である。静岡・清水地域の瀬名古墳群、富士・沼津地域の船津古墳群に前方後円墳が存在する可能性を残すものの、この

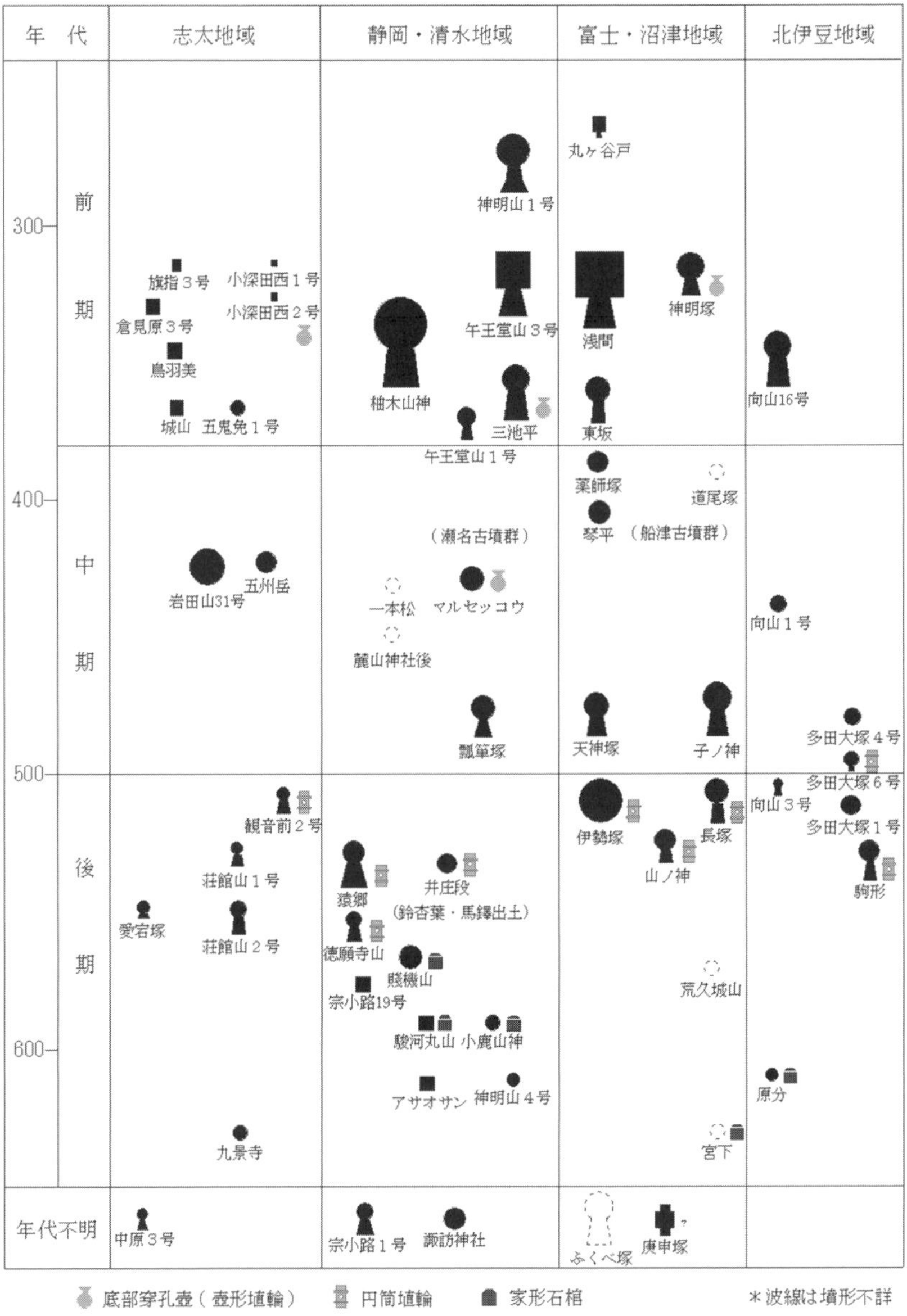
年　代
志太地域
静岡・清水地域
富士・沼津地域
北伊豆地域
300
400
500
600
前期
中期
後期
年代不明
丸ヶ谷戸
神明山1号
旗指3号
小深田西1号
小深田西2号
倉見原3号
鳥羽美
城山
五鬼免1号
柚木山神
午王堂山3号
三池平
午王堂山1号
浅間
神明塚
東坂
向山16号
薬師塚
道尾塚
琴平
（船津古墳群）
（瀬名古墳群）
岩田山31号
五州岳
一本松
マルセッコウ
麓山神社後
向山1号
瓢箪塚
天神塚
子ノ神
多田大塚4号
多田大塚6号
向山3号
多田大塚1号
観音前2号
伊勢塚
長塚
山ノ神
駒形
荘館山1号
猿郷
井庄段
（鈴杏葉・馬鐸出土）
愛宕塚
荘館山2号
徳願寺山
賎機山
荒久城山
宗小路19号
駿河丸山
小鹿山神
原分
アサオサン
神明山4号
宮下
九景寺
中原3号
宗小路1号
諏訪神社
ふくべ塚
庚申塚
底部穿孔壺（壺形埴輪）
円筒埴輪
家形石棺
＊波線は墳形不詳

図8　駿河・伊豆における主要古墳の変遷

段階には各地域ともやや規模の大きい円墳を築く傾向が認められる。その点では、前段階まで独自のあり方を示してきた志太地域も、この段階に他の地域と同様の歩調をとるようになる。

第四段階は、中期後葉から後期にかけて再び前方後円墳が築かれるようになる段階で、志太地域ではこの段階にはじめて前方後円墳が築かれる。この段階の前方後円墳は、墳丘長四〇〜五〇ｍのものが主流で、第一・二段階のものに比べて相対的に規模が縮小している。また、それらは小地域ごとに広く認められる点でも第一・二段階の前方後円墳とはあり方を異にしている。なお、この段階の大型古墳には、円筒埴輪をともなわない中期後葉の一群と円筒埴輪をともなう後期の一群があり、さらに後者は円筒埴輪を導入した時期や地域の違いから少なくとも二群に細分し得る可能性がある。

第五段階は、前方後円墳が築かれなくなる段階である。地域によって時期差が認められ、富士・沼津地域や北伊豆地域では後期中頃以降に相当するが、静岡・清水地域や志太地域では後期後葉以降になる可能性が高い。これは第四段階における前方後円墳の築造状況と関係している。この段階には、賤機山古墳に代表されるように、前方後円墳にかわって大型の横穴式石室や豊富な副葬品をともなう円・方墳が築かれるようになる。

●変動の背景

以上の各段階が示すように、駿河における大型古墳の変遷にはいくたびかの大きな変動が認められる。その出現と消滅はもちろんのこと、中期における前方後円墳の途絶（または減少）と中期後葉から後期にかけての前方後円墳の復活という現象も無視できない大きな変動である。こうした現象の背景を理解するためには、近畿地方を中心とした列島内における古墳の築造状況に広く目を向けてみる必要がある。

三世紀中葉頃、奈良盆地東南部に出現した巨大前方後円墳は、四世紀後半になると奈良盆地北部に墓域を移動し、さらに四世紀の終わりから五世紀代にかけての中期には大阪平野南部（河内・和泉）に墓域を移動する。また、中期には巨大前方後円墳に付随する中小古墳も出現して古墳の序列化が一段と進行する。こうした動きは地方にも認められ、地域によっては大型前方後円墳を中心に古墳の階層的な構成が顕在化する。その一方で、前期からつづく大型古墳の築造が途絶する地域もあらわれる。これら一連の動きは、王権中枢の勢力交替と政治組織の変革が地方勢力をも巻き込んで進行したことを物語っている。

その後、中期の終わりから後期にかけて、近畿地方では限られた巨大前方後円墳の築造がつづけられるが、それ以外の前方後円墳は全般に規模が縮小する。また、地方でも前方後円墳の規模は相対的に小型化するが、その数はむしろ増加して、のちの郡域程度を単位として築かれるようになる。

駿河における大型古墳の変動も、おそらくはこうした動きと無関係ではないだろう(12)。大局的にみれば、前期に姿を現した駿河の有力者たちは、中期になると、王権を中心とした政治変動の結果、その政治的立場を弱体化させた可能性がある。その後、後期に入る頃に再び前方後円墳を築き始めるが、それは以前のものとは内容を異にし、被葬者はより限定された領域を単位とする支配者としての性格を強めたものと思われる。この時期の前方後円墳がのちの郡域程度を単位として分布していることは、関東地方などですでに指摘されているところであり(13)、その後に成立する政治的領域の形成という観点からも、この時期の前方後円墳をとらえ直す必要がある。

●関東系の埴輪

ところで、以上のような議論を進めようとするとき、当時の王権中枢を抱える近畿地方の動きに目を奪われが

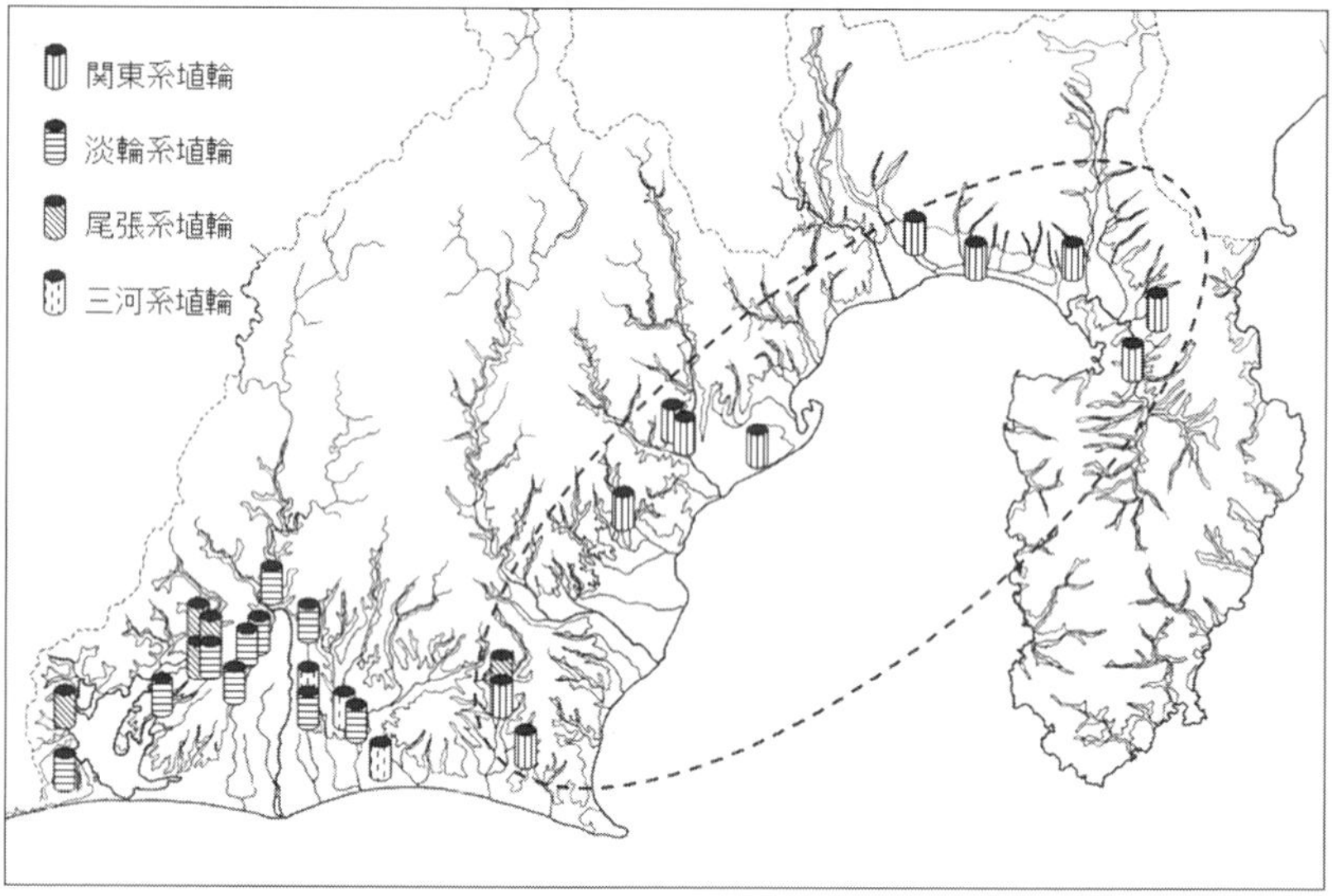

図9　関東系埴輪の分布

ちであるが、たとえば先にみた第四段階の理解に関しては、駿河に分布する関東系埴輪(14)の存在にも注目しておく必要がある。

関東系の円筒埴輪は、後期に入ると、伊豆から駿河、さらに東遠江の地域におよんで分布するようになる（図9）。それらの多くは各地域の大型古墳に採用されたもので、大型古墳の動向とも深いかかわりをもつ。その詳しい検討は今後の課題であるが、そこには関東に由来する複数の系譜が認められるようであり、また、富士・沼津地域と静岡・清水地域では導入の時期に差がみられるようである。

古墳祭祀にかかわる諸要素の中で、完成した墳丘に立て並べられた埴輪は、周囲に対する視覚的効果に優れたものである。すでにこの頃多くの専業者集団によって製作されていた関東の埴輪を、いつ、どこから、どのようなかたちで導入するのかは、駿河の大型古墳造営者たちにとってけっして小さな問題ではなかったと思われる。

いずれにせよ、第四段階における大型古墳の築造状況を理解するためには、関東地方における政治・社会状況がおよぼした影響を十分にみきわめていく必要がありそうである。

また、こうした関東系埴輪の広がりの中で、旧庵原郡域と旧安倍郡域に円筒埴輪そのものが認められない点は興味深い。系譜や時期の差を内包しながらも関東系の埴輪を積極的に採用した地域と、それを一切受容しなかった地域は、文献から想定される珠流河国造と庵原国造の支配領域に重なる部分が少なくないからである。この問題を埴輪のみで語るのはもとより早計であるが、考古学的には一つの注目点と言えるだろう。

おわりに

以上、駿河における大型古墳の変遷過程を整理し、その背景をめぐる現時点での理解や問題点を述べてみた。ここでみたように、駿河における大型古墳の変遷は、王権中枢に発信源をもつ列島規模の政治変動に関係している可能性がある。一方、関東系埴輪の存在なども考慮すれば、その変動は常に近畿地方との関係のみで理解できるものではない。じつはこの点にこそ、当地域特有の古墳時代史を読み解く重要な鍵が隠されているのかも知れない。東西文化・社会の結節点にあたる地域の特性を視野におさめ、議論を深めていく作業はこれからの大きな課題である。

（1）　考古学的時代区分名称としては、「古墳時代」が適切である。なお、都出比呂志は、前方後円墳に象徴されるこの時代の政治秩序を「前方後円墳体制」と呼んでいる。都出比呂志「日本古代の国家形成論序説—前方後円墳体制の提唱」『日本史研究』

三四三、一九九一年。

（2）ここでは一般的な理解にしたがって、古墳時代を前期、中期、後期の三期に区分する。およその実年代は、前期が三世紀後半から四世紀後葉、中期が四世紀末葉から五世紀、後期がほぼ六世紀に相当する。

（3）滝沢　誠・篠原和大ほか「清水市神明山1号墳発掘調査報告」『静岡県の前方後円墳―個別報告編―』静岡県教育委員会、二〇〇一年。滝沢　誠・篠原和大「静岡県清水市神明山1号墳の調査」『日本考古学協会第68回総会研究発表要旨』日本考古学協会、二〇〇二年。

（4）赤塚次郎『廻間遺跡』愛知県埋蔵文化財センター、一九九〇年。

（5）北條芳隆「墳丘に表示された前方後円墳の定式とその評価」『考古学研究』三三―四、一九八六年。

（6）沼津市教育委員会『神明塚古墳』一九八三年。

（7）滝沢　誠編『神明塚古墳（第二次）発掘調査報告書』沼津市教育委員会、二〇〇五年。

（8）括弧内の規模を示す数値は、前方後円墳・前方後方墳などの場合は墳丘長、円墳の場合は墳丘径、方墳の場合は一辺（長辺）の長さを表す。

（9）福永伸哉「主軸斜交主体部考」『鳥居前古墳―総括編―』大阪大学文学部考古学研究室、一九九〇年。

（10）静岡県教育委員会『静岡県の前方後円墳―資料編―』二〇〇一年。

（11）以下に取りあげる各古墳の参考文献は、紙面の関係からすべて掲載を省略した。なお、静岡県の前方後円墳について知る手引きとしては、『静岡県の前方後円墳―総括編―』（静岡県教育委員会、二〇〇一年）および『静岡県の前方後円墳―資料編―』（同）が便利である。

（12）中央と地方を巻き込んだ政治変動の存在については、京都府桂川流域の事例研究にもとづいて都出比呂志が明確に指摘している。都出比呂志「古墳時代首長系譜の継続と断絶」『待兼山論叢』二二、大阪大学文学部、一九八八年。

（13）白石太一郎「常陸の後期・終末期古墳と風土記建評記事」『国立歴史民俗博物館研究報告』三五、一九九一年。

（14）鈴木敏則「埴輪」『静岡県の前方後円墳―総括編―』静岡県教育委員会、二〇〇一年。

Ⅱ　中世の静岡

鎌倉幕府と伊豆の武士団

湯之上　隆

一　一一〇〇年代の時代状況

●保元の乱

一一〇〇年代半ば、天皇家・摂関家内部の権力抗争に端を発して、保元の乱・平治の乱が相次いでおこった[1]。保元元年（一一五六）七月、鳥羽法皇の死去を機に、皇位をめぐる争いと政情不穏は、後白河天皇方（鳥羽法皇妃美福門院・関白藤原忠通ら）が平清盛・源義朝ら武士を動員、崇徳上皇方（藤原忠通の弟頼長ら）は平忠正（平清盛の叔父）・源為義（源義朝の父）らを招集して武力衝突に至った。これが保元の乱である。結局、後白河天皇方が勝利をおさめ、藤原頼長は敗死し、崇徳上皇は讃岐（香川県）に流された。

●平治の乱

この乱によって、武士が政界に進出する契機となり、平清盛は勝利の功労者として、院政を開始した後白河上皇の寵臣藤原通憲（信西）と結んで勢威を伸ばしつつあった。これに対して、源義朝は、信西と対立するととももに義朝とも密接な関係を結んでいた院近臣の藤原信頼と提携し、保元の乱から三年後の平治元年（一一五九）十二月、清盛の熊野参詣中に挙兵して、信西・清盛の打倒を図った。信頼・義朝は信西を自害に追い込んだものの、帰京した清盛に敗れ、信頼は斬罪、義朝は尾張（愛知県）で家臣の長田忠致に殺害され、子の頼朝は伊豆に流された。以後、平氏は最強の武門としての地位を確立し、治承三年（一一七九）には政権を掌握するに至った。

●二つの乱の影響

二つの乱は、王家と摂関家の分裂、貴族層内部の利害対立にもとづく抗争に武士が武力を行使して深く関わったもので、乱後、政治構造の大きな変化がもたらされた。保元の乱の際、後白河天皇方についた藤原忠通の子で、『愚管抄』を著した慈円は、「保元元年七月二日、鳥羽院ウセサセ給テ後、日本国ノ乱逆ト云コトハヲコリテ後ムサノ世トナリニケリ」と、「ムサ（武者）」の世が到来したと述べている。

乱後、地方政治にも影響が見られた。例えば、保元三年（一一五八）八月、平清盛の子重盛は遠江守《とおとうみのかみ》に任じられた。さらに、平治の乱が平清盛方の勝利に終り、以後の平氏全盛のあらわれのひとつとして、平治元年（一一五九）十二月には弟の宗盛が、続いて基盛が遠江守に就任した。保元の乱後、遠江国には平氏の勢威が強く及んでいたと考えられる。のち、遠江守護となった安田義定が、浅羽荘司宗信や相良長頼の一族に平氏に従う者が多いと、頼朝に注進したのも、ゆえないことではなかった。

二　頼朝挙兵

●以仁王令旨

日本の歴史に新紀元を開く武家政権樹立の序幕の場となったのは、北伊豆の地であった。治承四年（一一八〇）四月九日、後白河法皇の子以仁王《もちひとおう》は、「東海・東山・北陸三道并群兵等」に対して、「清盛法師并従類叛逆輩」、つまり当時国政の全権を掌握する平清盛とかれに従う人々の追討を命ずる令旨《りょうじ》（皇太子・親王らのことばを伝える文書）を発給した。

●頼朝挙兵

四月二十七日に伊豆国北条館でこの令旨を伝えられた源頼朝が、周辺の武士に呼びかけ、さらに平氏方の山木兼隆館の絵図を入手するなどの攻撃準備を進めて、反平氏の兵をあげたのは、八月十七日深夜。平治の乱ののち、永暦元年（一一六〇）三月、十四の年に伊豆に流されてから、およそ二十年の歳月が流れていた。この日は、伊豆国一宮三島社で神事がおこなわれ、その混乱に乗じての挙兵であった。計画にあたって、北条時政は、当時の大道である牛鍬大路は群参の人々が多くて、通行を咎められる可能性があるため、それより南の蛭島通りを行くことを進言した。これに対して、頼朝は、このたびの挙兵は「事之草創」であり、閑路を用いるべきでなく、また蛭島通りは湿地で騎馬の通行が自由でないため、大道を通ることを決定した。以仁王の令旨は、甲斐・信濃の源氏にも届けられており、その後、これら源氏一族にも挙兵の動きが見られた。

北条館の周辺（『図説静岡県史』より）

●頼朝の鎌倉入り

平氏一族の山木兼隆を討ち取った頼朝は、相模国（神奈川県）の武士団と合流する途中、石橋山で大庭景親・伊東祐親らに敗れた。その後、頼朝は真鶴から海路を安房国（千葉県）に逃れ、相模の三浦氏など関東の有力武士団の支援を得て勢いを盛り返し、十月六日には鎌倉に入り、ここを本拠と定めている。この頃、信濃国（長野県）では源（木曽）義仲が、また甲斐国（山梨県）では武田・安田氏ら源氏一族の武士団が勢力を広げていた。

●頼朝と甲斐源氏

鎌倉を武家政権の本拠と定めた頼朝は、関東武士団の掌握に努めながら、十月二十日、平維盛《これもり》率いる征討の大軍と富士川をはさんで対陣した。しかし、維盛軍は決戦を待たずして敗走し、京都に逃げ帰った。

鎌倉幕府によって編纂《へんさん》された正史《せいし》というべき『吾妻鏡《あずまかがみ》』は、その翌日条に、頼朝が安田義定を守護として遠江国に遣わし、また武田信義を駿河国に置いたと記している。信義と義定は、『尊卑分脈《そんぴぶんみゃく》』によれば、いずれも清光の子（義定について『吾妻鏡』は清光の父義清の子とする）であった。しかし、この時期、甲斐源氏は頼朝の麾下《きか》に属していたわけではなく、多分に同盟関係としての性格をもっていた（以下の記述は、『静岡県史』通史編2中世第一編第一章〈石井進氏執筆〉によるところが大きい）。いわゆる「富士川の戦い」の勝利は、武田信義ら甲斐源氏の働きによるところが大きく、遠江・駿河両国の軍事指揮権や治安維持の支配権は、かれらの実力行使によって獲得されたとみられている。

しかも安田義定は寿永二年（一一八三）七月、木曽義仲と呼応して入京し、八月十日には頼朝の推挙によってではなく、直接朝廷から遠江守に任じられ、以後、守護と国守とを兼ねて強力な権限をもった。文治六年（一一九〇）正月二十六日には下総守《しもうさのかみ》に遷任されたが、翌年三月六日には遠江守に復帰している。

こののち、駿河守護武田信義は解任され、北条時政に続いて、北条氏家督の得宗が守護職を継承した。また、十年余りにわたり遠江国を支配した守護安田義定は叛逆の嫌疑をうけて処刑され、鎌倉の宅地は北条時政の子義時に与えられた。守護には北条時政が任じられたとみられ、続いてその子時房を経て、北条氏一門の大仏《おさらぎ》氏が幕府滅亡にいたるまで代々引き継いだ。

三　伊豆の武士団の動向

●頼朝挙兵と伊豆の武士団

頼朝の挙兵に従った伊豆国の武士団は、最大の工藤氏を始め、北条・加藤・宇佐美・天野・新田（仁田）氏などで、軍事力としては大きくなかったが、かれらとその後裔たちは御家人として、他国のそれとは異なる重要な名誉ある役割を果たし、幕府を支える最も重要な柱となった。これが伊豆の武士団の最大の歴史的意義である。

挙兵に参加した伊豆国の主な武士団とその本拠地は、次の通りである。

北条氏―韮山町中条・四日町、近藤氏―韮山町長崎（?）、工藤氏―旧修善寺町～旧天城湯ヶ島町、加藤氏（伊勢出身）―旧修善寺町牧之郷、天野氏―伊豆長岡町天野、新田（仁田）氏―函南町仁田、沢氏―函南町上沢、大見氏―旧中伊豆町八幡、宇佐美氏―伊東市宇佐美、鎌田氏―伊東市鎌田

また土肥・岡崎・佐々木ら相模国の他、武蔵国出身者も参加した。駿河国ではわずかに鮫島宗家のみで、平氏勢力の強かった遠江国の武士は誰ひとり見られなかった。

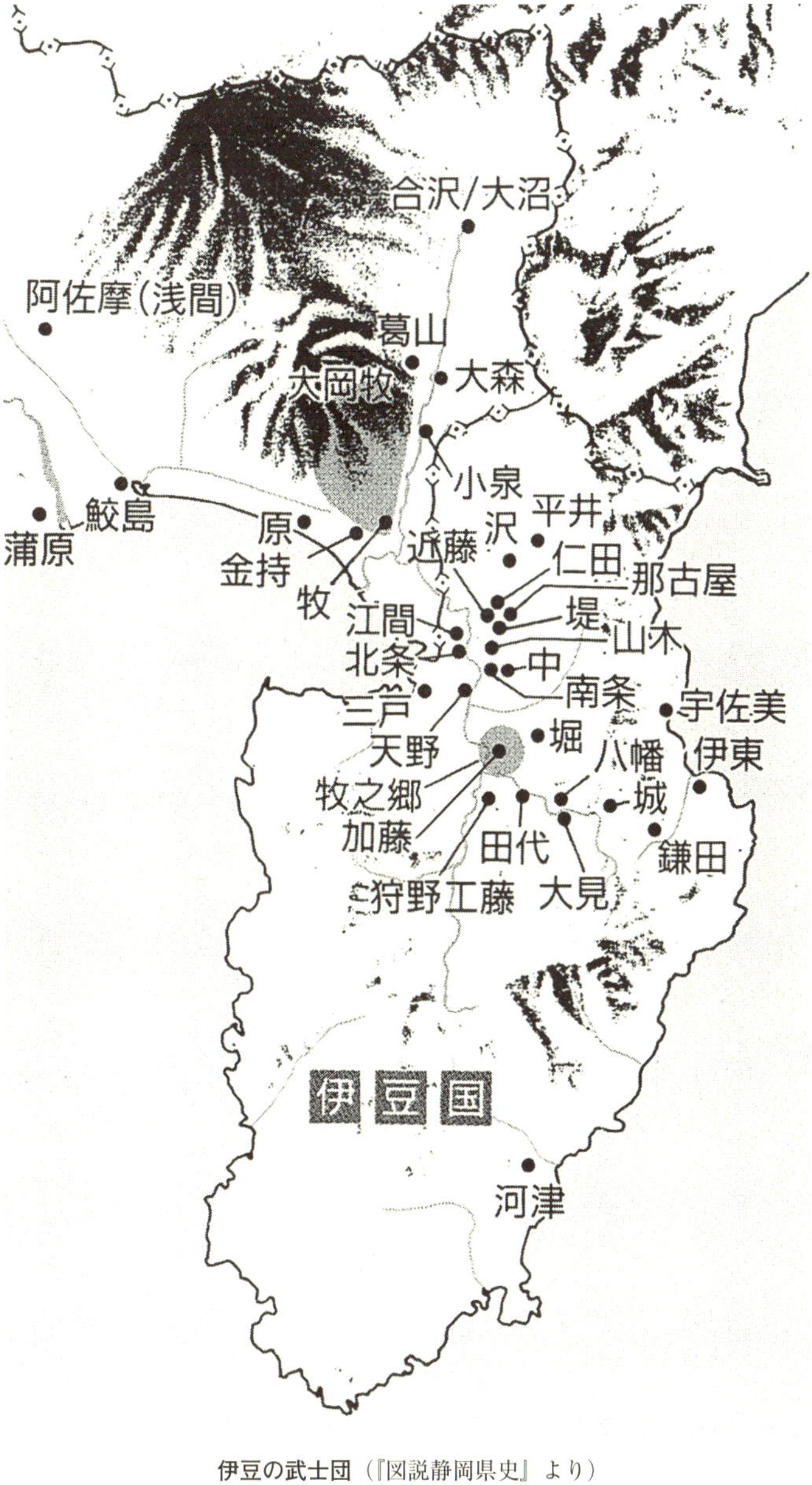

伊豆の武士団（『図説静岡県史』より）

●平氏方の武士団

これに対して、伊東氏は平氏方として活動し、また平井（函南町）を根拠とする平井久重は平氏方として、北条時政の嫡男宗時を早河（函南町冷川か）で射殺している。

四　北条氏の動向

●北条時政の立場

北条氏は一〇〇〇年代後半には、下田街道と狩野川という水陸交通の要衝に位置する北条に土着し、伊豆国府の行政事務に当った在庁官人であったとみられる。時政以前の北条氏の系譜には不明の点が多い。時政は北条氏嫡流ではなかったようであり、娘政子の夫頼朝の挙兵に積極的な役割をはたすことで、一族の新たな運命を切り開こうとしたものと考えられている。北条氏の兵力は五十騎足らずと推定されており、のち宝治元年（一二四七）北条時頼の挑発によって滅ぼされることになる相模の三浦氏に比べるべくもなく、伊豆最大の伊東氏にもはるかに及ばなかった(2)。

●北条館

北条氏が本拠とした守山周辺には、北麓の北条館を中心に一族の所領が広がっていた。一帯は、平成八年九月に北条氏邸跡として史跡指定をうけている（平成十三年八月追加指定）。東麓には時政によって願成就院が創建され、子孫によって造営が続けられた（願成就院跡は昭和四十八年二月史跡指定）。奈良の仏師運慶の手になった不動

北条氏邸周辺（『図説静岡県史』より）

明王像などが、跡地にたつ願成就院に今も残されている。近年の発掘調査によって、館跡の一部や、幕府滅亡後に一族の女性たちが身を寄せた円成尼寺跡とみられる遺構が確認されている。

●北条氏の勢力拡大と得宗

北条氏は、頼朝挙兵後間もない頃から、伊豆守護に就任したとみられ、以後、その家督（得宗）が職務に就いた。

元暦元年（一一八四）、駿河守護の武田信義は解任され、代って北条時政が就任し、以後北条氏家督の得宗が代々守護をつとめた。遠江守護は安田義定が建久四年（一一九三）に子の義資の事件に連座して罷免されたのち、北条時政が後任となり、子の時房に続いて、北条氏一族の大仏氏が継承することになる。

北条氏は伊豆国に続き、駿河・遠江両国の守護として軍事や治安警察の実権を掌握し、さらに頼朝の跡を継いだ頼家の廃立や和田義盛ら有力御家人の排斥を通じて、全国に守護職と所領を拡大していった。

北条氏は執権として幕政の実権を握り、一二〇〇年代末には、得宗に権力が集中し、その近臣グループの寄合が事実上の政策決定の場となる得宗専制がおこなわれた。

五　覚海円成と円成寺

●円成寺の創建

韮山町の南西部、狩野川の東岸にある高さ一〇〇メートルほどの守山が、円成寺山、また北麓の平地が円成寺畑と呼ばれてきたのは、一七〇〇年代末廃寺になった円成寺の痕跡を示す、かすかな伝承である。

円成寺は覚海円成という法名をもつ女性によって、元弘三年（一三三三）五月の幕府滅亡後に開かれた尼寺である。(3)

●覚海円成の人物像

円成は、上野国《こうずけのくに》大室荘（群馬県前橋市）に所領をもつ大室泰宗と法名妙寂（実名不明）との娘で、北条時宗の子貞時と結婚し、最後の得宗高時を生んだ。円成は、中国人禅僧の東明慧日《とうみんえにち》・清拙正澄《せいせつしょうちょう》や、臨済宗の黄金期を築いた夢窓疎石《むそうそせき》に帰依した。円成という字《あざな》は、夢窓疎石が授けたものと考えられる。

円成の風貌について、鎌倉の貞時邸で直接対面した後深草院二条は、「御方とかや、出でたり。地は薄青に、紫の濃き薄き糸にて、紅葉を大きなる木に織り浮かしたる唐織物の二衣に、白き裳を着たり。みめ、事柄誇りかに、丈高く大きなり」（『とはずがたり』）と、大柄で誇らしげな女性であったと記している。

元弘三年五月の幕府滅亡により、六十歳ぐらいの老齢に達し、得宗の母として勢威をふるっていた円成は、人生最大の困難に直面した。戦いに敗れて討ち死にしたり、自害して果てたりした男たちとは違って、円成は一族の女性たちを扶持し、女児たちを養育する、逃れがたい責務を負い、自らの所領を没収されて、北条氏の本貫の地・伊豆国北条に落ち着いた。韮山町本立寺にある梵鐘は、幕府滅亡の前年元徳四年（一三三二）に覚海が鎌倉東慶寺に寄進したもので、覚海の北条移住に関わるものと見られる。

円成寺は禅宗寺院で、史跡公園としての整備を目指す近年の発掘調査により、庭園の池や宝珠形水晶製品、瀬戸窯の香炉などが出土し、次第にその姿をあらわしつつある。

●その後の円成寺

円成は、康永四年（一三四五）八月十二日に歿したと考えられる。七十歳をこす、波瀾の生涯であった。円成亡き後、円成寺は危機を迎えたが、伊豆守護山内上杉氏の娘が住持として入り、上杉氏の尼寺へと性格を変え、上杉氏の氏寺で、軍事的本拠地でもあった国清寺の末寺になった。山内上杉氏が衰えるとともに、円成寺も衰退の道をたどり、真珠院（韮山町中条）の末寺として、曹洞宗に改宗した。

円成寺は寛政九年（一七九七）頃には、破壊して檀家もない有様で、およそ四〇〇年にわたる変転の歴史に幕をおろし、その後、わずかな文献と伝承のなかにかろうじてその名をとどめることになったのである。

（1）元木泰雄『保元・平治の乱を読みなおす』（NHKブックス、二〇〇四年）は、保元・平治の乱についての最新の著作で、乱の意味を再検討している。

（2）本郷和人『新・中世王権論』（新人物往来社、二〇〇四年）は、北条氏について新たな見解を提示している。

（3）覚海円成については、湯之上隆「覚海円成と伊豆国円成寺―鎌倉禅と女性をめぐって―」（『静岡県史研究』一二、一九九六年）を参照。

源頼朝挙兵前後略年表

年　月　日	事　　項
保延4(1138)	北条時政，生まれる
久安3(1147)	源頼朝，生まれる
保元1(1156)7.10	後白河天皇方平清盛・源義朝ら，崇徳上皇の白河殿を夜襲（保元の乱）
〃 2(1157)	北条政子，生まれる
〃 3(1158)	この頃，北条時政と牧の方（頼朝助命に尽力した池禅尼〈平清盛継母〉の姪）結婚
平治1(1159)12.26	清盛，後白河上皇を襲った藤原信頼・源義朝らを破る（平治の乱）
永暦1(1160)3.11	頼朝，伊豆に流される（14歳）
仁安2(1167)2.11	清盛，太政大臣となる
承安3(1173)5.16	文覚，伊豆に流される
治承1(1177)	この頃，頼朝と政子，出会う
〃 4(1180)4.27	平家追討を命じる以仁王令旨が，北条館にいる頼朝のもとに届く
〃 8.4	頼朝，山木兼隆の館の絵図を入手し，時政と攻撃策を練る
〃 8.9	頼朝，山木兼隆を討つ日を8月17日寅卯刻と定め，工藤茂光・天野遠景らを励ます
〃 8.17	頼朝挙兵し，山木兼隆を破る
〃 8.19	政子，頼朝と別れて伊豆山に身を寄せる
〃 8.23	伊東祐親，大庭景親に味方し，相模石橋山に頼朝を襲う
〃 8.24	頼朝，大庭景親に敗れて箱根山に隠れる。北条時政の嫡男宗時，伊豆早河（函南町冷川か）で平井久重に討たれる
〃 8.28	頼朝，相模真鶴崎から安房に渡る
〃 9.7	源義仲，信濃に挙兵
〃 10.6	頼朝，鎌倉に入る
〃 10.11	政子，伊豆秋戸郷より鎌倉に入る
〃 10.20	頼朝，富士川で平氏軍を破る（富士川の戦い）
〃 5(1181)閏2.4	清盛歿（64歳）
〃 4.19	北条宗時を討った平井久重，処刑される
この年	諸国飢饉
養和2(1182)2.14	伊東祐親自殺
〃 5(1185)3.24	源義経，長門壇ノ浦で平氏を破る（平家滅亡）
文治5(1189)閏4.30	義経，陸奥衣川で藤原泰衡に討たれる（31歳）
〃 9.3	奥州藤原氏滅ぶ
建久3(1192)7.12	頼朝，征夷大将軍に任じられる
〃 4(1193)5.28	曽我兄弟，富士野の巻狩で父の仇工藤祐経を討つ。曽我祐成，仁田忠常に討たれる仁田忠常，加藤景廉に誅殺される（37歳）
〃 10(1199)1.13	頼朝歿（53歳）
建仁3(1203)9.2	比企能員，時政の鎌倉の屋敷内で，天野遠景・仁田忠常らに誅殺される
〃 9.5	源頼家，仁田忠常・和田義盛らに北条時政の誅殺を命じる
〃 9.6	仁田忠常，加藤景廉に誅殺される（37歳）
〃 9.29	頼家，伊豆修禅寺に幽閉される
元久1(1204)7.18	頼家，修禅寺で殺害される（23歳）
〃 2(1205)閏7.19	時政と妻牧の方，娘婿平賀朝雅の将軍擁立を謀り失敗
〃 閏7.20	時政，伊豆北条に隠退
建保3(1215)1.6	時政歿（78歳）
嘉禄1(1225)7.11	政子歿（69歳）

鎌倉期駿府の宗教世界
――静岡市八幡神社旧蔵五部大乗経をめぐって――

湯之上　隆

はじめに

鎌倉期駿河府中の宗教世界を考える場合、惣社と久能寺および建穂寺はとりわけ重要な位置を占めている。本稿では、これらの寺社の宗教的役割の一端を明らかにするために、静岡市駿河区八幡にある孤山、八幡山の西麓に鎮座する八幡神社（鎌倉時代には有度八幡と称された）に、かつて所蔵されていた五部大乗経を素材として検討してみたい。

現在は八幡神社に一巻も残されることなく、散逸してしまった五部大乗経は、近世に成立した多数の駿河地誌の掉尾を飾る、中村高平の『駿河志料』（文久元年〈一八六一〉成立）に、大方等大集経巻四十四の奥書が記されているから、幕末までは神社に所蔵されていたことが明らかである。明治初年の神仏分離の過程で、他の仏具などとともに、八幡神社神主八幡氏（初め文屋氏を名乗ったという）の持庵であった、隣接する臨済宗栽松山神龍院に移され、その後流失した可能性がある。

昭和六十年度から開始された静岡県史編纂の過程で、これらの存在に気づき、寓目しえたものを集成して資料編に収録した。

一　八幡神社旧蔵五部大乗経の復元

五部大乗経は天台宗で行われていた四季講・五時講などの講会を背景とし、承暦二年（一〇七八）十月三日、白河天皇の御願寺である法勝寺で催された大乗会に講じられたことが契機となって国家的法会に位置づけられ、平安貴族社会に流行した。一般には大方広仏華厳経・大方等大集経・大品般若経・妙法蓮華経・大般涅槃経など二〇〇巻からなる[1]。

まず、これまでに題未詳経を含めて知りえた三五巻（うち二巻は重複）について、経典ごとの奥書を掲げる。

●大方広仏華厳経

○巻二　所蔵者未詳　田中塊堂『日本古写経現存目録』

延応二年大歳庚子七月十四日書了、執筆忠海

奉施入有度八幡山王御宝前、五部大乗経一部、

大願主金剛仏子憲信

○巻四　『思文閣古書資料目録』一五一号

巻末欠のため、奥書不詳

○巻七　日本大学国際関係学部図書館所蔵

延応二年大才庚子七月十八日、執筆忠海

奉施入駿河国有度八幡山王御宝前、五部大乗経一部、

大願主惣社別当金剛仏○（子）憲信

（異筆）「一校了、享豪」

○巻八　『東京古典会創立八十周年記念古典籍下見展観大入札会目録』

延応二年大才庚子七月十七日、執筆忠海

奉施入駿河国有度八幡山王御宝前、五部大乗経一部、

大願主惣社別当金剛仏子憲信

（異筆）「一校了、□□」

○巻二十　反町義雄氏所蔵　田中塊堂『日本古写経現存目録』

仁治元年十月十七日巳時書写竟（ママ）、

以書本一校了、澄賢

一校了、尊智

○巻二十五　大東急記念文庫所蔵

仁治元年大才庚子十月三日書写畢、

奉施入駿州有度山王御宝前、五部大乗経一部、

惣社別当別（衍）当金剛仏子憲信

（異筆）「以書本一校了、澄賢」

（異筆）「一校了、尊智」

○巻二十六　『思文閣古書資料目録』一五一号

延応二年大歳庚子八月十一日書了、

奉施入有度八幡山王御宝前、

五部大乗経一部、

大願主惣社別当金剛仏子憲信

（異筆）「一校了、尊智」

○巻五十八　大庭大亮氏旧蔵　『静岡県史料』第四輯

延応二年大才庚子八月四日、　慈悲寺蓮海

駿河国奉施入有度八幡山王御宝前、　五部大乗経一部、

願主惣社別当金剛仏子憲信

一校了、　京豪（亨カ）

●大方等大集経

○巻一　『思文閣古書資料目録』一五一号

奉施入有度八幡山王御宝前、　五部大乗経一部、

延応二年大歳庚子七月五日、　執筆幸信

（異筆）「仁治元年　大勧□十二月三日、　一校了、　浄命」

大願主惣社別当金剛仏子憲信

○巻三　『思文閣古書資料目録』一五一号

延応二年大才庚子七月八日、筆師幸信

大願主惣社別当金剛仏子憲信

○巻七　『思文閣古書資料目録』一一七号

延応二年大歳庚子八月九日、筆師幸信

奉施入有度八幡山王之御宝前、五部大乗経一部、

願主惣社別当金剛仏子憲信

（異筆）「以書本一校了、長尊」

○巻十三　『東京古典会創立八十周年記念古典籍下見展観大入札会目録』

延応二年□子八月五日

奉施入駿河国宇度八幡

山王御宝前、五部大乗経一部、

願主惣社別当金剛仏子憲信

（異筆）「一校了、禅□」

○巻十四　『思文閣古書資料目録』一五一号

延応二年大歳庚子八月九日

奉施入駿河国宇度八幡

山王御宝前、五部大乗経一部、
願主惣社別当金剛仏子憲信
（異筆）「以書本一校了、長尊」
○巻十七　『思文閣古書資料目録』一五一号
奉施入駿河国宇度八幡山王御宝前、五
部大乗経一部内、
延応二年庚子八月八日、▨
願主金剛仏子憲信　（異筆）「一校了、道円」
○巻二十　『思文閣古書資料目録』一五一号
延応二年大歳庚子八月五日、執筆厳信
奉施入駿河国宇度八幡
山王御宝前、五部大乗
経一部内、大方等大集経
願主惣社別当金
剛仏子憲信
（異筆）「以書本一校了、浄命」
○巻三十五（日蔵分）　龍門文庫所蔵　『龍門文庫善本目録』　田中塊堂『日本古写経現存目録』
仁治元年大歳庚子八月　日

奉施入有度八幡山王御宝前、五部大乗経一部、
願主惣社別当金剛仏子憲信
（異筆）
「以書本一校了、快尊」
○巻三十八（日蔵分）　東田居所蔵　田中塊堂『日本古写経現存目録』
仁治元年八月　日
奉施入有度八幡山王御宝前、五部大乗経一部、
願主惣社別当金剛仏子憲信
一校了、慶雄
同年十二月四日、以書本一校了、浄命
○巻三十九（日蔵分）『思文閣古書資料目録』一五一号
仁治元年大才庚子八月　日
（異筆）
「以書本一校了、明賢」
奉施入有度八幡山王御宝前
五部大乗経一部
願主惣社別当金剛仏子憲信
○巻四十四（月蔵分）『思文閣古書資料目録』一五一号
巻末欠のため、奥書不詳
○巻四十四（月蔵分）『駿河志料』巻之二十三　有度郡八

以書本一□〔校カ〕了、道憲
仁治元年大才庚子八月十二日、於鎌倉大倉御壇所書了、執筆忠海
奉施入駿河国有度八幡山王御宝前、五部大乗経一部、
大願主惣社別当金剛仏子憲信

●菩薩瓔珞本業経

○巻上　『思文閣古書資料目録』一五一号
一校了、禅応
願主憲信

○巻下　『思文閣古書資料目録』一五一号
奉施入有度八幡山王御宝前
願主金剛仏子憲信
一校了、勧尊

●大品般若経

○巻五　龍門文庫所蔵　『龍門文庫善本目録』　田中塊堂『日本古写経現存目録』
延応二年大歳庚子八月廿二日、与入験法円
宇度八幡山王御宝前、五部大乗経一部内、

願主惣社別当金剛仏子憲信
（異筆）「以書本一校了、快尊」
○巻十　『思文閣古書資料目録』一五一号
延応二年大歳庚子八月廿一日
奉施入駿河国宇度八幡山王御
宝前、五部大乗経一部、
（異筆）「以書本一校了、蓮永」
○巻十四　大東急記念文庫所蔵
大願主惣社別当金剛仏子憲信
（異筆）「一校了、快尊、一校了、」
延応二年大歳庚子九月一日書了、
奉施入有度八幡山王御取〔宝〕前、五部大乗経一部、
（異筆）「一校了、隆恵」
○巻二十八　『思文閣古書資料目録』一五一号
奉施入有度八幡山王御宝前、五部大乗経一部、
大願主金剛仏子憲信
仁治元年大才庚子九月廿日
（異筆）「一校了、勧尊」

○巻二十九　龍門文庫所蔵　『龍門文庫善本目録』　田中塊堂『日本古写経現存目録』
仁治元年大歳庚子九月廿二日、筆師蓮永
（異筆）「以書本一校了、快尊」

●妙法蓮華経

○巻次不詳　『駿河国新風土記』巻十一　有渡郡三
一校了、幸信、執筆浄命　一校了、定応

●大般涅槃経

○巻一　所蔵者未詳　田中塊堂『日本古写経現存目録』
仁治元年大歳庚子九月　日
奉施入有度八幡山王御宝前、五部大乗経一部、
願主金剛仏子憲信
○巻三　龍門文庫所蔵　『龍門文庫善本目録』　田中塊堂『日本古写経現存目録』
仁治元年大歳庚子九月　日
奉施入有度八幡山王御宝前、五部大乗経一部、
願主金剛仏子憲信
（異筆）「一校了、重賢」

○巻四　龍門文庫所蔵　『龍門文庫善本目録』　田中塊堂『日本古写経現存目録』

仁治元年大歳庚子九月　日

奉施入有度八幡山王御宝前、五部大乗経一部、

願主金剛仏子憲信

●題未詳経

○巻次不詳　『駿河国新風土記』巻十一　有渡郡三

延応二年大才庚子七月十二日、於鎌倉大倉御檀〔壇〕所書了、

奉施入有度八幡山王御宝前、五部大乗経一部、

大願主惣社別当金剛仏子憲信

執筆忠海

又一校了、明賢

以書本一校〔了脱カ〕、長尊

○巻次不詳　『駿河国新風土記』巻十一　有渡郡三　大方等大集経巻四十四カ

仁治元年大才庚子八月十二日、於鎌倉大蔵御檀〔壇〕所書了、

以書本一校〔了脱カ〕、道憲

執筆忠海

奉施〔入脱カ〕駿河国有度八幡山王御宝前、五部大乗経一部、

大願主惣社別当金剛仏子憲信
以書本一校了、快尊　一校了、勧尊
以書本一校了、明賢

○巻次不詳『駿河記』巻八　有度郡巻之三
奉施入駿河国有度八幡山王之御宝前、五部大乗経一部、
大願主金剛仏子憲信
延応二年大才庚子九月十日、筆師連〔蓮カ〕永
一校了、重賢

○巻次不詳『駿河記』巻八　有度郡巻之三
奉施入駿河国有度八幡〔山王脱カ〕御宝前、五部大乗経〔一部脱カ〕、
大願主惣社別当金剛仏子憲信
仁治元年九月廿八日書写畢、執筆浄命
一校了、勧尊

二　八幡神社旧蔵五部大乗経成立の概要

以上、現在までに題未詳経を含めて、三五巻（うち二巻は重複）を知りえているが、そのうち日本大学国際関係学部図書館所蔵の大方広仏華厳経巻七と大東急記念文庫所蔵の大方広仏華厳経巻二十五および大品般若経巻十

四については、静岡県史編纂の過程で、調査する機会を与えられたので、形状と体裁を知るために、概要を記しておきたい。

日本大学国際関係学部図書館所蔵の大方広仏華厳経巻七は巻子本で、首題は「大方広仏華厳経普賢菩薩品第八七」、尾題は「大方広仏華厳経巻第七」と記されている。縦二六・三センチメートル、横五二・六センチメートル、一紙あたり二九行、一行一七字（以上二紙目）、紙数一三枚で、墨界が引かれ、界高一九・八センチメートル、界幅一・八センチメートルである。改装され、漆塗り軸はもとのものと考えられるが、表紙は後補のものである。上欄に校訂された文字が書かれている。昭和四十五年九月九日、弘文堂〔荘〕より購入されている。奥に古書肆反町弘文荘の朱印（朱文「月明荘」）が捺されていることからわかるように、反町茂雄氏の所蔵であった時期がある。当時、日本大学国際関係学部図書館事務課長であった三浦吉春氏の談話によれば、同年六月刊行の弘文荘目録を見て、本経の購入を関係者に働きかけ、実現したとのことであった。

反町氏は目録で次のように記している。

> 延応二年（一二四〇）は即ち仁治元年、鎌倉中期である。有度（宇度）山は静岡県久能山の古名、今の東照宮は或は宇度八幡社を改めたものであろうか。五部大乗経とは、華厳経・大集経・大品般若経・法華経・大般涅槃経、合せて百九十巻であるから、当時の駿河国の神社としては、かなりの大事業である。いく分和様化した右肩上りの楷書で、書写の体裁が整つて居る。原装、保存良。[2]

有度（宇度）山は久能山の古名で、今の東照宮は宇度八幡社を改めたもの、という反町氏の推定は誤っているが、鎌倉中期に駿河国の神社が五部大乗経の書写に関わったことを「かなりの大事業」と評価したことは注目してよい。

大東急記念文庫所蔵の大方広仏華厳経巻二十五は巻子本で、首部に欠損があり、首題を欠いている。尾題は「大方広仏華厳経巻第廿五」と記されている。縦二五・八センチメートル、横五二・七センチメートル、一紙あたり三〇行、一行一七字（以上二紙目）、紙数三〇枚で、墨界が引かれ、界高一九・八センチメートル、界幅一・八センチメートルである。改装され、漆塗り軸はもとのものと考えられるが、表紙は後補のもので、外題は打付書で「大方広仏華厳経巻第廿五　仁治元年筆　有度八幡経」と書かれている。また、大品般若経巻十四は、巻子本で、首部に欠損があり、首題を欠いている。尾題は「大品般若経巻第十四」と記されている。縦二五・七センチメートル、横五二・三センチメートル、一紙あたり二九行、一行一七字（以上二紙目）、紙数一二枚で、墨界が引かれ、界高一九・九センチメートル、界幅一・八センチメートルである。改装され、漆塗り軸はもとのものと考えられるが、表紙は後補のものである。上欄に校訂による脱字が書かれている。

この他、龍門文庫所蔵の経典などを総合して五部大乗経の形状と体裁についてまとめてみると、写経、巻子本で、縦は二六センチメートル程度、墨界が引かれ、界高一九・八センチメートル程度、界幅一・八センチメートル程度、という共通項を導きだしてよいと思う。

三　八幡神社旧蔵五部大乗経成立の背景

八幡神社旧蔵の五部大乗経は、奥書によれば、「惣社別当金剛仏子憲信」を願主として、有度八幡山王に施入されたものであった。憲信については明らかでないところが多いが、残された数少ない史料によって、その事蹟をたどり、五部大乗経書写の背景について、特に久能寺や建穂寺との関係を考えてみたい。

駿河国惣社は神部神社のことで、三輪神とともに神主志貴氏が大和よりこの地に赴いたことが始まりといい、式内社であった。延喜元年（九〇一）醍醐天皇の勅願により、のちに駿河国一宮となる大宮浅間神社（富士山浅間本宮大社）を勧請したと伝える浅間新宮と深い関わりをもつ。

文化年間（一八〇四〜一八）、幕府によって造営された現社殿は、惣社と浅間新宮が相殿になっている。創建時期の異なる両社が相殿とされた時期については明らかでないが、寛文十年（一六八〇）の境内図には相殿として描かれている。のちにやや詳しく述べるとおり、貞応三年（一二二四）二月二十日、両社は同時に焼失していることからみて、すでにこの頃には相殿であった可能性がある。別当寺は惣持院がつとめた。

八幡神社旧蔵五部大乗経の奥書によれば、久能寺や建穂寺の僧侶が書写にあたっている。久能寺と建穂寺については機会を改めて詳しく論ずることとし、ここでは惣社との関わりに限って述べることとしたい。

久能寺は平安時代初期の創建と伝えられているが、初期の状況については不明な点が多い。補陀落山という山号が示すように、南海のかなたに観音の住みかを信じた補陀落信仰の聖地であった。

嘉禎元年（一二三五）に渡宋し、径山の無準師範の法を嗣いで帰国後、京都に東福寺を開いた駿河国安倍郡出身の円爾は、初め久能寺に登り、天台経典を学んだ。天台宗の久能寺では、元亨四年（一三二四）、円恵という僧侶が弟子の幸慶に、惣社で国家安穏と天皇の息災延命を祈禱する最勝講のための田地一町を譲っているから、久能寺は遅くとも鎌倉時代後期には惣社の社僧をつとめていたことが明らかであり、それは時期を溯るものと考えてよいであろう。

一方、建穂寺は白鳳十三年、道昭開創と伝えるが、鎌倉時代までの実相については明らかでないところが多い。「建穂」は現在「たきょう」と読まれているが、建穂寺の近辺に位置して式内社であった建穂神社は、『延喜神名帳』に「建穂神社《タケホノ》」という振り仮名がつけられている。また、弘治三年（一五五七）二月十八日、駿府滞在中の山科言継は、建穂寺本堂で稚児舞を見ているが、「建穂《タケホ》へ罷向」という注記が見える。さらに、正徳三年（一七一三）以降、建穂寺が廃寺となる明治初年まで建穂寺領であった安倍郡中ノ郷村（現静岡市葵区中ノ郷）の鈴木藤男家文書の一つ、享保四年（一七一九）極月二十三日坪付ケ帳の充先は「たけほ村重右衛門殿」と記されている。これらから、「建穂」は古くは「たけほ」と読まれていたことがわかるが、いつから「たきょう」と呼ばれるようになったかは明らかでない。

享保二十年（一七三五）に学頭の隆賢が編纂した『建穂寺編年』に収める元意譲状写によれば、比叡山王社の祭りのための田地があることから、建穂寺は天台宗であるとともに、府中浅間社およびそれと同じ境内にあった奈吾屋社（大歳御祖社）の供僧をつとめていたことが知られる。江戸時代には久能寺とともに惣社で最勝講を執行していた。

久能寺旧蔵の仁治三年（一二四二）に書写された大般若経（ほとんどは鉄舟寺現蔵）は、憲信が願主となって駿河国分尼寺薬師如来に施入されたものである。例えば、巻一の当初の奥書は次のように記されている。

仁治三年大歳壬寅正月十三日書写畢、
執筆建穂寺住人明賢
右書写意趣者、為金剛仏子憲信息災安穏、福寿増長也、
大願主惣社并国分寺別当金剛仏子憲信
尼寺御堂薬師如来奉施入大般若一部
（異筆）
「仁治三年大才壬寅九月三日、一校了、道快」

この時、「惣社并国分寺別当」であった憲信は、自らの「息災安穏、福寿増長」を願意として、大般若経を駿河国分尼寺薬師如来に施入したのであった。のち文明十七年（一四八五）正月、この大般若経は久能寺に転施入されている。大般若経の書写と校正にあたったのは、駿府周辺の有力寺院であった久能寺・建穂寺の他、慈悲寺・大窪寺の僧侶らであった。のちに述べるように、八幡神社旧蔵の五部大乗経は久能寺旧蔵大般若経より二年前の延応二年（仁治元年）に書写されており、久能寺旧蔵大般若経巻一を執筆した建穂寺の明賢は、八幡神社旧蔵五部大乗経の大方等大集経巻三十九の校正にあたっている。このように、憲信を願主とする八幡神社旧蔵五部大乗経と久能寺旧蔵大般若経の間には深いつながりがあったことに注目する必要がある。

憲信は駿河国分尼寺別当でもあったことが久能寺旧蔵大般若経巻四十などの奥書に記されているから、延応二年から仁治三年にかけての時期、駿河惣社・国分寺・国分尼寺という駿府の由緒深い寺社三つの別当を兼ねていたことになる。八幡神社旧蔵五部大乗経と久能寺旧蔵大般若経の書写にあたって、駿府周辺の有力寺院の僧侶らが参加したのは、憲信の宗教的勢威が背景にあったことによることは疑いない。

駿河国浅間新宮の梵鐘は、初め延長四年（九二六）九月十七日に造られ、のち承久二年（一二二〇）二月九日に鋳改められ、さらに文暦元年（一二三四）十二月三日、神主主村（村主カ）親昌を檀那として改鋳された。この時、「諸願成就、現世安穏〔隠〕、後生善所〔処〕」の志によって大勧進となったのは惣社別当憲信であったから、憲信は延応二年より六年前の文暦元年には惣社別当を務めていたことがわかる。これより先、貞応三年（一二二四）二月二十日、惣社と新宮は火災によって焼失した。神火だったという。二十三日には、平盛綱・尾藤景綱が執権で駿河守護でもあった北条義時の使者として、検分のため下向しているが、その結果は明らかでない。文暦元年十二月の新宮梵鐘の改鋳は、この火災にあって損傷をうけたことによるものとみられる。したがって、「諸願成就、現世安穏〔隠〕、後生善所〔処〕」という大勧進憲信の願意は、一般に見られる表現ながら、火災による悲痛と慨嘆とを克服し、再建の進捗に期する心情をこめたものとみなければならないと思う。貞応三年二月の火災の時期に、憲信が惣社別当であったかはわからないが、そうでなかったとしても、それから八年後には別当であった憲信が、国衙の神事祭祀を執行する役割をもつ惣社に加えて、駿河国一宮を勧請した新宮が同時に焼失するという非常事態ののち、それらの再建事業の責任を負い、奔走したであろうことは想像に難くない。

憲信はまた、延応元年十月十日、五部大乗経と同じ有度八幡に磬を寄進している（所在不明）。新庄道雄は文政十三年（一八三〇）の『駿河国新風土記』で、憲信について興味深い説を述べている。駿府の臨済宗青龍山摂取寺（寺町にあったが、現在は静岡市葵区沓谷に移転）はもと北安東の熊野神社の辺にあった真言道場で、開山の賢進は、初め建穂寺に住し、惣社の別当惣持院を開いて、のち摂取寺で歿したが、摂取寺過去帳に「頼朝之舅」と記されており、この賢進と憲信は同一人物ではないかというのである。また、熊野神社の神事の前に惣持院より役僧が来て勤行がなされていることもその例証にあげている。いまこの説の当否を検証する材料をもたないので、今後の検討に俟ちたい。

これよりのち、寛元元年（一二四三）七月、憲信は嘉禄三年（一二二七）、藤原（広橋）頼資らにより書写され、石清水八幡宮に納められていた大般若経を、「内殿奉行検校法印御房」に依頼して譲り受け、有度八幡に施入し、久能寺旧蔵大般若経と同じく奈吾屋（惣社の神部神社、浅間新宮と同じ境内にある大歳御祖社を指す）本をもって、久能寺の覚順・幸賢が校正している。

憲信によって五部大乗経が施入された有度八幡山王は、有度八幡の境内にある末社の一つである。山王権現は天台宗延暦寺の鎮守神であり、山王に施入されたのは、五部大乗経が本来、天台宗の講会を背景として成立し、天台宗世界に広がったことと関わるのかもしれない。桑原黙斎の『駿河記』（文化十六年〈一八〇九〉成立）によれば、拝殿から石坂一一五段をあがった山上に、若宮八幡宮・庁之宮・稲荷社・渡之宮とともにあった。阿部正信の『駿国雑志』（天保十四年〈一八四三〉成立）にはこの他、本社・神楽殿とともに七所が山上にあると記されている。現在は拝殿奥の石段の上にある本殿左手に、オクツヒコ・オクツヒメを祭る荒神社と同じ覆屋の中に、オオヤマクイを祭る日枝神社があり、おそらくこれが山王社であろう。ただし、荒神社は『駿国雑志』『駿河志料』によれば、山下にあったから、現在は末社の配置が江戸時代末期と変更されている。山王社については、駿河における天台宗の広まりとの関連を考察する必要があるが、社伝によれば、鎮座の時期は八幡神社より古く、初めは現在地より東にある八幡山で最古木のあたりに鎮座していたといい、のち末社のひとつ渡之宮の近くに移されたが、昭和四十年（一九六五）頃の台風で全壊し、昭和六十三年、現在地に再興されたものである。山王二十一社のひとつである荒神社（竈殿社）を日枝神社と同じ場所に移し祭ったものであろう。

憲信は前掲の有度八幡に施入した大般若経奥書によれば、当社の別当でもあったから、これが五部大乗経を施入した機縁となったのであろう。大祭は四月中の申の日に行なわれ、『駿国雑志』『駿河志料』によると、神官稲川大夫・先光大夫・小黒大夫・長沼大夫・向笠大夫・田中大夫・内藤大夫らが奉幣など神事を勤仕している。かれらの多くは惣社に奉仕しており、おそらく憲信以前からあったとみられる惣社と有度八幡との関わりが継承されているとみることができる。

次表は五部大乗経の書写年月日等を一覧にしたものである。これによると、五部の経典が順を追って書写されたのではなく、併行して書写されていることがわかる。一番早いものは大方等大集経巻一の延応二年（一二四〇）七月五日、七月十六日に仁治と改元されたのちも、しばらく旧年号と新年号が併用されているが、一番遅い

有度八幡山王五部大乗経書写年月日等

経　典　名	巻次	書写年月日	執　　筆	校　　合	県史
大方広仏華厳経	2	延応2.7.14	忠海		845
〃	7	〃 .7.18	〃	享豪	846
〃	8	〃 .7.17	〃	□□	補5
〃	20	仁治1.10.17	澄賢	澄賢，尊智	849
〃	25	〃 .10.3		澄賢，尊智	847
〃	26	延応2.8.11		尊智	補6
〃	58	〃 .8.4	蓮海(慈悲寺)	京豪	848
大方等大集経	1	延応2.7.5	幸信	浄命	補1
〃	3	〃 .7.8	幸信		補1
〃	7	〃 .8.9	幸信	長尊	850
〃	13	〃 .8.5		禅□	補2
〃	14	〃 .8.9		長尊	補1
〃	17	〃 .8.8		道円	補1
〃	20	〃 .8.5	厳信	浄命	補1
〃（日蔵分）	35	仁治1.8		快尊	851
〃（日蔵分）	38	〃 .8		慶雄，浄命	852
〃（日蔵分）	39	〃 .8		明賢（建穂寺）	補1
〃（月蔵分）	44	〃 .8.12	忠海	道憲	補3
菩薩瓔珞本業経	上			禅応	補4
〃	下			勧尊	補4
大品般若経	5	延応2.8.22	増盛	快尊	853
〃	10	〃 .8.21		蓮永	補7
〃	14	〃 .9.1		快尊，隆恵	854
〃	28	仁治1.9.20		勧尊	補7
〃	29	〃 .9.22	蓮永	快尊	855
妙法蓮華経	未詳	未詳	浄命	幸信，定応	856
大般涅槃経	1	仁治1.9			857
〃	3	未詳		重賢	858
〃	4	仁治1.9			857
題未詳経	未詳	延応2.7.12	忠海	明賢，長尊	859
〃　＊	〃	仁治1.8.12	忠海	道憲，快尊，勧尊，明賢	860
〃	〃	延応2.9.10	連（蓮カ）永	重賢	861
〃	〃	仁治1.9.28	浄命	勧尊	862

注）県史の欄の番号は，『静岡県史』資料編5中世一の史料番号を，補は『静岡県史研究』14所載の「静岡県中世史料　追補」の番号を示す。
＊）大方等大集経（月蔵分）巻44カ。

ものは大方広仏華厳経巻二十の仁治元年十月十七日である。現在判明しているものは、全体の一割七分程度であるから、断定は慎まなければならないが、五部大乗経の書写は延応二年七月に始まり、改元されて仁治元年十月中、あるいは遅くともその年のうちには完了したとみても大きな誤りはないと思う。

執筆者のうち、大方広仏華厳経巻五十八を執筆した慈悲寺の蓮海は、久能寺旧蔵大般若経巻百二十一・百三十・四百十・四百六十の書写にもあたっている。また大方等大集経巻一・三・七を書写した幸信は、寺名は記載されていないが、久能寺旧蔵大般若経巻百一・百五・百八・百九・百十・五百十九の筆者でもある。さらに大方等大集経巻三十九の校正にあたった明賢は、久能寺旧蔵大般若経巻一・六百に建穂寺僧として見える人物であろうし、大方等大集経巻一・二十・三十八の校正を担当した浄命は、久能寺旧蔵大般若経巻三十一・三十八を書写し、巻四十は建穂寺大門で書写しているから、建穂寺僧であろう。この他、大品般若経巻十を校正した蓮永は久能寺旧蔵大般若経巻七十九の、大般涅槃経巻三を校正した重賢は巻七十二の校正にあたっている。つまり、五部大乗経の書写・校正には駿府周辺の有力寺院の僧侶が従事し、国分尼寺薬師如来に施入された久能寺旧蔵大般若経と深い関わりをもっていたのである。

五部大乗経の書写および校合の底本については、「以書本一校了」という記述しかみられないため、明らかでない。書写場所についてもほとんど記載されていないが、大方等大集経巻四十四と題未詳経が、鎌倉大倉壇所で書写されていることは注目される。広い範囲にわたる大倉には、廃寺を含めて多くの寺社があり、大倉壇所についてはよくわからない。大倉という地名と、五部大乗経あるいは一切経を蔵して、さらに修法が行われる場所であることを考えると、有度八幡と同じ神を祭り、建久五年（一一九四）十一月に両界壇所が設置された鶴岡八幡宮や、大倉新御堂とも呼ばれた大慈寺などの可能性がある。今後なお検討を進めたいが、駿府周辺の僧侶と鎌倉の寺社との間に交流のあったことが興味深い。

延応二年（仁治元年）に書写され、有度八幡山王に施入された五部大乗経は、その二年後に書写され、国分尼寺に施入された久能寺旧蔵大般若経と、両者の別当を兼ねる願主憲信を中心にして、深い関わりをもっている。憲信は五部大乗経・大般若経に続いて、一切経の書写という意図をもっていたことも考えられる。経典の書写・施入の他、先にもあげた磬の施入や、梵鐘の改鋳という一連の事業の背景についてはさらに検討しなければならないが、貞応三年（一二二四）二月二十日の惣社と新宮の火災を契機にして、惣社別当憲信は、それらの再建に奔走するとともに、国分寺・国分尼寺・八幡の別当をも兼ねていたことから、仏教復興運動の発起と実践としての意味をもっていたと考えてよいと思う。

おわりに

五部大乗経は十一世紀後半以降、貴族社会で流行し、十二世紀には、地方でも写経が行われるようになる。大治元年（一一二六）の中尊寺金銀交書一切経は五部大乗経のみ経意絵が描かれ、また大中臣安長らを願主とする尾張国七寺一切経は、承安五年（一一七五）正月からおよそ五年を要して完成したが、大般若経の次に五部大乗経が書写されている。

筑前国宗像社僧良祐は、一切経の書写に先立ち、文治三年（一一八七）四月、五部大乗経に着手して翌四年十二月に終了し、さらに色定と改名したのち、嘉禄元年（一二二五）九月から三年三月にかけて五部大乗経を書写している。正治二年（一二〇〇）正月十三日の源頼朝一周忌に、鎌倉法華堂で摺写五部大乗経の供養が行われるなど、武家社会にも広がり始め、鶴岡八幡宮寺供僧のなかには五部大乗経衆も見られるようになる。寛元三年（一二四五）六月三日、鎌倉久遠寿量院では一日のうちに五部大乗経が書写され、供養が行われている。

播磨国大山寺では、承元三年（一二〇九）八月二十七日の火災で、堂舎・仏像などとともに大般若経・五部大乗経が灰燼に帰している。仏像や経典を失った播磨国大山寺の住僧らが、「道俗男女流於涙双眼、何況、止住之衆徒等悶絶躃地、進退推（惟）谷矣」と、悲嘆に暮れる感情を表現し、それらの再写復興のために結縁合力を求めたのは、決して誇張ではなかった。

このように、五部大乗経は鎌倉時代前期には地方社会に広がりを見せていた。有度八幡山王五部大乗経は、これらの事例とともに、地方社会における書写として、最も早い時期に属しているのみならず、鎌倉時代前期における惣社や久能寺・建穂寺などの有力寺院のネットワークによって構成される、駿府の宗教世界の実態を色濃く反映している点でも貴重である。

中世の地方社会と仏教との関係をより仔細に考察する材料として、地方における大般若経・五部大乗経などの写経・版経や造像および修理活動の展開過程を明らかにすることはきわめて重要であり、これらの分析作業は今後の検討課題としたい。

（1）五部大乗経については、拙稿「天竜市洞泉寺所蔵五部大乗経について」（『静岡県史研究』一四、一九九七年）、拙稿「平安時代の写経と法会―五部大乗経をめぐって―」（『叢書　想像する平安文学』八、勉誠出版、二〇〇一年）を参照されたい。

（2）『弘文荘待賈古書目』三七（弘文荘、一九七〇年）。

●コラム●

能と静岡

室町時代の観阿弥と世阿弥親子から能の形が定まったと言われるが、実は能は静岡と意外なつながりをもっている。足利氏が治める室町時代に、今川氏が駿府の守護をつとめ、この頃から駿府と呼ばれるようになった。今川氏は足利氏と親密な関係にあったためであろうか、観阿弥は駿府まで足を運び、駿府の浅間神社で舞を舞っている。世阿弥の『風姿花伝』でもこれに触れられており、一三八四年五月四日に舞を奉納し、一九日に亡くなったとしている。不思議なことに今川氏の初代範国も同じ日に亡くなっており、毒殺説を含めさまざまな憶測がされてきた。九十歳近い範国の見舞いのための観阿弥の能であったが、その観阿弥も旅の疲れもあったのかたまたま同日なくなったのと考えるのが順当なところだろうか。

今川氏と足利氏との強い結びつきはその後も続き、駿府は京都の文化の影響を受け、戦国時代に入ると混乱を避けるために京都から駿府に移り住む公家も多かった。そのため駿府は「小京都」と呼ばれることもあった。

この頃、今川義元は駿府に能楽師を呼び寄せ盛んに能の宴を催していたが、少年時代の徳川家康も当時駿府にいた。家康は生涯能を好み、自らもしばしば舞っているが、そのもとをたどれば今川義元、さらには初代範国にまで遡ることができるのである。

江戸時代には式楽として尊重された能であるが、明治に入ると欧化政策のもとで日本の伝統芸能は「遊芸」として軽んじられた。そのため、江戸の能楽師たちは徳川慶喜とともに江戸を離れ駿河に移り住む者も多かった。ところが、その駿府でももはやかつてのように能が花開くことはなく、能楽師たちは次第に日々の生活に困窮するようになったが、それでも彼らの存在はやはり明治以降の静岡と能の結びつきを強いものにし、現在の静岡にも能が脈々と受け継がれている。

このように、能から静岡の歴史を眺めてみると、今川から徳川、そして現代へと続く大きな流れが存在するのを知ることができ、静岡の地をより身近に感じることができよう。

能と静岡のつながりについて、もう一つ付け加えておかなければならないことがある。それは、静岡を舞台にした能の演目である。その代表的なものには、「羽衣」「千寿」「熊野」

などがある。

「羽衣」は松にかけられた天女の羽衣をめぐる話であることはいうまでもないが、「羽衣の松」がある清水の三保では一九八四年から毎年「羽衣まつり」を開き、三保の海岸や富士を背景にした薪能などを行っている。

「千寿」は、平清盛の五男である平重衡が捕えられ鎌倉で首を切られるのを待っているとき、安倍川をはさんで駿府の向かいにある手越宿の長者の娘千寿が舞によって慰めたという『平家物語』の話をもとにしたものである。残念ながら今の手越にはその痕跡はほとんど残っていないが、この話は平安時代から鎌倉時代にかけての手越が宿として果たしていた役割を物語るものでもある。

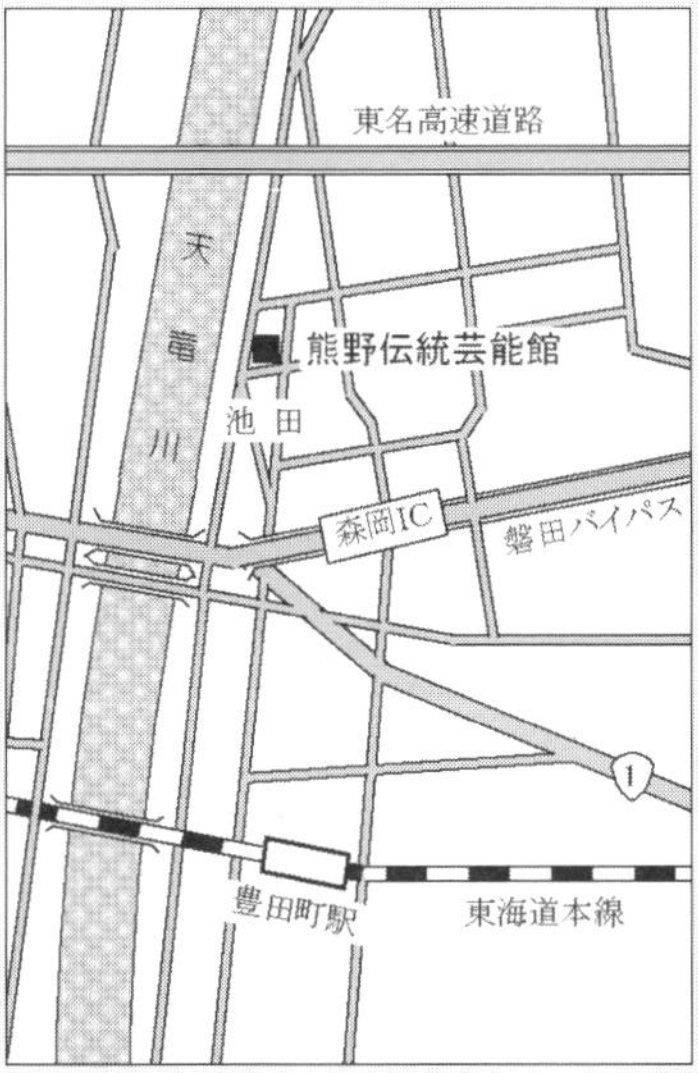

静岡はかつて伊豆国、駿河国、遠江国にわかれていたが、駿河国の長者の娘が千寿であったように、遠江国では池田宿の娘も知られている。能の演目「熊野」は金春禅竹による作り物であるといわれており、熊野がふるさとの老いた母を見舞うことを許されない悲しみを舞い歌うという話である。ただし、『平家物語』に登場するのは、「熊野の侍従」である。現在天竜川の東岸にある池田宿では、熊野伝統芸能館や能舞台を作り、その面影をとどめる工夫をしている。

（上利　博規）

浜松の発展と徳川家康

本多隆成

はじめに

徳川家康はよく知られているように、慶長五年（一六〇〇）九月の関ヶ原合戦に勝利することで天下の実権を握り、三年後に征夷大将軍となることにより、一五代・二六〇年余りにわたる江戸幕府を成立させた。しかし、そこに至るまでの道のりは、けっして平坦なものではなかった。この家康の権力形成過程をみてみると、政治的な画期としてはつぎの五期に分けることが妥当である。

第一期＝永禄　三年（一五六〇）五月桶狭間の合戦、三河支配の開始、今川氏との抗争
第二期＝永禄一一年（一五六八）一二月遠江へ侵攻、三河・遠江支配、武田氏との抗争
第三期＝天正一〇年（一五八二）三月武田氏滅亡、六月本能寺の変、三河・遠江・駿河・甲斐・南信濃支配
第四期＝天正一八年（一五九〇）七月北条氏滅亡、関東へ転封、伊豆・相模・武蔵・上総・下総・上野支配
第五期＝慶長　五年（一六〇〇）九月関ヶ原の合戦、一六〇三年の征夷大将軍任官で、幕藩体制の成立

以上のように時期区分される権力形成過程のうち、ここでは「浜松」を中心としていることにより、主として

第二期の問題を取りあげることにした。家康は、元亀元年（一五七〇）に居城を岡崎から浜松に移しており、天正一四年（一五八六）末にさらに駿府に移るまでの間は、浜松を本拠としたのであった。

そこでまず、浜松に居城を移すにいたった経緯をみることにした。ついで、この第二期では最大の課題ともいうべき、信玄・勝頼二代にわたる武田氏との抗争を取りあげることとする。それらを通じて、家康と浜松とのかかわりについて考えてみたい。

一　徳川家康と浜松城

●浜松と引間

浜松の地名は、平安後期には設置されていたとみられる皇室領荘園の浜松荘からみえる。『吾妻鏡』の治承五年（一一八一）閏二月一七日条によれば、遠江守護安田義定が源頼朝の命により平家軍を迎え撃つことになり、この日に「浜松庄橋本辺」に到着したことを記している。ただここでは、なお荘園名としてであった。建治三年（一二七七）に訴訟のために鎌倉に下った阿仏尼は、『十六夜《いざよい》日記』の一〇月二二日条で「こよひは、ひくまのしゆくといふところにとゝまる、この所のおほかたの名をは、浜松とそいひし」といっている。ここではたしかに「浜松」の地名がみえるのであるが、他方で、「ひくまのしゆく」＝引間宿に泊まったといっているように、中世ではむしろ引間宿として知られており、そこはまた商業も発達していた引間市でもあった。

とくに室町期には、引間市には土倉《どそう》とよばれた金融業者がおり、隔地間取引に使われた米銭などの預かり証書である割符《さいふ》（為替《かわせ》）なども発行されており、遠州西部における流通・経済の面で中心的な役割を果たしていた。

康正二年（一四五六）一二月には、債務の破棄を求める徳政一揆《とくせいいっき》が土倉を襲撃しており、これは徳政一揆の東限とみられている。

このように、引間宿・引間市の発達があったとはいえ、古代・中世における遠江の政治の中心地は見付《みつけ》（磐田市）であった。見付には遠江の国府《こくふ》が置かれ、国分寺・国分尼寺なども建立された。中世の守護所もまた、見付にあった。

●家康と浜松

ところが、近世になると経済的にはもとより、政治的にも、見付よりも浜松の方が次第に重きをなしていくようになった。その大きな契機になったのは、元亀元年（一五七〇）六月に、家康が居城《きよじよう》を岡崎から浜松に移したことであった。その間の事情を、『当代記』はつぎのように伝えている。

家康公、この秋より翌春中まで、遠州見付城普請これ在り。（中略）この六月、見付より浜松へ家康公移り給う。先ず故飯尾豊前が古城に在城し、本城の普請有り。惣廻り石垣、その上何れも長屋立てらる。見付の普請相止めらるるなり。これ信長異見し給うによりかくの如し。遠・三の輩、何れも浜松に在す。九月十二日、本城へ家康公移らしめ給う。

浜松城

すなわち、家康は当初、見付城を普請して新たな居城としようとしたのであるが、信長の意見によって、浜松を居城とすることになったといわれている。ここは以前は飯尾《いのう》氏の居城引間城であったが、家康はまず引間城に入り、引間を浜松と改称するとともに、大幅な改修・拡充を図り、新たな居城としたのであった。

家康が当初の見付をあきらめ、浜松を居城としたことは、浜松にとってはまことにさいわいなことであった。近世につながる城下町としての発展の基礎が築かれたからである。それまでも宿や市として、西遠経済の中心地であったが、家康の居城として本格的な城下町経営が行われることで、政治的にも大きな位置を占めることになった。他方で、見付は宿としての機能しかもたなかったため、近世を通じて浜松が優位になり、今日に至る浜松の発展へとつながったのである。

●浜松へ進出した事情

それでは、家康はなぜ居城を岡崎から浜松に移したのであろうか。その事情は、永禄一一年（一五六八）にさかのぼる。

この年九月に、織田信長が足利義昭を奉じて上洛し、戦国争乱の時代に終止符をうつべく、天下統一に向かって第一歩を踏み出した。この動きは、今川氏の領国であった駿河・遠江にも、大きな影響をおよぼすことになった。信長の上洛は、各地の戦国大名に衝撃を与え、新たな軍事行動を引き起こしたからである。

同年一二月、まず甲斐の武田信玄が立ちあがって駿河に侵攻し、これに呼応して、家康もまた遠江に侵攻したのであった。今川氏真《うじざね》は抗すべくもなく駿府城を逃れて、重臣朝比奈泰朝の居城掛川城へ入った。信玄と家康との間には、今川領国への侵攻に際して、大井川を境として駿河は武田、遠江は徳川との約束があったともいわれている。

翌永禄一二年五月に、家康の攻撃を受けて氏真が開城して縁戚である北条氏を頼って去り、戦国大名今川氏は実質的に滅亡した。遠江は家康が支配を進めることになるはずであったが、武田方は約束に反して当初より遠江

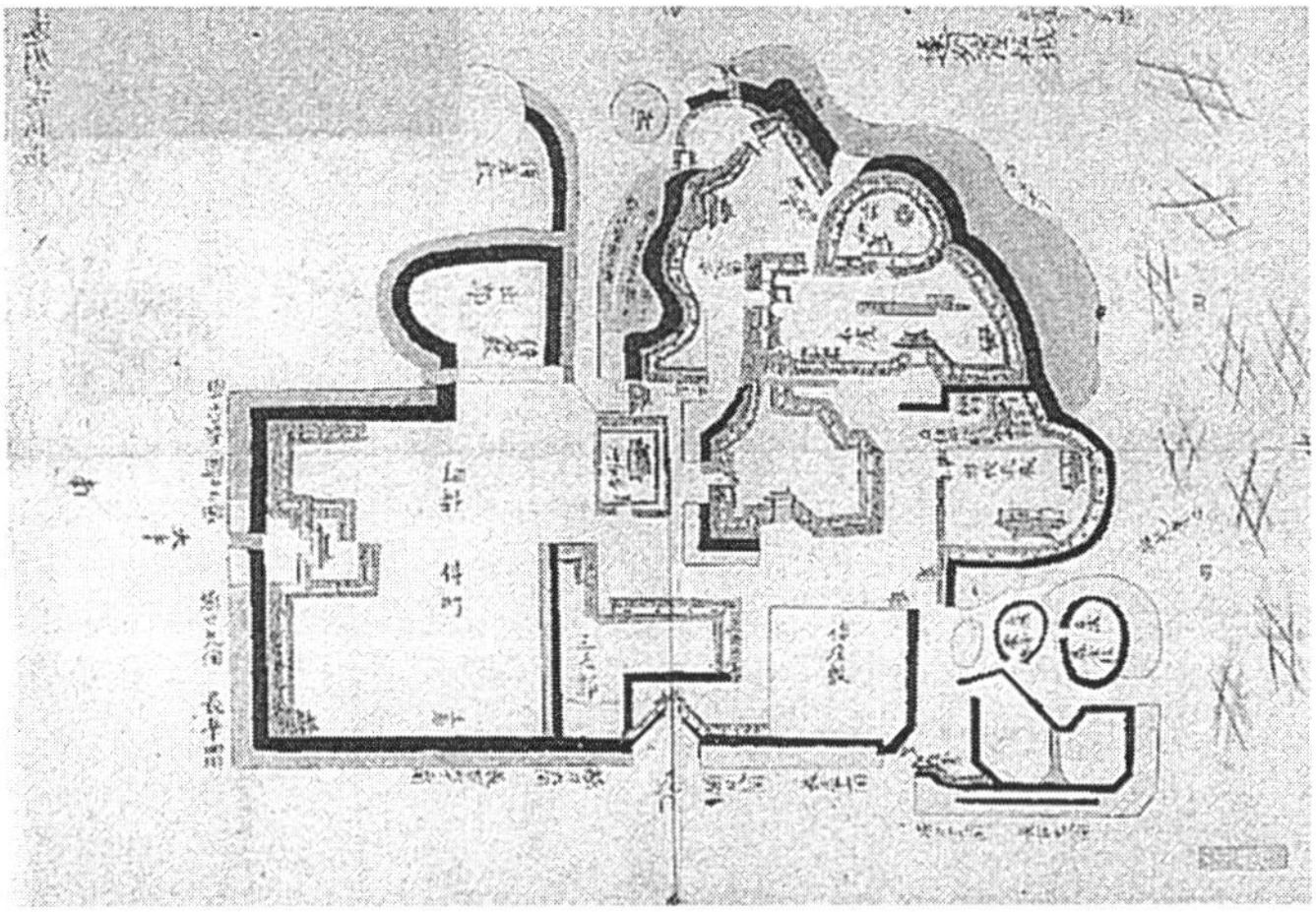

浜松城絵図（『静岡県史』通史編２より）

掛川城

への介入を続けた。このため、家康は信玄・勝頼の二代にわたって、遠江を中心に武田氏と抗争をくり返すことになったのである。

こうして、遠江に侵攻した家康にとって、遠江での支配の強化を図ることがさし迫った課題となった。そのために、居城を三河岡崎から遠江に移すことになり、最終的にそれが浜松となったのであった。

二　武田信玄と三方原合戦

●信玄の軍事行動

信玄自身が遠州に対する軍事行動を開始したのは、元亀二年（一五七一）のことであった。その年の正月に、北条氏と攻防をくり返していた深沢城（御殿場市）を落とすと、二月には矛先《ほこさき》を転じて遠江に侵攻した。まず小山城（吉田町）を攻略し、ついで三月には高天神城（旧大東町）に押し寄せたのである。しかしながら、この時は城主小笠原氏助をはじめ、城兵がよく戦ったため、信玄はやむなく兵を納め、天竜川沿いに信州伊那方面へと去っていった。そしてその後しばらくは、足助《あすけ》城（足助町）や野田城（新城市）など、三河へ攻勢をかけたのであった。

信玄の本格的な軍事行動は、さらにその翌年の一〇月から始まった。二万とも三万ともいわれる軍勢を率いて、徳川領国遠江・三河への侵攻を開始した。山県昌景・秋山信友の別働隊が下伊那郡より東三河に入り、信玄の本隊は天竜川沿いに南下した。犬居城（旧春野町）の天野藤秀の案内で、飯田城（森町）・久野《くの》城（袋井市）を席巻し、木原（袋井市）・西島（磐田市）を経て、見付（同）に攻め込んだ。

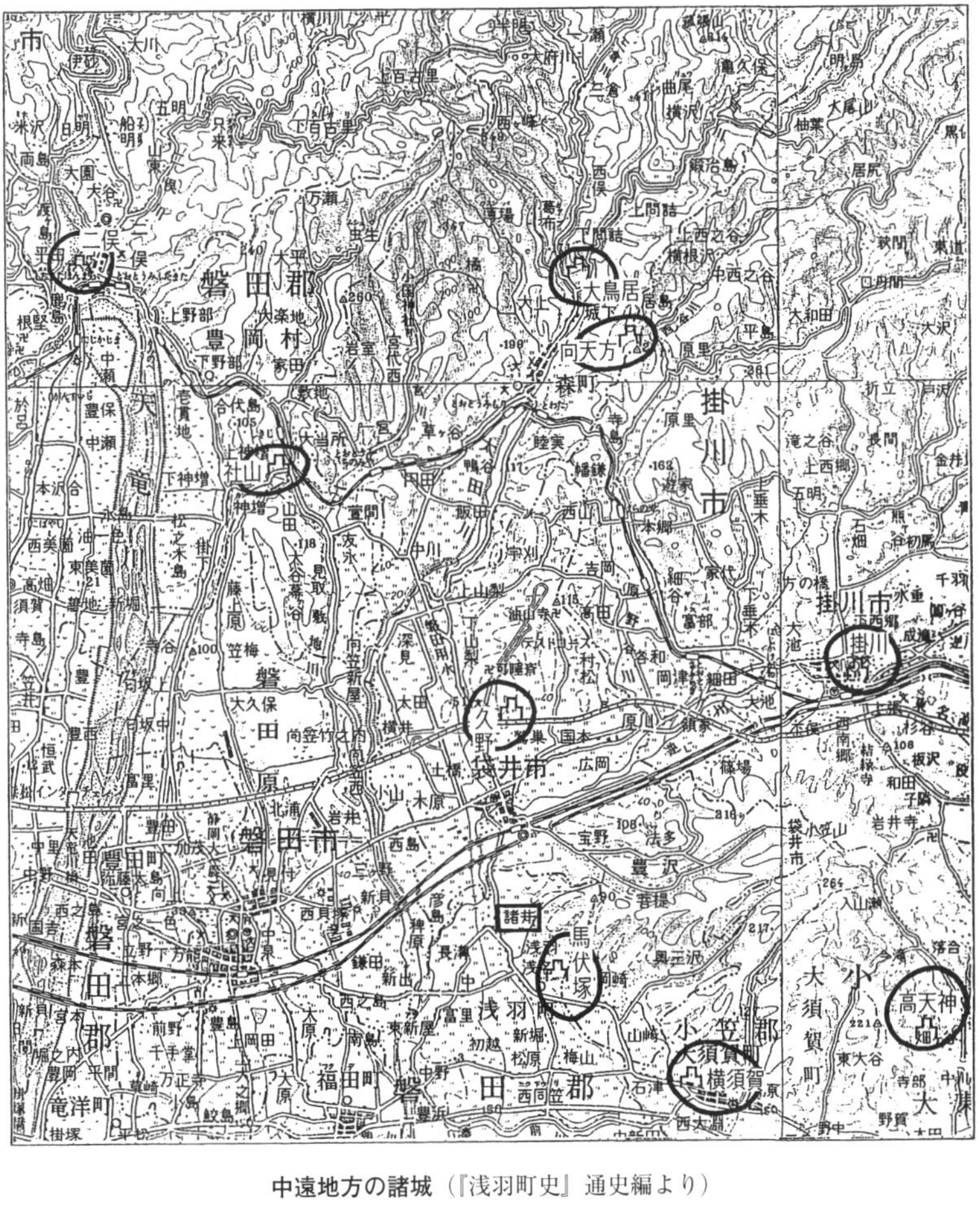

中遠地方の諸城（『浅羽町史』通史編より）

二俣城跡

同時に、二俣城《ふたまた》（旧天竜市）の攻略をめざしたが、これは容易には落ちなかった。武田方は合代島《ごうだいじま》（旧豊岡村）に陣を張り、二俣城を包囲して責め立てた。しかしながら、手強い抵抗にあい、水の手を断つ作戦に出るなどして、一一月晦日になってやっとこれを落としたのである。

他方、山県らの別働隊は三河に入り、山家三方衆の奥平氏や菅沼氏を服属させ、長篠城・野田城に向かった。秋山はさらに美濃にも攻め入り、岩村城（岩村町）をも攻略している。このような武田方の攻勢により、遠江・三河の武士たちは、次々に武田氏の軍門に降ったのであった。

●三方原の合戦

二俣城を落とした信玄は、その後都田《みやこだ》（浜松市）を経て、浜松城を攻めることなく、そのまま東三河に向かおうとした。これをみた家康は、老臣らのいさめを振り切って、『三河物語』によれば、「その儀は何ともあれ、

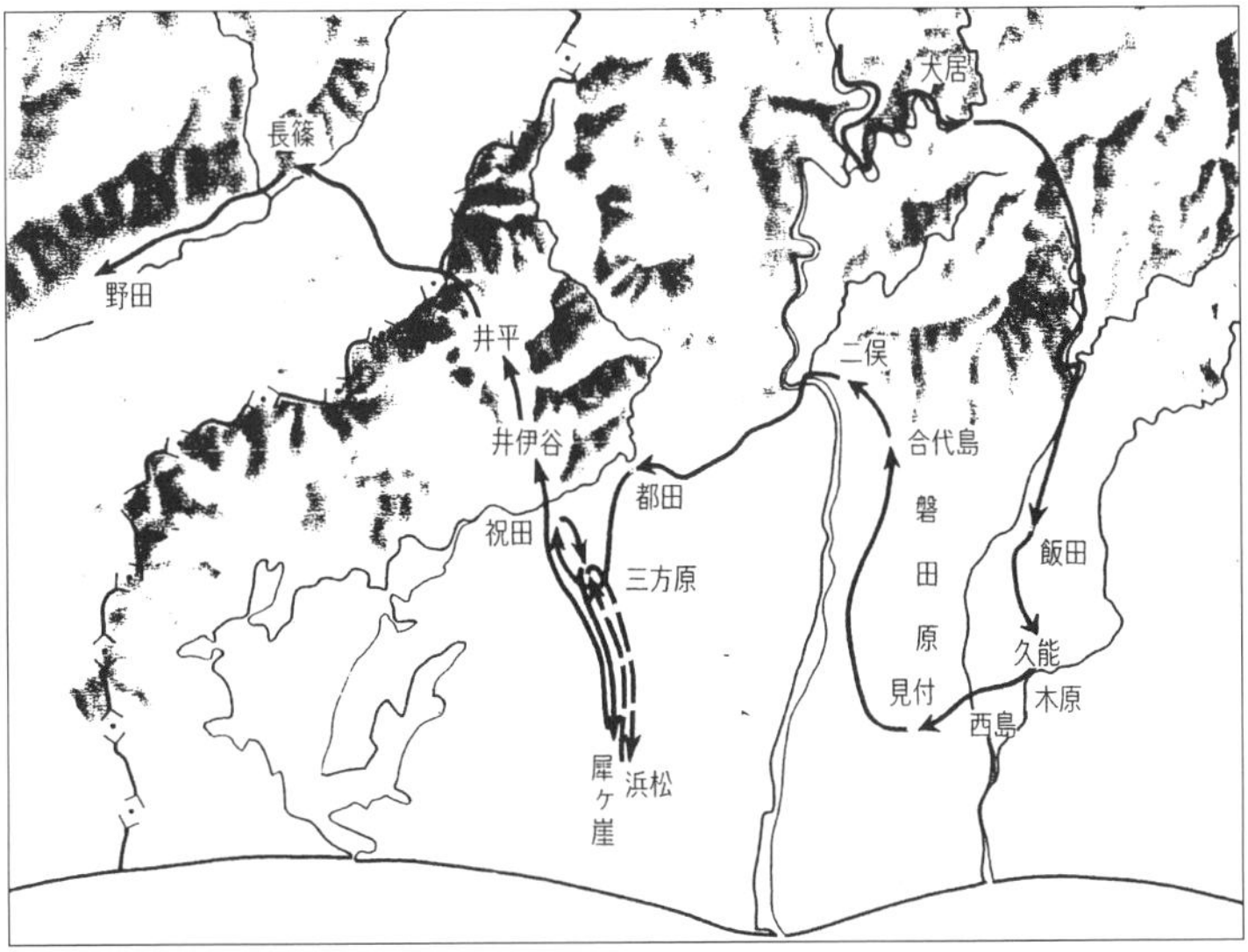

武田軍の進行図（『静岡県史』通史編２より）

多勢にて我が屋敷の背戸をふみきりて通らんに、内に有りながら出てとがめざる者やあらん。（中略）陣は多勢・無勢にはよるべからず。天道次第」といい、信長からの援軍三〇〇〇人を加え、約一万人の兵をもって敢然として打って出た。

武田軍との決戦は一二月二二日の夕方からはじまり夜半におよんだが、二万人をこえる武田軍とは衆寡《しゅうか》敵せず、また信玄の巧みな用兵もあり、家康はまさに一蹴《いっしゅう》されて浜松城へと逃げ帰った。これがいわゆる三方原合戦であり、家康にとっては生涯に二度とない大敗であったが、この敗戦から学ぶことも多かったと考えられる。

大軍を迎えたときは籠城《ろうじょう》戦を取るのが、兵法でいえばいわば常識である。それにもかかわらず、家康はなぜ打って出たのであろうか。第一に、信長との同盟関係があげられる。援軍を送られていながら、浜松城を通り過ぎるのを見過ごすわけにはいかなかったのである。第二に、遠江の武士たち、すなわち国人《こくじん》や土豪《どごう》の多くが武田氏の軍門に降っており、存在感を示し、離反を阻止する必要があった。第三に、地元で地理的に優位であり、ある程度の勝算があったのではないか。つまり両軍の激突ではなく、一撃を与えて浜松城に引くなどの戦法である。

しかしながら、当時の武田軍は野戦では最強の軍団であり、しかも円熟した信玄の巧みな用兵もあって、家康は完敗したのであった。

他方、信玄は勝利に乗じて引き続き浜松城を攻略しようとはせず、そのまま東三河に軍を進めた。家康が浜松城の門を開けて篝火《かがりび》などを焚いていたため、策略があるとおもって攻撃を避けたというようなことは、もとより後世の創作でしかない。

信玄は翌元亀元年正月には野田城を囲み、二月にはこれを落とした。しかし、このころから持病の肺患《はいかん》が悪化して、それ以上の行軍は困難となった。やむなく進軍を断念し、甲府へ帰国の途中、信州伊那郡駒場において、享年五三歳をもって死去したのであった。

三　高天神城をめぐる攻防

●勝頼の高天神城攻略

信玄亡き後の武田家を継いだ勝頼はなかなかの勇将で、この後徳川方と遠江をはじめ各地で抗争が展開された。

家康は三方原合戦の敗戦にもかかわらず、信玄の死を知るとただちに行動を開始し、五月には駿河に侵攻して様子をさぐり、七月には三河の長篠城（鳳来町）を囲み、九月にこれを落とした。これに対して、勝頼は十月に遠江に出陣するが、家康がこの挑発に乗らなかったため引き上げた。

勝頼の遠江侵攻は、翌天正二年（一五七四）になると本格化した。五月になると勝頼自身が出陣して、高天神城を囲んだのである。高天神城は中遠地方の戦略上の要地であり、標高一三二メートルの鶴翁山とよばれる山を中心にして、いくつかの尾根や急斜面を巧みに利用して構築された要害であった。守将は小笠原氏助であり、ただちにこの報を浜松の家康に伝えて援軍を請うた。しかしながら、家康はすぐには動かず、信長に急報して来援を待つことにした。当時の家康は、なお単独では武田氏に対抗できなかったからである。

高天神城跡

高天神城守将の小笠原氏助は、家康の援軍がなかなか来なかったため、武田軍と交戦しながらも、他方で穴山信君を通じて、勝頼と和睦の交渉を密かに始めたようである。五月二三日の書状で、勝頼は小笠原の所望に任せて誓詞《せいし》を遣わすこと、合力《ごうりき》や領知《りようち》などについても承知した、と返答しているのである。それでも氏助はすぐに降伏することはなく、家康の来援を期待してさらに抵抗を続けた。

五月末になると、勝頼によれば「本・二・三の曲輪《くるわ》塀際まで責め寄せ候。落居十日を過ぐべからず候」という状況になり、さらに六月一一日の書状では、「昨日塔尾と号する随分の曲輪乗っ取り候。本・二両曲輪ばかり指し置き候。但し、三日の内に責め破るべく候」というように、まさに落城寸前にまで至ったのである。それでもなお家康の来援がなかったため、氏助はついに開城に応じたのであった。

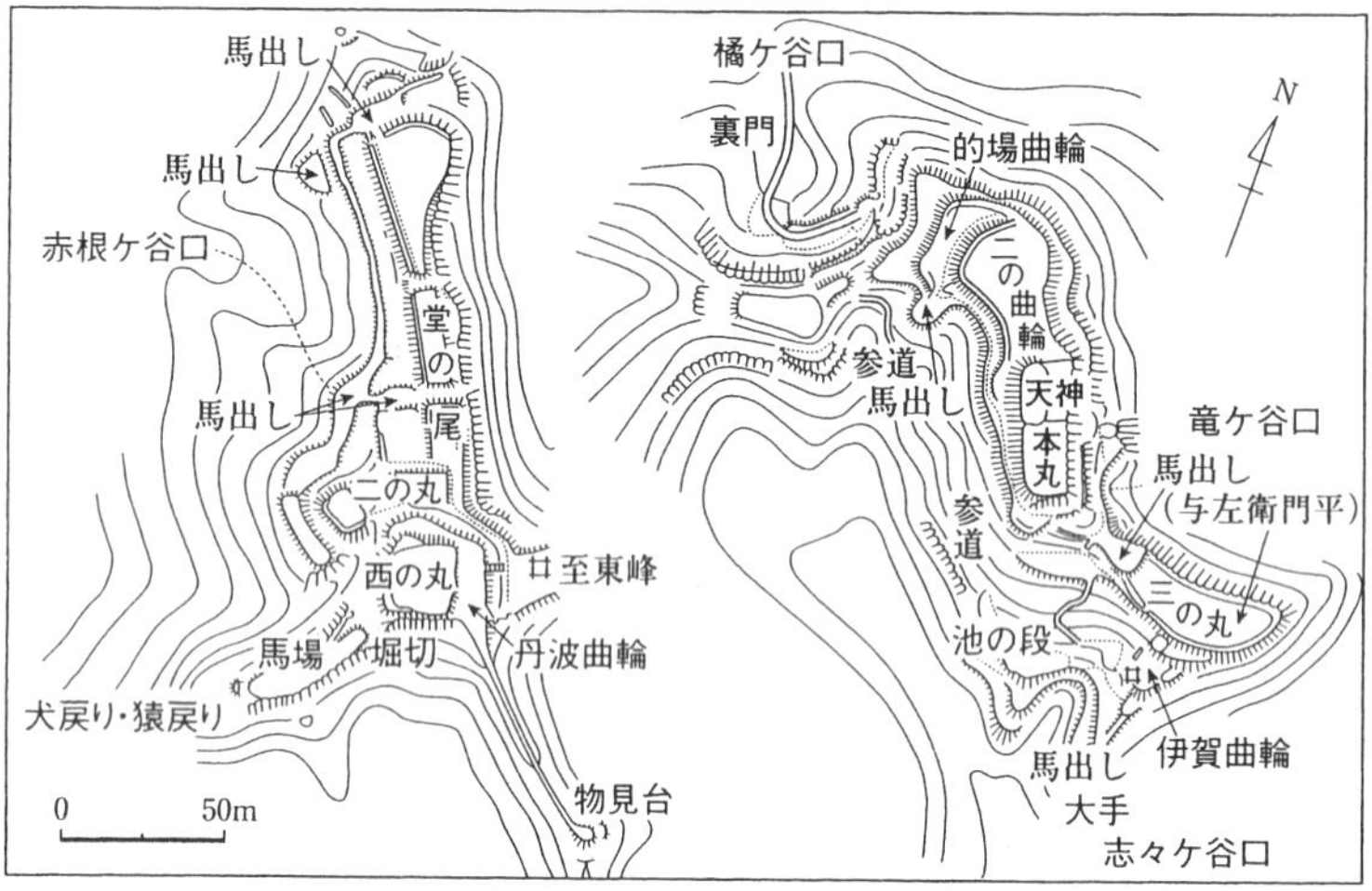

高天神城縄張り図（『静岡県の歴史』山川出版社より）

他方、京都で家康からの報せを受け取った信長は、岐阜に戻って出陣の準備を進めていた。信長・信忠父子は六月一四日にやっと岐阜を発ち、一七日には吉田城（豊橋市）に到着した。そして、一九日に今切《いまぎれ》で渡海しようとしていたところに、高天神が落城したとの報せを受け取ったのである。帰陣を余儀なくされた信忠は、「遠州表の儀、即刻利運申し付くべきのところ、高天神城今少し相抱えざるによりて、行《てだて》及ばず無念に候」と述べている。

武田氏に降った小笠原氏助は、七月九日付けで勝頼から遠州の替え地として駿河下方で一万貫文の地を与えられるとともに、武田氏の通字「信」と新たに官途名をもらい、「弾正《だんじょう》少弼《しょうひつ》信興《のぶおき》」と改名し、引き続き高天神城の守備を任された。そのため、七月一四日付けで佐東（旧大東町）の崇禅寺領を安堵したことをはじめとして、高天神周辺の寺社領に対して安堵状を発給しているのである。

家康にとって高天神城が武田方の手に落ちたことは、遠州経略の障害になったというだけでなく、浜松城を脅かす拠点を築かれたということでもあった。また、高天神の落城を契機に武田家の朱印状が出され、伊達与兵衛尉に山名庄諸井郷内の領家方寺社領共一〇〇貫文を安堵したり、本間八郎三郎に諸井郷内やさか村など二三五貫文余りを安堵していることからすれば、この時点で伊達・本間は武田氏に降ったものと考えられる。

そのため、家康は高天神城に備えるべく、馬伏塚《まむしづか》城を修復して、これを大須賀康高に守備させることとした。こうして、馬伏塚城の戦略的位置は、高天神城の落城とともに一気に大きくなったのである。

●馬伏塚城と横須賀城

天正三年（一五七五）は、徳川・武田両氏の抗争で、明暗を分ける年となった。この年五月にいわゆる長篠の合戦が行われ、織田・徳川連合軍が鉄砲隊の威力によって圧勝し、武田軍団は歴戦の勇将が多数討死するなど、壊滅的な打撃を受けたからである。

家康はこれを好機として攻勢に出て、まず二俣城を囲み、ついで七月に光明城（旧天竜市）を落とし、犬居城（旧春野町）をも手中にした。八月には諏訪原城（旧金谷町）を落としてやがてこれを牧野城と改め、九月には小山城（吉田町）を攻めた。さらに一二月には、六月以来囲んでいた二俣城を落としたのであった。

こうして、遠江の諸城は次第に徳川方が押さえるようになったのであるが、家康の高天神城への攻撃は、天正五年（一五七七）閏七月ころから本格的に始まった。同月一一日付けの勝頼書状によれば、「家康高天神に向かい相揺するの由候条、来る十九日出馬すべく候」といっており、高天神城支援のため、勝頼自身も遠州に出陣したのである。しかしながら、このときは両軍の大きな戦いはなく、一〇月二〇日に勝頼は小山城より大井川を越えて引き上げ、家康も二二日に馬伏塚より浜松に帰陣したのであった。

長篠合戦古戦場

天正六年（一五七八）になると、三月に徳川方は大井川を越えて田中城（藤枝市）を攻めた。それよりも重要なことは、七月になって家康は松平家忠らに命じて、新たに横須賀城（旧大須賀町）の築城に取りかかった。一五日に一応の普請を終え、家忠は翌日吉田まで帰った。これはまさに高天神城攻めを意識した城であり、馬伏塚城と同じく大須賀康高が守将となった。

一〇月末には牧野城より、勝頼が大井川を越えて遠江に入ったとの注進があった。一一月二日には小山・相良に軍を進めてきたため、家康・信康父子も馬伏塚城に陣を取った。翌三日には横須賀城にまで迫ってきたが、家康もさっそくこれに備えたため、勝頼は高天神城へと引きあげていった。そして、この時も両軍の決戦には至らず、一二日になると勝頼は高天神城から退却し、駿河へと去っていったのである。

翌天正七年（一五七九）にもまた、高天神城をめぐる両軍の抗争がくり返された。四月二三日に勝頼が駿河江尻城（旧清水市）から遠江に向かい、二五日には高天

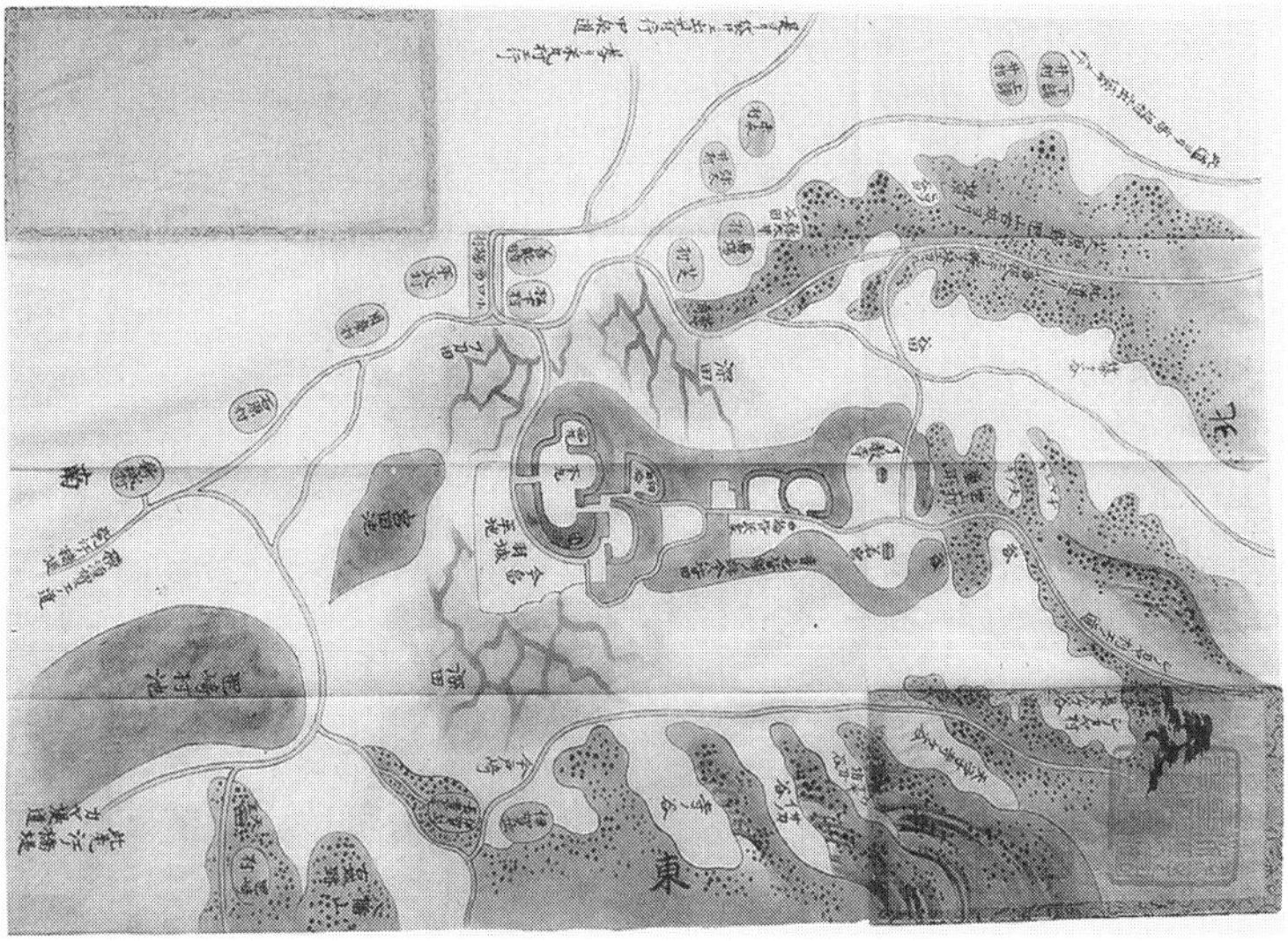

馬伏塚城絵図（『浅羽町史』通史編より）

横須賀城跡

神・国安に陣を取ったのである。これを聞いた家康は、二六日の夜の内に馬伏塚城に入り、信康も吉田からやって来て、見付に陣を取ることになった。翌二七日に徳川方が袋井まで陣寄せしたところ、武田方が国安から退却し、二九日には大井川を越えて去っていったため、浜松城へと帰陣した。

一〇月一九日に、家康は浜松から掛川まで出陣した。一一月一一日にもふたたび掛川まで出陣し、翌一二日には馬伏塚城に至っている。一三日には国衆の多くが横須賀に陣替えとなり、一四日には酒井忠次の一隊が諸井まで陣替えとなった。ただし、家康は浜松城に帰陣している。

同月二四日になると、酒井忠次より武田方が田中城までやって来たとの報せが入った。二六日には高天神まで進軍してきたとの注進があり、翌二七日に徳川方はふたたび見付まで出陣した。そして、両軍はまたまた決戦におよばず、晦日には武田方が大井川を越えて駿河へと去っていったため、徳川方も浜松城へ帰陣したのであった。そしてこれが、結果的にみて、勝頼にとっては遠江への最後の出陣となった。

このように、高天神城が武田方の遠江における拠点であったため、これと対抗する馬伏塚城・横須賀城の前進基地としての役割は、徳川方にとってはまことに大きなものがあった。馬伏塚城・横須賀城が戦略的な意義をもっとも発揮したのは、まさにこの高天神城をめぐる攻防戦の時期であったといっていいだろう。

●高天神城の奪還

天正八年(一五八〇)になると、高天神城をめぐる徳川・武田両氏の攻防も、いよいよ最終局面となってきた。三月に入ると、家康は松平家忠らに命じて、高天神城攻めのために大坂砦・中村砦(旧大東町)の修築を命じ、月末には早くも中村砦の普請が成った。

このころから、武田氏にとっては北条氏との関係も次第にきびしいものとなっていった。北条氏政は、同年二月には清水康英に対して韮山城（旧韮山町）の防備を固めるように命じ、三月には勝頼に対抗して、自ら深沢城（御殿場市）に入った。勝頼はこの北条氏と、駿河・伊豆国境付近で交戦を余儀なくされたのであった。

他方、これを好機として、家康は五月に自ら掛川城・牧野城を経て田中城を攻撃し、六月には横須賀城に出陣して高天神城に対した。一〇月になると、高天神城の間近まで陣を進めさせ、堀を切り、柵や塀を築かせ、城攻めの準備を整えるとともに、二八日には馬伏塚城に入った。この堀切・柵・塀などの普請は総攻撃を想定した本格的なもので、年末にまでおよんでいる。

明けて天正九年（一五八二）になると、信長からも高天神の処置について指示されることがあった。そして、ついに三月二二日に至り、高天神城は徳川方の総攻撃をうけて落城したのである。『家忠日記』の同日条によれば、「戌刻に敵城をきって出候。伯耆《ほうき》・手前・足助衆所々にて百三十うたれ候。相のこり所々にてうたれ候頸《くび》数六百余候」とあるように、徳川方の被害も甚大であった。

当時の守将は岡部丹波守長教であったが、北条氏と対峙していた勝頼の来援を期待できず、まさに孤立無援となり、城兵らがいっせいに打って出て、七〇〇人余りが討たれて落城したのであった。これまで、武田氏の本国甲斐を遠く離れた遠江の高天神城が、長年にわたって持ちこたえてきたのは、何よりもたびたびにわたる勝頼自身の出陣があったればこそであった。それがかなわなくなった以上、落城は時間の問題となっていたのである。

こうして、家康は武田方の遠州における最大の拠点を落とし、七年ぶりに高天神城を奪還したのである。それとともに、遠江を舞台とする徳川・武田両氏の抗争は、徳川氏の勝利をもって実質的に終わったのであった。

むすび

これ以後、浜松を中心とする家康の遠江経営が本格化していった。ところが、翌天正一〇年（一五八二）、武田氏の滅亡と本能寺の変を経て、家康はさらに駿河・甲斐・南信濃を押さえ、五ヵ国を領有することになったのである。

しかしこの五ヵ国領有期の問題は、すでにここでのテーマの範囲をこえるため、割愛することとしたい。いずれにしても、今日に至る浜松の発展の出発点は、家康が居城を岡崎から浜松に移したことにあるということを再度確認して、稿を閉じることとする。

主要参考文献

『静岡県史　通史編2・中世』第三編第七章（静岡県、一九九七年）

大塚勲「武田・徳川、攻防の推移」（『地方史静岡』二六号、一九九八年）

本多隆成ほか『静岡県の歴史』第三章（山川出版社、一九九八年）

『浅羽町史』第三編第二章（浅羽町、二〇〇〇年）

Ⅲ　近世の静岡

幕末開港期の伊豆とロシア

松木栄三

はじめに

最初に一七世紀末から幕末までの日本とロシアの関係史を、両者の間を事実上「仲介」した日本の漂流民に焦点をあててたどる。彼らを漂流させた船は、鎖国時代の日本で発達した沿岸航行用の輸送船で弁財船（通称千石船）と呼ばれた。大洋航行の出来ないこの船で漂流し、偶然ロシア領に漂着した船乗りたちがさまざまな形でいわば「日本からの使節」の役を演じたのである。(1)他方、ロシアはこれら日本の漂流民を日本に送還しながら一八世紀末から合計三回の遣日使節を徳川幕府に送ってきた。そして幕末に来航した第三回使節のプチャーチンは、鎖国時代の日本が持たなかった外洋航行用船舶の作り方を伊豆の地で船大工たちに伝授する。以下ではこれら二種類の船にかかわらせて、太平洋と幕末の伊豆を舞台に展開した日露交流の歴史を取りあげてみたい。

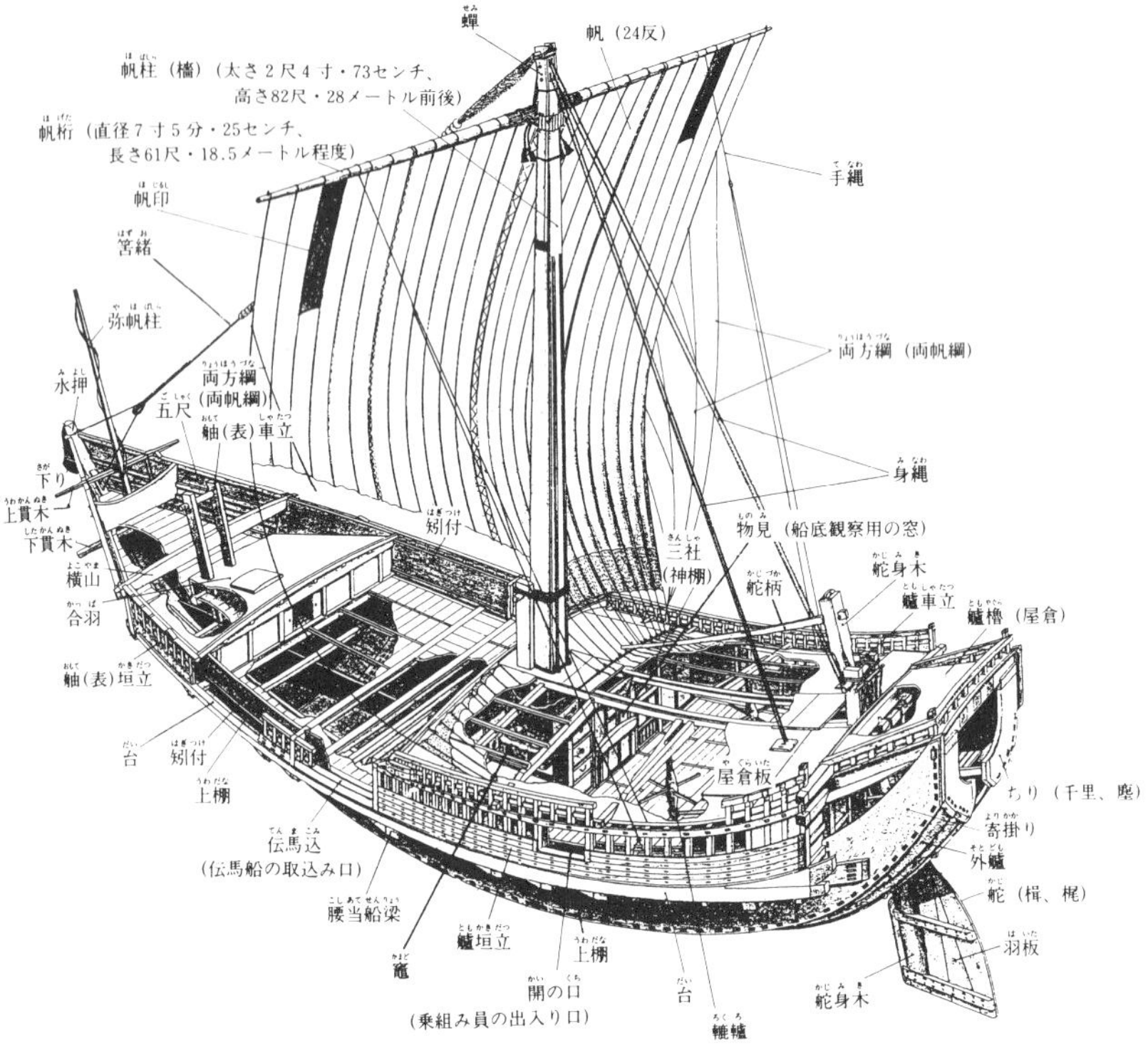

弁財船（千石船）

江戸中期以後，日本の沿岸を航行し物資輸送の基本手段となったが，季節風などで大洋に流されて漂流船になるものが多数あった。図は千石積み24反帆，全長約27メートル。

出典）『江戸漂流記總集　第四巻』日本評論社，1992年，554頁。

一　漂流民がとりもった日露関係――出会いから幕末まで

●前史―ロシア人の太平洋進出

現在の日本とロシアは隣国同士だが、一八世紀初めまではお互いに相手を殆ど知らなかった。モスクワを中心に国家統一したロシアは一六世紀末にはウラル山脈を越え、豊富な毛皮動物を求めて広大なシベリアに進出した。コサックと毛皮商人に先導されて東進し、一六四〇年、つまり徳川家光の頃にはすでにオホーツク海に達した。そして一八世紀になると今度はラッコなど海洋動物の毛皮を求めて北太平洋に乗り出し、アリューシャン列島、アラスカ、カリフォルニア、千島列島にも進出する。(2) ロシア人が日本に関心を寄せ始めたのは彼らが太平洋へと乗り出した時代のことで、ロシア人と日本人との最初の出会いもその頃である。ロシア人が遭遇した最初の日本人は漂流民だった。江戸中期以降の物資輸送で発達をとげた千石船が日本列島沿いに運行する数は非常に多かったが、沿岸航行を前提とする構造だったため嵐で太平洋に流されると漂流を余儀なくされ、その一定数は海流や気象の関係で北流し、カムチャッカ・アリューシャン列島・千島列島に漂着した。鎖国時代の日露の接触を仲立ちしたのは、実は、こうした日本からの船乗り漂流民たちだった。

●漂流民デンベイとピョートル大帝

ロシアの記録に残された最初の日本人の名を「デンベイ」という。一七世紀末にコサックのカムチャッカ探検隊隊長アトラソフは、原住民のなかで生き延びていた一人の日本人を発見し、保護した。一五人乗りの千石船が江戸から大阪への帰路暴風にあい、六カ月間漂流し、カムチャッカ半島に漂着した。生き残ってカムチャッカ原住民の中で暮らしていたデンベイだけがアトラソフに救われ、やがてロシア語を覚え、モスクワに連れていかれてピョートル大帝に会見する。ピョートルはロシアの西欧化を本格的に進めた君主だが日本にも強い関心を示し、一七〇二（元禄一五）年にモスクワ郊外でデンベイに会って長時間日本のことを質問した。彼は一七〇五年、建設直後のペテルブルグにデンベイを教師とする日本語学校を開設し、ロシア人に日本語を学ばせて将来の日本との接触に備えた。デンベイは洗礼を受けロシアに帰化して一生を終えた[3]。この日本語学校にはその後も漂流民がつぎつぎと連れてこられ、一八世紀前半には彼らの手で最初の簡単な日本語辞書が作られ、一七五三年には学校はシベリア経営の中心イルクーツクに移された。来るべき日本との接触に備えたのである。

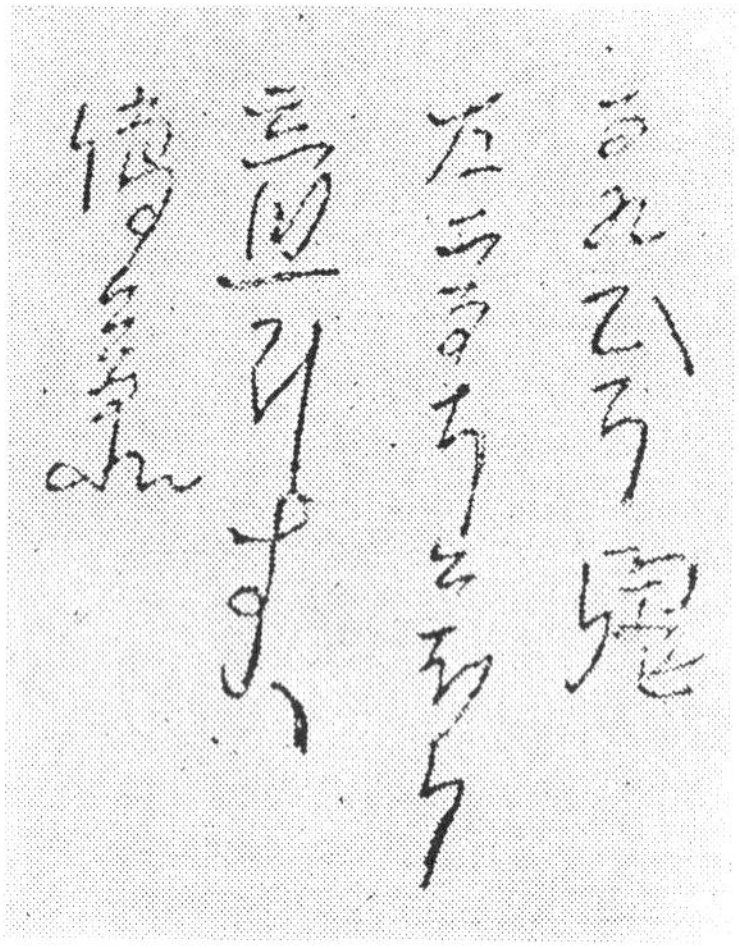

ロシアに残る陳述書の末尾に
デンベイ自身が記した署名
万九ひち屋／たに万ちと本り／立川一にすむ／伝兵衛　と読める。
出典）高野明『日本とロシア　両国交渉の源流』紀伊国屋新書，1971年，54頁。

●ベーリング探検隊と日本航路

一八世紀始め、ロシアは千島列島への探検を開始し、列島沿いに日本への接近が始まる。ピョートルの命によるベーリング探検隊（一七二八―四二）はベーリング海峡の発見、アリューシャン列島やアラスカの探検などで有名だが、君主が命じたもう一つの重要な使命はシベリアから日本や中国への航路を開き、アジアで得た物資をシベリアや太平洋植民地に供給する現実的課題と結びついていた。日本航路を発見して通商を開くことは、当時のロシアにとって北太平洋開発計画の一環だった。事実、ベーリング探検隊の副官シュパンベルグが率いる四隻のロシア船は、地図を作成しながら千島列島を南下して一七三九（元文四）年に本州に達し、牡鹿、宮城、房総半島などに上陸して土地の農民や役人と交流した。(4) これはシベリアから日本に来た最初のロシア人記録で、日本史では「元文の黒船」と呼んでいる。ペリー来航の一一四年前、八代将軍吉宗の頃である。こうしてロシア人は一八世紀中頃以後いつでもシベリアから日本にやってくることが出来るようになった。

●第一回遣日使節ラックスマン

日本航路の確立以後、ロシア人は頻繁に蝦夷に来て松前藩に交易を申し入れる。ロシアの接近に刺激されて日本の知識人や幕府も海防や交易への関心を高める。林子平の『海国兵談』や工藤兵助の『赤蝦夷風説考』が出され、田沼意次も本格的な「北方探検」を行わせ、最上徳内は一七八六（天明六）年にエトロフ島やウルップ島を探検し、ロシア人と遭遇した。かくて天明期には日露接触は恒常化し、一七九二（寛政四）年にはロシアが最初の使節を幕府に派遣し、日露関係は新段階に入った。

実はこの第一回使節の派遣も漂流民がきっかけだった。ラックスマン使節団は松前での交渉で、大黒屋光太夫と磯吉という二人の漂流民を幕府に引き渡した。これはロシアから日本に帰国した最初の漂流民で、幕府は蘭医・桂川甫周に命じて一〇年間に及ぶロシア滞在経験を漂民から聞き取らせ『北搓聞略』を残した。この事件はよく研究され知られてもいるので、(5) ここでは上記の記録により光太夫らの体験をごく簡単に振り返ってみるだけにしよう。

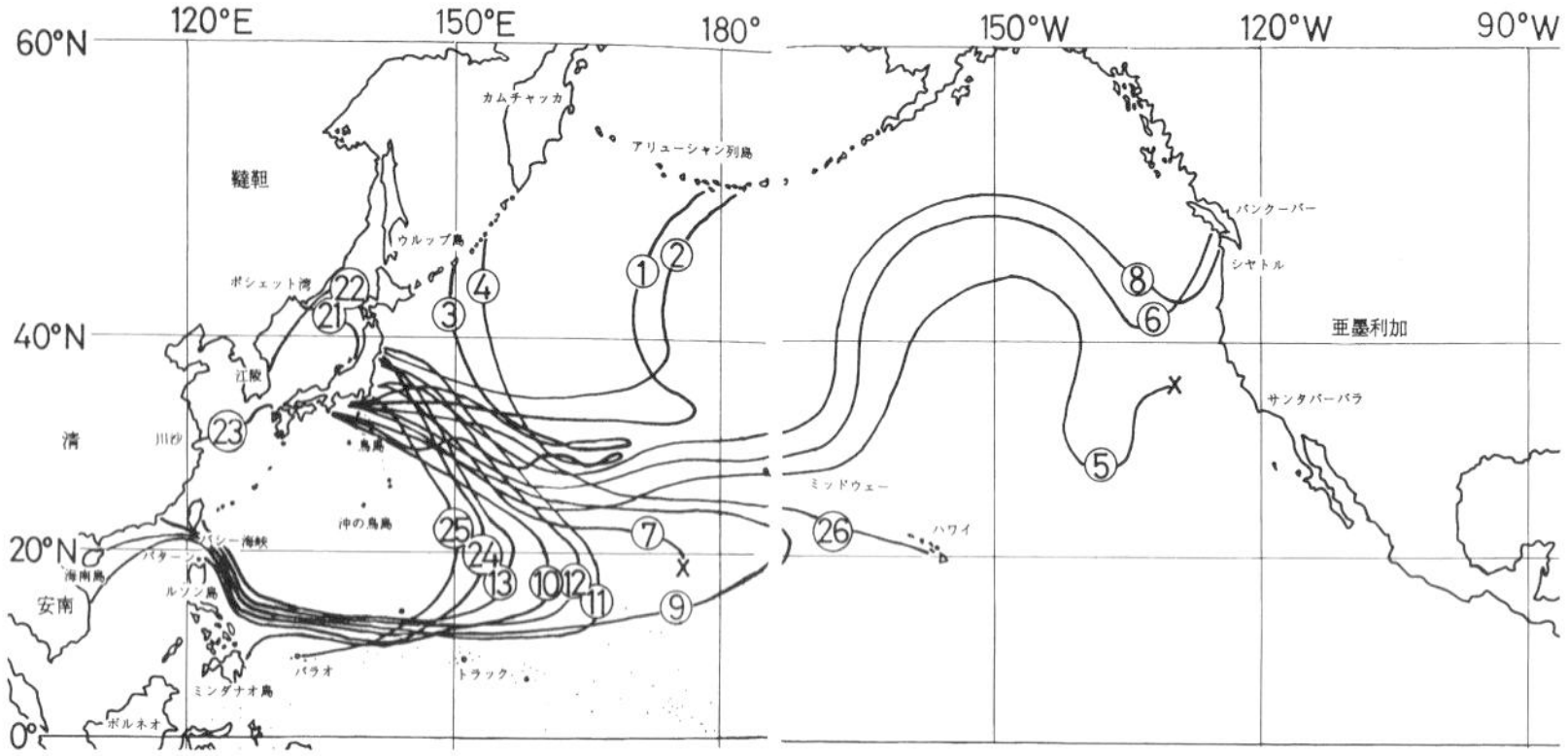

多発する江戸時代の漂流（太平洋漂流コース　気象学者が江戸期の漂流記から復元）
①　伊勢神昌丸（光太夫）②　石巻若宮丸（津太夫ら）⑤　尾張督乗丸（重吉）
出典）『江戸漂流記總集　第４巻』日本評論社，1992年，2-3頁。

●神昌丸の漂流と大黒屋光太夫

一七八二（天明二）年冬、藩米を積んだ伊勢の「神昌丸」は江戸への途中駿河沖で暴風にあい、船頭の大黒屋光太夫ら一七名は太平洋を八カ月漂流し、アリューシャン（ロシア名アレウト）列島に漂着する。毛皮の採取・交易のため島に滞在中のロシア人や原住民（アレウト人）に助けられ、以後一〇年近くロシアに滞在する。漂流中に一人、島で七人、カムチャッカとイルクーツクで二人ずつが相次いで病死し、最後に残った光太夫・磯吉・小市・新蔵・庄蔵の五人のうち新蔵は前述した日本語学校の教師となり洗礼を受けてロシア人と結婚し、庄蔵は病気のため永住を決意する。最後まで帰国の望みを棄てなかった光太夫はイルクーツク在住の博物学者キリル・ラックスマン一家に助けられ、キリルと共にペテルブルグに出て皇帝エカテリナ二世に会見し、帰国を嘆願した（一七九一年）。太平洋植民地の開発に日本との交易が重要と考えていたロシア商務長官らの意見を入れて、エカテリナは光太夫・小市・磯吉の三人を送り届けながら遣日使節を派遣し幕府に交易を申し込むことにした。

キリルの息子アダム・ラクスマンを団長とする使節団は一七

九二（寛政四）年に北海道に来て約一年滞在し、幕府代表に会い通商を申し入れた。だが松平定信の幕府は漂流民を受け取り、使節をもてなしたが交易は拒否し、今後、交渉は長崎でのみ行うと信牌（長崎入港許可証）を与えたうえ帰国させた。小市は根室で病死し、光太夫と磯吉だけが日本側に引取られた。再三の取調べのあと両名は江戸城内で将軍家斉や幕臣らと会見し、そのときの質問係だった御典医・桂川甫周が幕命で『北搓聞略』を残した。だが外国事情の漏れるのを嫌った幕府は両人を故郷に帰さず、家と生活費を与え一生監視つきで江戸に留めた。かくてロシアからの交易要請は失敗に終るが、光太夫らの帰国は最初の日露国家間交渉の契機となり、鎖国の変更を求めるヨーロッパからの要求として六一年後に実現する開国への第一歩をしるした。『北搓聞略』の研究を手がけた新村出がこの事件を「開国の曙光」と呼んだのは理由のないことではない(6)。

帰国後の光太夫と磯吉
江戸城内吹上げ御所で第11代将軍を前に，ロシア服姿で質問を受けたときの様子を描いた図（光太夫42歳　磯吉29歳）。
出典）『江戸漂流記総集　第三巻』日本評論社，1992年，91頁。

●第二回遣日使節レザノフの長崎来航

この一二年後の一八〇四（文化元）年に長崎に来航した第二回遣日使節、貴族レザノフも実は仙台からの漂流民四人を伴っていた。松平定信が与えた長崎入港証と皇帝アレクサンドル一世の国書を携えた一行の来日は、大西洋と太平洋を横断するロシア最初の世界周航事業でもあった。レザノフはアメリカと北太平洋植民地開発を目的としたロシアの国策

長崎滞在中のロシア使節レザノフを描いた日本人による絵

出典）G. A. Lensen, *The Russian Push Toward Japan. Russo-Japanese Relation, 1697-1875*. New York, 1971, following page 208.

仙台漂流民がロシアで見た気球（シャリ）図

大槻玄沢『環海異聞』の挿絵

出典）木崎良平『仙台漂民とレザノフ』刀水書房，1997年，口絵iii頁。

会社「露米会社」の総支配人でもあり、植民地で不足する食料の供給のため日本との交易に強い関心を寄せていた。だが幕府は使節を六ケ月も待たせたあげく、信牌を取りあげて通商を拒否し、今後は漂流民もオランダ船以外からは受け取らないと通告した。司馬江漢ら当時の知識人もかかる幕府の対応は欧州に日本を野蛮国視させると痛烈に批判した。レザノフの失望と憤慨は大きかったが、やむなく漂民を引き渡し、一八〇五年に長崎を去った。漂民は一七九三（寛政五）年にアリューシャン列島に漂着した仙台の若宮丸の水主たちで、救助された一六人のうち一〇年後まで生存したのは一〇人だった。そのうち六人がロシアに残り、帰国希望の津太夫ら四名が送還されてきたのである。彼らの漂流・ロシア滞在・世界周航の記録は、仙台藩の蘭学者大槻玄沢が聞き書きにより『環海異聞』に残し

ロシアの海軍士官ゴロヴニンが捕縛され松前に護送される図

絵の中に「名　カピィタン　年32歳　丈7尺2寸」とある。

出典）中村新太郎『日本人とロシア人』大月書店，1978年，121頁。

ている。[7]

●日露の軋轢とその解決

第二回使節への幕府の対応はかなり粗暴なものでレザノフたちを憤激させた。レザノフの部下で海軍士官のフボストフらは一八〇六―七（文化三―四）年にかけ、松前藩支配下の千島や樺太の番所を略奪し、番人を捕虜にする事件を起こす。略奪は交易に応じない幕府に圧力をかける目的で行われたが、「平和的交渉」を命じていたロシア政府はこの事件を知って後に彼らを厳しく罰した。これを契機に日露関係は悪化し、幕府もクナシリに立寄ったロシア海軍士官ゴロヴニンら五人を二年半にわたり（一八一一―一三年）松前に幽閉して報復した。対抗してロシアも商人の高田屋嘉兵衛を捕えてロシアに連行するが、嘉兵衛の活躍とゴロヴニンの部下リコルドの努力で両方の捕虜は釈放され、事件は解決した。ゴロヴニンは帰国後この体験を記した『日本幽囚記』で日本人を勤勉で優秀な民族として紹介したが、この書は西欧各国語に翻訳され、シーボルトの『日本』とともに一九世紀西欧人の重要な日本情報源となった。やがて幕末に日本にやって来るペリーもプチャーチンもこの本を読んで日本の予備知識を獲たのである。幽閉中に仲良くなり気心を通じた幕府の通詞たちがゴロヴニンから貰い受けた二巻本の露仏辞典は後に幕府の手に渡り、現在は一冊だけが静岡県の「葵文庫」に保管されている。(8)

●露米会社船によるエトロフへの漂民送還

ゴロヴニン事件の解決以後、幕末までの四〇年間、ロシア政府は使節を派遣しないが露米会社は会社船で何度も漂流民を送り届け通商の可能性をさぐった。一九世紀始めから第三回使節が派遣される一八五二年までに、露米会社は少なくとも六、七回、ロシアが当時すでに日本領と認識していたクナシリやエトロフや最後には下田に漂流民を送り届けている。露米会社船が送還したそれら漂流民のうち、尾張の船頭「重吉」と伊豆子浦の水主「音吉」のケースを見ておきたい。知多半島と伊豆半島の出身者合計一四人が乗り組む名古屋の督乗丸は一八一三（文化一〇）年に御前崎付近で暴風にあい、太平洋上を一六ケ月漂流する間に一一名が死亡する。重吉と音吉ら三人だけが死の寸前にカリフォルニア沖でアメリカの商船フォレスター号に救助され、スペイン領カルフォルニアの港に寄港したあとアメリカ大陸の西岸を北航し、ロシアのアラスカ植民地の中心シトカ島に滞在し、さらにカムチャッカのペトロパブロフスクまで送られてロシアに身柄を預けられる。ロシア政府の保護をうけつつここに八ケ月滞在し、ロシア船で薩摩からの漂流民三人と一緒にエトロフ島まで送還され、一八一六（文化一三）年に三年余振りに日本に帰還した。帰郷した重吉が語る体験談は後に名古屋の池田寛親が『舩長日記』という興味深い記録にして残しているので、以下ではアメリカとロシアの資料も交えて彼らの足取りを辿ってみよう。(9)

●重吉と音吉の太平洋一周

一八一五年にカリフォルニア沖で漂流船から瀕死の三人を救出したのはニューヨークの大毛皮会社の商船だったが、ロシアのアラスカ植民地支配人バラノフと提携して露米会社の毛皮を中国で売り捌く代理交易に従事し、あるいはロシア支配下のアレウト人を使役しつつ北米沿岸で捕獲したラッコ毛皮を露米会社と山分けするなど、ロシア植民地と関係の深いアメリカ船だった。事実、この船は三人を救助したあとアラスカに向かう途中、ロシアが一八一二年にサンフランシスコの北に建設した「フォート・ロス」植民地にも寄港した。重吉はここで働く一人の漂流日本人から突然日本語で「奥州か松前か」と質問され驚愕した体験を語っている。フォート・ロスは米大陸に建設した最南のロシア植民地で、レザノフが日本との交易に失敗したあとアラスカを視察した折、日本に代わる農産物供給地として建設を提案し、植民地支配人バラノフの手で実現した植民地だった。このあと重吉はアラスカ植民地の本拠シトカ島に滞在してバラノフから気に入られ、優遇するのでここに残れと説得され、妙齢の美女に引き合わされ結婚まで勧められた。バラノフはおそらく幕府との交渉材料に漂流民が役立つと考え、有能だった重吉に残留を勧めたのだろう(10)。

その後北太平洋を横断してカムチャッカに渡り、一八一五年から八ヶ月間、長官ルダコフの保護下で生活する。翌一八一六年にロシア船でエトロフ島近くまで送られるが督乗丸の一人半兵衛が直前に病死する。重吉と音吉はロシア船のボートを貰って島に漕ぎ着け、エトロフの役人に接触して無事日本に帰着した。尾張藩に引き渡され三三歳で故郷に帰った重吉はロシア人からの土産品を見せ歩いて資金を集め、漂流中の死者の慰霊碑を建て、覚えたロシア語を「オロシアの言」なる木版の日露辞書にして出したりして一八五三年に死んだ。漂流した一四名中五名は伊豆の子浦・柿崎・田子の出身だったが、唯一人生還した音吉も故郷に戻り、短い体験談と覚えていた

A. A. バラノフ

ロシアのアラスカ植民地の初代長官の肖像。この絵は日本に幽閉されていたゴロヴニンが帰国後，1817-19年に軍艦カムチャットカ号を指揮してアメリカ西海岸を周航したとき，同乗していた画家のM. チホノフが描いた。

出典）*Colonial Russian America, Kyrill T. Khlebnikov's Reports, 1817-1832.* Oregon Historical Society, Portland, 1976, facing p. 1.

アラスカ植民地の中心地（シトカ島）のノヴォ・アルハンゲリスク港

出典）*Russkaia amerika,* Moskva, 1994, p. 22.

四〇語ほどのロシア語や英単語を記録に残し一八四二年に死んだ。音吉の墓は子浦の西林寺にあり、その子孫は現在も子浦で生活しておられる(11)。重吉と音吉は毛皮の採取・交易を主目的とするロシアの北太平洋植民地が最盛期を迎えていた時代にアメリカとロシアの船でその主要な植民地を見聞し、その記録を残した希有な日本人である。

●毛皮の時代から鯨の時代へ

ロシアが露米会社船で漂流民を幾度も南千島へ送り届けていた一九世紀前半から幕末に至る時期は、太平洋の状況が大きく変化した時代である。一八二〇—三〇年頃（文政年間）の北太平洋にはロシア船だけでなく米英の捕鯨船や商船が多数進出し、日本に捕鯨船への食料や水・薪炭の補給基地を求める動きが特にアメリカで強まっていった。産業革命の進行は北太平洋を毛皮資源の策源地から鯨油の宝庫へと転換させた。それに伴い太平洋での漂流民記録も米英の捕鯨船に救出される例が多くなり、幕末のジョン萬次郎やアメリカ彦蔵のようにアメリカで教育を受けてくる者さえ出てくる。ロシアから帰国した者の中にも、アメリカ捕鯨船に救われたあと、ハワイ、シベリア、アラスカ経由でロシア船により帰還した富山の次郎吉のような例が増える(12)。北太平洋を行き交う船が毛皮の獲得とその交易を主目的としていた時代から鯨油獲得のための捕鯨船へと移り変わるにつれ、「日本の開国」を要求する担い手の中心もロシアから米英へと移っていった。漂流民送還を手がかりに何度

音吉の墓
（子浦　西林寺　筆者撮影）

も幕府に打診するロシアの「平和的」開国交渉の時代は終り、捕鯨船の薪炭補給基地を求めるアメリカが「力ずく」で開国を迫る時代が近づいたのである。

次郎吉たちの目撃した米捕鯨船での風景

出典）『日本庶民生活史料集成　第五巻　漂流』三一書房，1985年，28頁。

二　伊豆を舞台にした幕末の日露交流

第三回ロシア遣日使節と開国交渉

●プチャーチンの長崎交渉

ロシアは一八世紀末以来二回使節を送り、多くの漂流民を送り届けつつ日本に通商を求め続けたが、実らぬまま幕末を迎える。一八五一年にアメリカが武力で日本の開国を迫るという情報に驚き、ロシア政府は急遽第三回使節の派遣を決めたが、方法は従来通りの平和的交渉を命じた。プチャーチン使節団の四隻の船はペリー艦隊より早くペテルスブルグを出たが、長崎着はペリーが浦賀で幕府に開港を迫り一年後の回答を約束させ帰国した一ケ月後の一八五三年七月だった。老中安部正弘は勘定奉行の川路聖謨ら四人を長崎に送り、同年一二月から翌年一月にかけ計八回交渉した。川路聖謨は勝海舟や江川英龍とならぶ幕府の逸材で、この長崎交渉は日本の開港、通商、国境の三問題で双方の主張が堂々と展開され、日本としては最初の本格的な外交交渉となり、また相互に相手の能力や見識を認めあう機会となった。国境問題ではプチャーチンがカラフト全島と千島はエトロフまでロシア領、川路が樺太は北緯五〇度で分割、千島は全島日本領と主張し、開国と通商では川路は三年待てと繰り返したが開国時にはロシアを優先すると約束した(13)。

●ペリーとプチャーチンの開国交渉

アメリカとロシアはともに日本開国を目指したが両使節団の方法は対照的で、前者は江戸に乗り付け武力で威嚇し開国を迫る方針だったが、後者は従来通り日本の法を守り長崎で交渉せよと本国から指示されていた。この違いは幕府首脳にも影響を与え、ペリーが帰国しロシアが長崎に来航した頃の阿部正弘は「おろしあ［ロシア］を頼んでアメリカを防ぎたい」とし、江川英龍も魯国同盟論を主張し、幕府側代表として長崎に赴いた川路や筒井も米露の態度を比較してロシアへの開国優先を建議した。しかし水戸斉昭が強硬に開国に反対し、川路らも結局は自説を撤回し「引き延ばし策」でロシアと交渉した。幕府の方針で交渉したとはいえ、川路らにロシアへの好意や開国派の知性を感じたのだろう。ロシア側は日本全権たちを大変気に入り、プチャーチンも記録係の作家ゴンチャローフも川路や筒井、とりわけ前者の能力と知性を非常に高く評価した(14)。

第３回ロシア遣日使節
海軍中将の E. プチャーチン
出典）G. A. Lensen, *Op. cit.*, following page 208.

しかし長崎交渉の二ヶ月後の一八五四年三月、九艘の

モジャイスキー大尉が撮影した川路聖謨
当時のダゲレオ型写真機のため左右が逆に写っている。プチャーチン使節団との長崎・下田交渉における幕府側中心で当時は勘定奉行。
出典）前掲，高野明『日本とロシア　両国交渉の源流』174頁。

軍艦を背景とする江戸湾での砲艦外交に屈した幕府はアメリカと最初の開国条約を結んだ。だが開国にはプチャーチンの長崎交渉も与っていた事実を忘れてはならない。この交渉は両国代表が人間的にも信頼しあい活発に議論し、相互の意志を確認しあったという意味で、日欧の最初の本格的外交交渉だった。国書を渡し来年までに回答を準備せよと通告し一週間で帰ったペリーとは違い、プチャーチンは長崎に半年以上留まり、対等な交渉を行って日本人の心をつかんだ。幕府が開国を決する判断には、江戸湾の砲艦への恐怖だけではなく、列強相手に長崎で行なった対外交渉の成功とそこで得た幕府の自信もあったことを看過すべきではない。

●下田条約の締結とシーボルトの意見

日米条約の締結を知るとプチャーチンは、今度はシベリアからディアナ号（二〇〇〇トン乗員四八四名）で下田に来航し、一八五四年一二月から翌年にかけ長崎と同じ代表団の間で五回交渉する。しかも第一回交渉の翌日に起きた安政大地震の津波で下田が全滅し、ディアナ号も大破して最終的には駿河湾で沈没するという困難な条件のなかで交渉は続けられ、一八五五（安政元）年二月に九ケ条の日魯和親（下田）条約が締結された。長崎交渉の成果が生きて千島列島のエトロフとウルップ間に国境がひかれ、樺太は境界を決めず共同利用とし、ロシアには長崎・下田・箱館（函館）とアメリカより多い三港が開港され、下田か箱館には領事の配置も許された。かくして日本航路の開拓から一〇〇年以上、一七九二年の第一回使節派遣から六〇年余を費やしてロシアはようやく日本との正式な国交を樹立した。

以前長崎に滞在していたドイツ人医師で帰国後第三回使節の派遣問題に関しロシア政府の相談役を務めたシーボルトは、平和的に日本を開国させた功績を一八四四年のオランダ国王の書簡やロシアのプチャーチンに帰し、ペリーの役は促進剤に過ぎないとした。ロシア政府はこの意見に満足したが、シーボルト説に激怒したペリーは『日本遠征記』のなかで、江戸で日本を威嚇したのは確かだが、それが幕府を決断させたのであり日本開国がアメリカの功績であるのは自明だと述べている。だが開国前の幕府内で強まった日露提携論やロシアへの開国優先論に見るごとく、先行する長崎交渉やそれ以前の日露関係も幕府を開国方向に導く役割を果したのである。シーボルト説には我田引水の感があるものの、日本開国におけるプチャーチンの貢献を正当に評価することは必要であろう(15)。

ヘダ号造船と伊豆での日露交流

●ディアナ号の沈没と日露の交流

下田交渉中に起きた安政の大地震は今から一五〇年前のことである。東海地方に大津波が襲い下田の町もほぼ全潰した。安政地震の推定マグニチュードは八・四でエネルギーは阪神大地震の約四五倍という巨大なものである。この津波でディアナ号は大きな損傷をうけ水兵にも死傷者がでた。ロシア側は船体修理の場所を提供してくれるよう要請し、幕府は伊豆西海岸の戸田湾を指定した。ディアナ号は和船に先導され駿河湾に回航するが、運悪くうち続く強風、高波、突風のため富士川河口の沖で沈没する。このとき五〇〇人近いディアナ号船員は現在の富士市付近の住民に助けられ、ようやく沈没直前の船から上陸に成功し命を救われた。地元の日本人によるロシア人の救助の様子はロシア人にもよく記録され感謝されて、現在の富士市とロシアとの友好関係の原点となった。ロシア人救助の海岸近くの公園には現在、海底から引き上げられたディアナ号の碇や日露友好碑が置かれている[16]。

●戸田村における帰還船の造船計画

助けられた五〇〇名近いロシア人は陸路で伊豆の戸田に行き、兵士は幕府が立てた宿舎、プチャーチンや士官は宝泉寺と本善寺などに分宿する。ロシアに帰れなくなったプチャーチンは小型船舶の建造とその協力を幕府に申し出た。川路らは戸田村での建造を許可し、韮山代官江川英龍を取締役に指名し、幕府側の役人約一〇〇名のほか西伊豆の船大工四〇名、人夫一五〇名を提供した。当時の戸田村は三〇〇〇人ほどの孤立した村でロシア人を他から遮断するには都合が良かった。五〇〇名のロシア人、三〇〇名の余所者、それに村人が加わって前代未聞の日露共同による造船が始まった。村の周辺六カ所に見張りをおき、幕府役人が巡回してロシア人と日本人の外からの接触を警戒した。帆船の設計はロシア人モジャイスキー大尉がディアナ号から持ち出した雑誌の記事「帆船の経験」に基づき五五日かかけて完成させた。モジャイスキーは飛行機設計者としても著名な技術者だったが、繪もよくしたので日本滞在中に描いた風景画や人物画絵がペテルブルグの中央海軍博物館に数多くの保存されている。造船に参加した日本人の船大工では、七名の船大工棟梁が造船世話係としてそのほかの船大工や人

モジャイスキーが描いた下田湾の津波
安政大地震（1854年）の津波でディアナ号や和船が翻弄される様を描いている。ペテルブルグの中央海軍博物館所蔵。
出典）G. A. Lensen, *Op. cit.*, following page 208.

モジャイスキーが描いた1854年箱館（函館）のディアナ号
箱館港を背景に停泊中のディアナ号を描いており，周囲をめぐる弁財船の大きさを比較することができる。
出典）G. A. Lensen, *Op. cit.*, following page 208.

夫たちを統率して作業が進められた。

●日本人船大工による西洋帆船の造船

日本人とロシア人の共同作業は日本語からオランダ語、オランダ語からロシア語に翻訳しながら行われる大変困難なもので、西洋帆船を作る器具や資材もすべて鐵・銅・鉛を使い戸田の牛が洞でロシア人の指示で制作していった。伊豆の船大工たちは初めて経験する洋式造船の新技術をむさぼるように吸収しつつ、必死の突貫工事で船は約三ヶ月で竣工した。排水量八〇トン全長二五メートル幅七メートルの二本マストのスクーナー船である。幕府は洋式帆船の製造技術を学びとる絶好の機会と考え、帰国後ロシアが船を日本に返却する条件で計三一〇〇両の費用を提供した。プチャーチンは戸田の人々の協力に感謝して建造船を「ヘダ号」と命名し、下田でディアナ号から引き上げた五二門の大砲のうち八門を装備した。だがヘダ号は小型で五〇〇人は乗れないので、日本に寄港する外国船を雇って順次帰国することとし、ヘダ号とアメリカおよびドイツの商船の三グループに分かれ帰国した。第一陣は一八五五年二月にアメリカ商船カロライン・フート号で士官・下士官一五〇名、次いで三月二〇日にプチャーチンら六一名がヘダ号で出航し、残る二七〇名余は同年六月にドイツ商船ゲルダ号で日本を離れた。出発前にプチャーチンは幕府に手紙を送り戸田での造船援助に深く感謝の言葉を述べた。戸田には造船郷土博物館があり、ディアナ号事件とそれにつづく造船の歴史が展示され、駿河湾から引き上げられたディアナ号の大きな碇も資料館の前に置かれている。(17)

ロシア人と日本人船大工が共同で建造した日本初の西洋帆船
（沼津市立造船郷土博物館蔵　滝沢誠氏撮影）

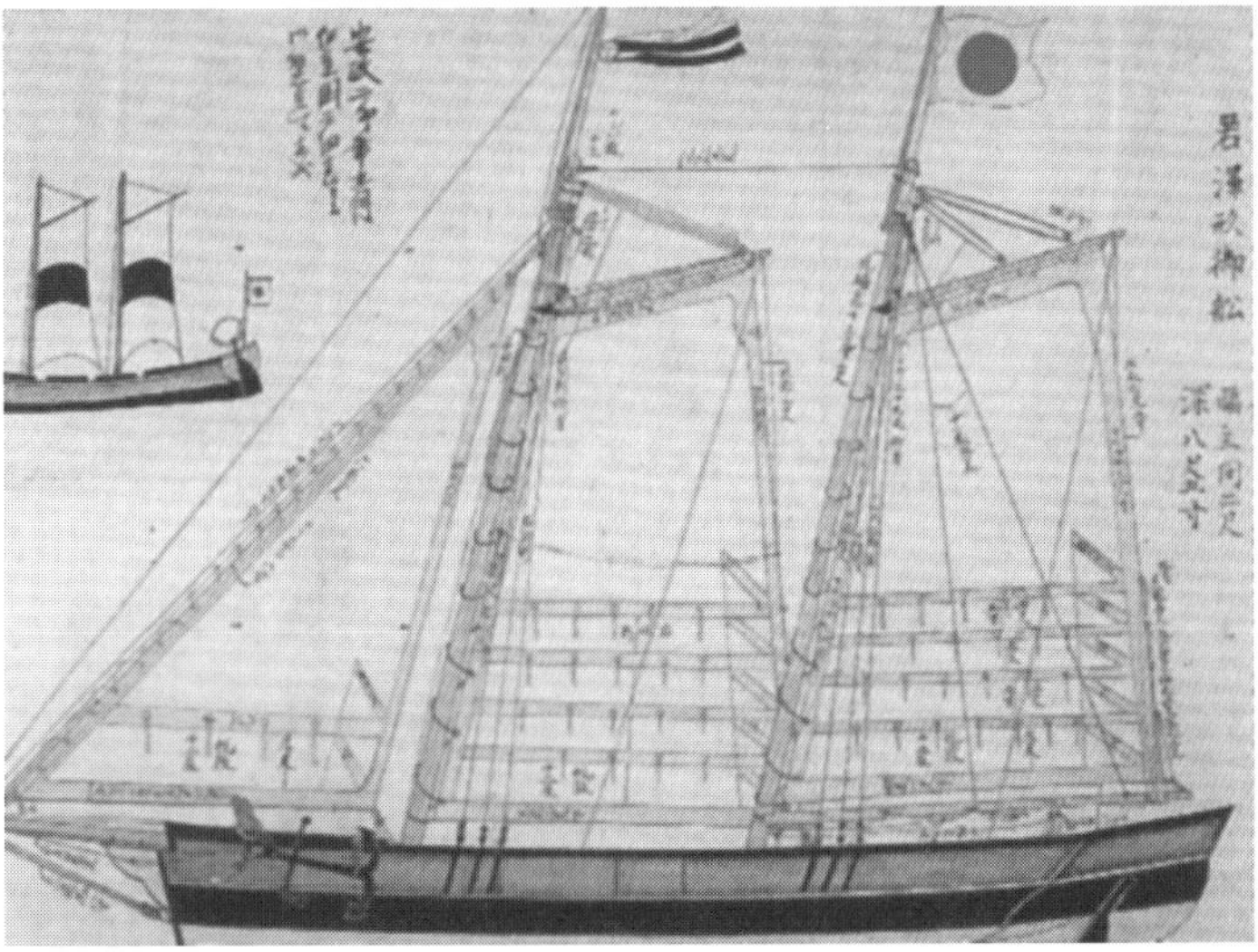

君澤型のスクーナー船
出典）『へだ号の建造』戸田村教育委員会，1979年，196頁。

●君澤型スクーナー船の定着

幕府はこの頃ようやく西洋式船舶の必要性を感じ始め、前年の嘉永六（一八五三）年に洋式大型船の建造を解禁し、浦賀で「鳳凰丸」を建造したが外国文献だけを頼りに建造したもので実際の技術が伴っていなかった。だがヘダ号は外国人の指導で建造した最初の洋船だったから、戸田には水戸藩の石川島造船所や鳳凰丸建造の関係者など各地の知識人が見学に来た。幕府はヘダ号が小型ながら外洋航海に充分耐える優秀船だとわかると、その出航後直ちに戸田の造船関係者に同じ型の船をもう一隻建造するよう命令し、さらに続けて合計六隻のスクーナー船を牛が洞で追加建造させた。伊豆の船大工たちはこの間に洋式帆船の建造技術を完全に身につけてしまったのである。この船は戸田村が属していた郡の名にちなみ君澤型と名付けられ、幕府もこの手軽な帆船を推奨したため、君澤型は幕末日本の洋式船舶として定着し諸藩でも類似の船が建造された。日本は幕末から明治にかけて開始する西洋式大型帆船の建造の足固めを、実は伊豆で果たしたのであり、事実ここで育った大工たちが幕末明治の歴史に重要な役割を果たすことになる。明治初年に多かった民間の運搬船に和洋折衷型のいわゆる「あいのこ船」も下田の造船所で早くから作られており[18]、ここでも戸田の影響が及んでいたのかも知れない。

●軍艦建造の先駆者となる戸田の船大工

次に洋式造船に参加した戸田の船大工たち、特に幕府から造船世話係を命ぜられた上田虎吉ら七人の棟梁たちに目をむけておこう。彼らの幕末明治期の足跡をざっと辿るだけでも、戸田造船が近代に与えた影響の大きさが判るからである[19]。

上田寅吉・鈴木七助の二人は安政二年に幕府の命で、幕府が西欧式海軍の必要を感じ長崎に開設した「長崎海軍伝習所」の第一期生として送られた。西洋造船を身につけた彼らに幕府がいかに大きな期待を寄せたか、庶民出の船大工に高額の月給を支給し、名字帯刀を許すという破格の待遇を与えた事実が物語る。伝習所第一期生の生徒頭は日本海軍の基礎を築いた勝海舟で、彼と並んで有名な榎本武揚は第二期生だった。二人は勝や榎本と肩をならべてオランダ人から帆船の操船や蒸気船製作の教育を受けたのである。上田寅吉は後に幕府海軍奉行となる榎本武揚や澤太郎左衛門らと一緒に幕府費用でオランダにも留学し、帰国後幕府のために本格的な洋式軍艦の建造に乗り出す。とはいえ彼らは当然、安政から明治まで幕末一二年間の激動の渦に巻き込まれる。戊申戦争で榎本武揚が主力艦開陽丸を率いて函館五稜郭に立てこもると、伝習所以来オランダ留学もずっと一緒だった寅吉は榎本との友情から五稜郭で生死をともにした。寅吉は死なずに捕虜となったが、榎本が投降して明治政府に用いられると、寅吉も明治政府が幕府から引き継いだ横須賀造船所（後の横須賀海軍工廠）の技師長に迎えられ、長崎伝習所以来の同窓だった赤松大三郎の下にあって明治の海軍史に活躍する。日本の近代海軍の成立にも戸田号の大工が関わっていたのである。[20]

●官営・民営の造船所や海運での活躍

一方七人の棟梁のうち石原籐蔵・堤籐吉・佐山太郎兵衛・渡辺金右衛門の四人は安政三（一八五六）年、幕府が水戸藩に命じ江戸石川島に作らせた日本初の洋式造船所の技師に迎えられ大船建造に専念する。この石川島造船は明治政府に引き継がれて官営造船所となり後に民営化されるが、日本造船産業の出発点となった。四人のうち佐山太郎兵衛だけは後に独立して大阪難波島に造船所を開設し、難波造船の先駆者となる。しかし民間の造船・海運関係の企業家として最も著名なのは、戸田のもう一人の棟梁、緒明嘉吉の息子菊三郎である。緒明嘉吉

緒明菊三郎
7人の船大工頭領の一人緒明嘉吉の息子で後に明治期の有力な造船業者・海運業者として成功した。
出典）前掲『へだ号の建造』223頁。

上田寅吉
ヘダ号造船を指揮する7人の船大工頭領の一人だったが，後に横須賀造船所の技師長となり明治海軍史で活躍した。
出典）前掲『へだ号の建造』206頁。

はヘダ号造船のころまだ子供だった息子に洋式帆船の技術を覚えさせ後事を託したが、この菊三郎が明治期には隅田川沿いの造船所、蒸気船で隅田川を渡す「一銭蒸気」の経営、上田や榎本の斡旋をうけ獲得した品川台場に建設した緒明造船所の経営、海運業への進出、浦賀船渠会社（「浦賀ドック」）の創設など次々に事業を成長させ、明治三八年には汽船一七艘、帆船数十艘を所有する船主として明治を代表する海運業者になった。

七人の棟梁の生涯をざっと追っただけでも、戸田の船大工たちが近代の造船、海軍、海運に果たした役割の大きさは明らかである。勝海舟がその著『海軍歴史』で「ディアナ号遭難というロシアにとっては大きな災難だった事件が、実はわが国にとっては非常な幸運となった。わが国の船大工らの工人たちは多くの艱難に苦しんだとはいえ、これによって西洋造船の技術を実地の体験によって秘かに自分のものとしたことで、得るところが実に大きかった。わが国に絶えて無かった技術がいっぺんに整えられたからである。これをわが国にとっての幸いといわずにおけるだろうか」と述べているのも誇張とは言えない。

おわりに

二〇〇四年は日本の開国と下田条約による日露関係樹立の一五〇年目（同時に安政地震と津波の一五〇年目でもある）にあたる年であった。これを機会に日露交流の結節点となった諸事件の舞台である静岡の地で、もう一度両国の関わり合いの歴史を振返ってみるのは意味のあることだろう。

（1）和船とくに弁財船の歴史については石井謙治『和船　ものと人間の文化史』（法政大学出版局、一九九五年）や須藤利一編『舟　ものと人間の文化1』（法政大学出版局、一九六八年）を、また江戸時代のロシアへの漂流民全般については木崎良平『漂流民とロシア　北の黒船に揺れた幕末日本』（中公新書、一九九一年）などを参照。

（2）ロシア人のシベリア征服さらに北太平洋からアラスカへの進出が「毛皮」を求めての東漸運動だったことについては、さしあたり以下を参照されたい。西村三郎『毛皮と人間の歴史』（紀伊国屋書店、二〇〇三年）第六章と第八章、木村和男『毛皮交易が創る世界史　ハドソン湾からユーラシアへ』（岩波書店、二〇〇四年）第三章、山下晃『毛皮と皮革の文明史　世界フロンティアと掠奪のシステム』（ミネルヴァ書房、二〇〇五年）第四章と第六章。

（3）デンベイについては高野明『日本とロシア　両国交渉の源流』（紀伊国屋新書、一九七一年）第一章、中村新太郎『日本人とロシア人』（大月書店、一九七八年）「アトラソフと伝兵衛」の章などを参照。

（4）シュパンベルグの「日本への航路」発見については、S・ズナメンスキー著（秋月俊幸訳）『ロシア人の日本発見　北太平洋における航海と地図の歴史』（北海道大学図書刊行会、一九八六年）の第六―七章、N・R・アダミ『遠い隣人　近世日露交渉史』（平凡社選書、一九九三年）の「マルティン・シュパンベルグ」の章を参照。

（5）多くの研究があるが亀井高孝『人物叢書　大黒屋光太夫』（吉川弘文館、一九六四年）は版を重ね古典的な著作になっており、比較的新しくは木崎良平『光太夫とラクスマン』（刀水書房、一九九二年）がある。最近では日露双方の関連史料が四巻本、山下恒夫編『大黒屋光太夫　資料集』第一—第四巻（日本評論社、二〇〇三年）として刊行された。『北槎聞略』は亀井高孝校訂の岩波文庫版（一九九〇年）が読みやすい。光太夫の体験は井上靖の小説『おろしや国酔夢譚』（文春文庫、一九七四年）が『北槎聞略』を素材に面白く紹介しているが、最近では吉村昭も小説『大黒屋光太夫』（上）（下）（毎日新聞社　二〇〇三年）を書いている。

（6）新村出「伊勢漂民の事績」『史的研究』（一九一四年）。

（7）レザノフの来航と仙台漂流民については木崎良平『仙台漂民とレザノフ』（刀水書房、一九九七年）、加藤久祚『初めて世界一周した日本人』（新潮選書、一九九三年）参照。またロシアに残留した日本人で日露の接触のときの「通訳」となった善六という名の日本人については大島幹雄『魯西亜から来た日本人　漂流民善六物語』（廣済堂出版、一九九六年）がある。『環海異聞』の刊本については『江戸漂流記總集　第五巻』（日本評論社、一九九三年）所収のものを参照。また長崎滞在中に書いた日記、レザノフ著（大島幹雄訳）『日本滞在日記　一八〇四—一八〇五』（岩波文庫、二〇〇〇年）が最近翻訳され、レザノフ評価の見直し論や日本人との交流があらためて注目を集めている。

（8）ゴロヴニンの日本に関する著作については邦訳、徳力真太郎訳『日本俘虜実記（上）（下）』（講談社学術文庫）と『ロシア士官の見た徳川日本』（講談社学術文庫）を、またこの事件およびゴロヴニンと日本の知識人との文化交流のこと、上記の露仏辞典については中村喜和『おろしや盆踊唄考　日露文化交渉史拾遺』（現代企画室、一九九〇年）第三章を参照。

（9）『船長日記』にもとづいた督乗丸漂流と重吉の体験に関しては川合彦充『督乗丸の漂流』（筑摩書房、一九六四年）がある。また日本漂流民に関心をもったアメリカ人キャサリン・プラマー氏の『最初にアメリカを見た日本人』（日本放送協会出版一九八九年）にも取り上げられている。『船長日記』の刊本については玉井幸助（校訂）『船長日記』（東京育英書院、一九四三年）、『江戸漂流記總集　第三巻』（日本評論社、一九九二年）および鈴木太吉『池田寛親自筆本　船長日記』（愛知県郷土史料刊行会、二〇〇〇年）などを参照。

（10）重吉の漂流とロシアのカリフォルニア植民地やアラスカ植民地での体験に関しては、松木栄三「カリフォルニアの《ロシア》」（二）『窓』八二号（一九九二・九）一八—二六頁を参照。

（11）筆者は下田開国博物館の尾形征巳氏の案内で音吉の故郷の子浦の港を訪ね、音吉の墓がある西林寺や、音吉の子孫である鈴木利一さん宅にお邪魔して音吉が持ち帰った唯一の遺品などを拝見した。なお、音吉からの聞書き史料として現在唯一つ残されている「音吉救助帰国聞書」は『静岡県史』資料編一二　近世四に収録されている。

(12)越中富山の長寿丸の漂流民、次郎吉たちの興味深い体験記は加賀藩が聞き取りによって作成した『時規物語』と、江戸の儒者古賀謹一郎が次郎吉から聞き取った『蛮談』の二つがある。刊本は両者とも『日本庶民生活史料集成　第五巻　漂流』（三一書房、一九八五年）に収録されている。『時規物語』の研究としては高瀬重雄『北前船長者丸の漂流』（清水書院、一九七四年）がある

(13)プチャーチンの長崎・下田交渉については和田春樹『開国―日露国境交渉』（NHKブックス、一九九一年）、また日本側の史料としては幕府側代表の中心だった川路聖謨が残した記録史料『長崎・下田日記』東洋文庫一二四（平凡社、一九八四年）などを参照。吉村昭が川路の生涯を描いた小説『落日の宴』（講談社、一九九六年）や、またロシアの小説家グザーノフがプチャーチンの生涯と日本での活動をドキュメント風に描いた左近毅訳『ロシアのサムライ　日露の歴史をあやなすモザイクの世界』（元就出版社、二〇〇一年）の第一章も参考になる。

(14)例えばプチャーチンもその報告書のなかで、川路と筒井のことを次のように書いている。「われわれに対する丁寧な態度と心配りに表された思考様式からして、教養あるヨーロッパ人とほとんど変わらない。とくに二人目［川路］の人物はその活発な、健全な知性とたくみな討論法をもってすれば、あらゆるヨーロッパ社会で傑出した人物となるだろう」。また作家のゴンチャローフは川路を評して「この川路を私たちは皆気に入っていた。筒井老人ほどではなくても、少なくとも筒井とは違った意味で、同じように好きであった。川路は非常に聡明であった。彼は私たち自身を反駁する巧妙な弁論をもって知性を閃かせたものの、なおこの人物を尊敬しないわけにはいかなかった。彼の一言一句、一瞥、それに物腰までが、すべて良識と、機知と、炯眼と、練達を顕わしてした。叡智はどこへ行っても同じことである。民族、衣装、言語、宗教を異にし、人生観まで違うにせよ、聡明な人々には共通した特徴がある」。高野明・島田陽訳『ゴンチャローフ日本渡航記』（雄松堂書店、一九六九年）を参照。

(15)日本の開国とロシアの役割に関するシーボルトの意見については、先にあげた和田春樹『開国―日露国境交渉』第八章を見られたい。また安田孝一「ロシアの日本開国交渉とシーボルト」『シーボルトと日本の開国近代化』（続群書類従完成会、一九九七年）も参照。なおソヴェト時代の作家ザドルノフの三部作小説を西本昭治が翻訳した『北から来た黒船』（一）（二）（三）（朝日新聞社、一九七七、一九八〇、一九八二年）もプチャーチンの来航から帰国までの事件と活動、その歴史的意味を理解するうえで大いに役にたつ。また日本側の資料を中心にプチャーチン来航から開港後まで、下田を舞台にした日露交渉史とその後をた

どった森良雄『プチャーチンと下田』（下田史談会、一九七七年）も幕末日露交渉史の具体的な姿を巨細に描いた優れた書物である。

（16）ディアナ号の遭難事件の詳しい経過や沈没した同号の碇の引き上げなどに関しては『ロシア軍艦ディアナ号の遭難』（富士市教育委員会、一九九一年）や奈木盛雄『駿河湾に沈んだディアナ号』（元就出版社、二〇〇五年）などを参照。

（17）ヘダ号の造船に関しては『へだ号の建造』（戸田村教育委員会、一九九七年）が詳しい。またヘダ号造船の技術的な諸側面とその日本の近代造船史に占める意義については山本潔「《ヘダ》号の建造―近代造船技術形成の初期条件」（一）（二）『社会科学研究』（東京大学社会科学研究所紀要）第四三巻五号（一九九二年一月）、第四三巻六号（一九九二年三月）が優れている。

（18）この点については下田の造船史に詳しい尾形征巳氏の「下田造船業の沿革（その二）」『ふるさと下田』（第四十七号）参照。

（19）ヘダ号造船にかかわった船大工たちに関する徹底した追跡調査や研究は残念ながらまだ存在しない。とりあえずは大南勝彦『ペテルブルグからの黒船』（角川選書、一九七九年）、富永孝『幕末オランダ留学生の研究』（日本経済評論社、一九九〇年）、土屋重朗『日本近代造船事始』（新人物往来社、一九七九年）などの関連個所を参照されたい。

（20）石原源太郎『潮騒の碑―ある舟匠の足跡』（日経事業出版社、一九八七年）は上田寅吉の生涯を追跡し、幼児時代から戸田村で聞いた伝聞などをまじえて小説風に仕上げた作品で興味深いが、多くのフィクションを混在させていて歴史的事実の確認には適さない。

●コラム●

ディアナ号

一八五四年（安政元）一一月四日（旧暦、以下同じ）午前九時頃、幕末の日本を揺るがす大地震が発生した。いわゆる「安政東海地震」である。震源は遠州灘、マグニチュードは八・四と推定される大規模地震で、その被害は東北から九州までの広範囲に及んだ。また、その翌日には紀伊半島沖を震源とするマグニチュード八・四の「安政南海地震」、さらに二日後には豊予海峡を震源とするマグニチュード七・四の地震が連続して発生し、約一年後にはマグニチュード六・九の「安政江戸地震」が発生した。これらの地震に代表される安政期の天変地異は、一八五三年（嘉永六）のペリー来航を機に高まった社会不安をいっそうかきたてるものであった。

ペリーに遅れること一年余り、ロシア皇帝・ニコライ一世の命を受けた海軍中将・プチャーチンは、北方の国境協定と通商条約の締結を求めて日本に来航し、一八五四年（安政元）一一月三日、下田で幕府側と第一回目の交渉を行った。安政東海地震が発生したのは、まさにその翌日のことである。

この地震により沿岸部は津波による甚大な被害を受け、下田はほとんどの家屋が流失するという壊滅的な状態であった。折から下田港に停泊していたロシア軍艦・ディアナ号もその難を免れることはできず、竜骨の一部や舵を失うなど船体に大きな損傷を受けることとなった。

このディアナ号の修理地として選ばれたのが、西伊豆屈指の良港であり、修理の条件にも適した戸田港（沼津市戸田）である。一一月二六日朝、ディアナ号は天候の回復を待って下田港を出港した。ところが夜半になって風と波が強まり、航行不能に陥ったディアナ号は目的地の戸田に入港すること

ディアナ号の錨（戸田造船郷土博物館）

ができず、漂流の末に、翌朝富士郡宮嶋村沖（富士市三四軒屋沖）に錨をおろして停船することとなった。この間の漏水は激しく、結局船を放棄せざるを得なくなった乗組員たちは、小型船で荒れ狂う駿河湾に漕ぎ出した。このとき、宮嶋村の多くの人々が献身的な救助にあたり、一一月二九日、約五百人の乗組員全員が上陸を果たした。その二日後、ディアナ号はあえなく海中に没したのである。

その後、幕府に代艦建造を許可されたプチャーチンらは、戸田の船大工らの協力を得て日本初の西洋帆船「ヘダ号」を完成させ、翌一八五五年には全員が帰国の途に着いた。その間に下田で日露和親条約が締結されたことは周知のとおりであり、このときヘダ号を建造した船大工らがその後の近代造船に深くかかわったこともよく知られている。また、乗組員の救助にあたった村人たちの人間味あふれる行動も広く語り継がれている。

こうした史実とともに、いまこの地域の歴史を振り返るとき、古代の優れた造船技術（日本書紀・枯野伝説）や海を舞台にした長い交流の歴史、またそこに醸成されたであろう人々の対外意識を思い起こさずにはいられない。近代を目前にした偶発的な出来事の中にも、伊豆の豊かな歴史性を垣間みる思いである。

沈没したディアナ号の行方はわかっていないが、一九五四年（昭和二九）には富士市の三四軒屋沖でディアナ号のものとみられる錨一基が引き揚げられ、一九七六年（昭和五一）にも同沖で二基目の錨が引き揚げられた。現在、一基目の錨は沼津市戸田造船郷土博物館前に、二基目の錨は富士市三四軒屋緑道公園内に設置され、幕末の日露関係をめぐる歴史の一幕を今日に伝えている。

（滝沢　誠）

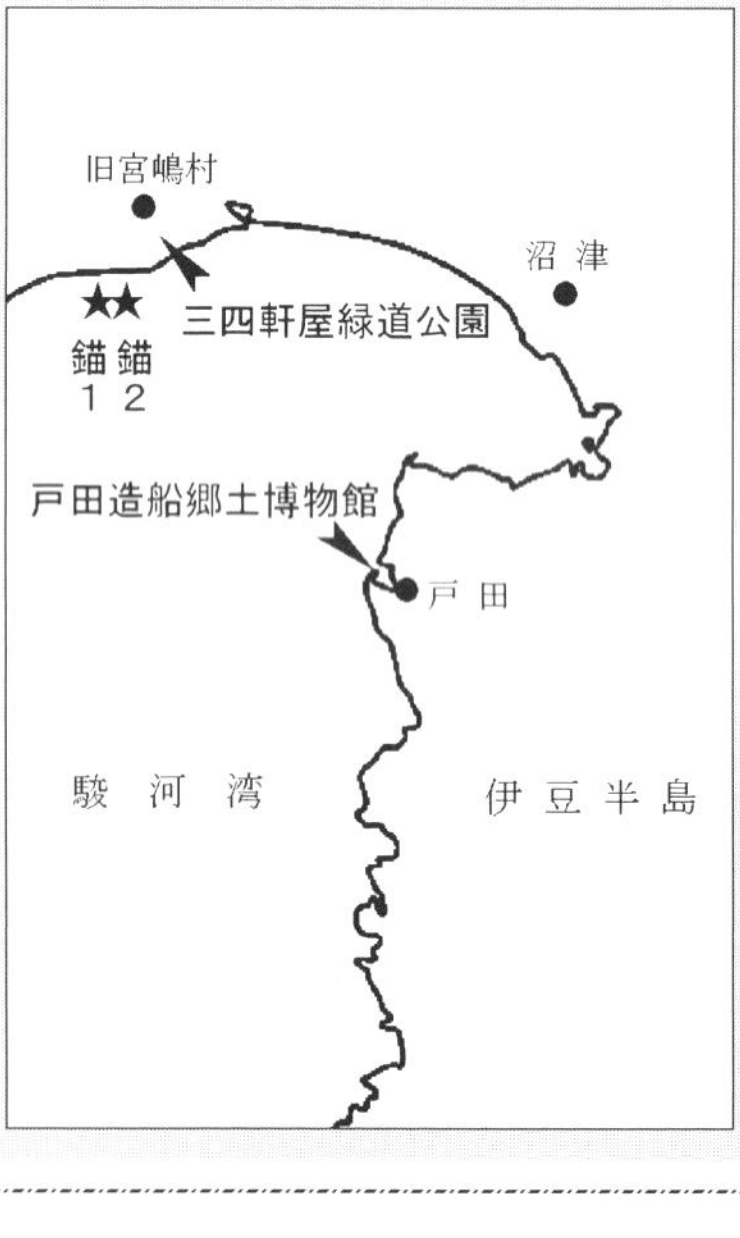

東海道と宿文化

上利博規

はじめに

改めていうまでもなく、江戸時代には東海道五十三次が定められ、大名たちの参勤交代が東海道を行き来した。交通が整えられ多くの人々が行き交い、宿々に多様な人が逗留したとなれば、東海道の宿駅ではさまざまな文化が交差したと考えられる。

この章では、まず東海道の宿駅というものが一般的にどのようなものであったかを述べ、次にその宿駅においてはどのような文化が展開されたかについて述べる。これら「宿という文化」と「宿における文化」という二つの観点から東海道の宿文化を扱い、東海道の宿駅一般についての知識（マクロな視点）と静岡県下に今なお残されている個々の痕跡（ミクロな視点）とを結びつけながら、江戸時代の東海道の宿の生きた姿を浮かび上がらせてみたい。

一　東海道の「宿という文化」

東海道五十三次は江戸時代に入って制定されたものであるが、ここではまず江戸時代以前の東海道の話から始め、江戸時代の五十三次がそれまでの東海道とどのような点で連続したものであり、またどのような点において異なったものであるかについて考える。

次に、五十三次の宿が、一般的にはどのような構造や機能をもっていたかについて吉原宿を例にとりながら考え、さらに宿と宿との間の空間的構造については吉原宿と隣の蒲原宿までを例にとって考える。

（1）江戸時代の宿の歴史的生成

●東海道のもともとの意味は東海地方

東海道といえば直ちに五十三次という言葉が思い浮かぶほどに、両者は切り離せないものだと思われている。ところが、東海道という名は意外に古く、すでに律令時代から存在した。江戸時代における東海道の特色を理解するためにも、まず簡単に江戸時代以前の東海道と宿駅について述べておこう。

古代における東海道とは、五畿七道という行政上の単位の一つであった。すなわち、山城・大和・摂津・河内・和泉が五畿であり、東海・東山・北陸・山陰・山陽・南海・西海が七道である。律令体制における東海道という行政区域は、伊賀国・伊勢国・志摩国・尾張国・三河国・遠江国・駿河国・伊豆国・甲斐国・相模国・武蔵国・安房国・上総国・下総国・常陸国を含むものであり、おおよそ今日の三重県・愛知県・静岡県・山梨県・神奈川県・東京都・埼玉県・千葉県・茨城県に相当する。つまり、今日の県に相当するような単位として国・郡が指定され、その一つ上位の単位として五畿七道があったのである。今日でも北海道が道ではなく一つの地区を表わすものであるように、東海道の最初の意味は今日でいう東海地方といったニュアンスに近いものであったことがわかる。

●駅路としての東海道

このとき同時に、唐の制度を模して、当時の三十里（およそ十六キロ、江戸時代の里とは異なる）ごとに駅を設け、全国の道路網の体系化をはかった。ここから、行政単位としての東海道という意味から、行政地区を走る幹線道路という意味での東海道が派生し、それが今日まで受け継がれているといえる。また、その道筋も江戸時代の東海道とほぼ同じであるといわれている。

ただし、江戸時代、あるいは今日の東海道と違うのは、先に触れたように律令時代の東海道という行政地域が千葉県や茨城県を含むものであったため、その東端は江戸ではなく、常陸国にまで延びている。もう一つ違うのは、今でいう静岡県から神奈川県に向かうとき、古くは足柄峠を越えていたという点である。ところが、あるとき富士山の爆発により足柄峠を越えることが困難になったため、新たに箱根路が開かれ、以降両方の経路が利用されてきた。江戸時代の東海道は、箱根の関で有名なように、箱根路を通っており、国道一号線もまた箱根を通っている。

●宿の生成

以上のように、東海道は本来は行政単位であり、さらには速やかな人・物の往来による遠隔地の統治を目的としたものであった。その様子が変化を見せるのは平安時代に入ってからである。公地公民による律令体制を崩壊させたものの一つに荘園の発達があったことは広く知られているところであるが、荘園の発達により、それぞれの土地の有力者が東海道の宿駅に大きく関係するようになる。

さらに、鎌倉に幕府が開かれることにより、東海道は京都と鎌倉を結ぶ重要な道路となり、東海道でも、たとえば駿府の手越、あるいは遠江の池田などに宿の発達を見た。とはいうものの、庶民はほとんど旅をしないのが一般的であった。室町時代も後期に入ると全国的に荷物の運送が活発になり、さらに江戸時代に庶民が旅をするようになって、東海道の宿場は大いに栄えるようになった。

以上のように、東海道は、まず公的な駅制から始まり、次第に私的な交易や旅が栄えて宿場としての意味を強く持つようになったのである。

●東海道五十三次の制定

江戸時代に入ると、東海道は五街道の一つとされ、京都と江戸を結ぶ最も主要な街道となった。徳川家康は、まず一六〇一年に東海道に宿を設置し、宿には伝馬定め書きと伝馬朱印状を与えた。伝馬朱印状には、朱印状をもたないものは伝馬を出してはならないことが記されており、伝馬を許可あるものにのみ制限することを主眼とするものであった。さらに、宿場が常備すべき馬数など五箇条が記された御伝馬之定を交付した。その宿の数は当初から五十三であったのではなく、漸次新たに宿が追加され、一六二四年の庄野宿の追加により五十三次が完成したものである。こうして、江戸時代において、駅制と宿場とを制度として合体させたものが制度的に確立されたのである。

江戸時代には、何度か東海道ブームといったようなものが起こり、旅をする人も増え、旅をしなくても居ながらにしてその情報を得ることが可能になった。たとえば、お伊勢参り、あるいは『東海道中膝栗毛』などの流行がこれである。

しかし、江戸時代に東海道を行き来する旅人が急増したことは、必ずしも宿駅制度の発展を意味するわけではなく、むしろ逆に宿駅制度の解体を早める要因ともなった。というのは、無賃ないしは低い価格設定がされている公用よりも、庶民を相手にする方がより大きな儲けを宿場にもたらし、本来の目的である公的な宿駅利用が次第に危うくなっていったからである。そのため、幕府はたとえば飯盛女の規制まで含んださまざまな手をうったが、民間の経済活動を大きく変えるには困難があった。

東海道の宿場制度は江戸幕府の終焉とともに終わり、明治以降の何度かの改正を通して新しい道路制度、すなわち番号つきの国道・県道などの体系化により、東海道は主として国道一号線へと受け継がれることになった。

(2) 宿という空間

以上が東海道の大きな歴史的変化である。次に江戸時代の宿場の標準的な構造について述べておきたい。

●残されているたくさんの絵図

江戸時代における宿場がどのような空間的構造をもっていたかを見ようと思えば、何よりも当時描かれたいくつかの絵図が役に立つ。江戸時代に描かれた絵図には、たとえば『東海道分間絵図』（元禄三年、一六九〇年）、『都名所図会』（安永九年、一七八〇年）、『東海道名所図絵』（寛政九年、一七九七年）、『東海道分間延絵図』（文化三年、一八〇六年完成）、『東海道五十三駅勝景』（万延元年、一八六〇年）をはじめとしてたくさん存在する。

ただし、広重の『東海道五拾三次』は広く知られているが、創作性が強いためその絵を直ちに当時の実際の様子を描いたものだと考えるわけにはいかない。また、『東海道名所図絵』は江戸時代の様子を絵に描いたものばかりでなく、平家物語に出てくる歴史上の出来事や、場合によっては伝説のようなものも含めて、それぞれの土地で有名なことがらを絵で示している。薩埵峠の立場茶屋のような場合は、その解説に「此茶店海岸に崖造りにて、富士を見わたし、海面幽邈にして、三保松原手に取る如く、道中無雙の景色なり。茶店の中に望嶽亭といふあり」として、望嶽亭や駿河湾の当時の様子を絵でも伝えている。絵図の中でも東海道の様子を詳細に描いているのは『東海道分間延絵図』であり、問屋、本陣、脇本陣をはじめとする宿場の様子、そして宿場の外の一里塚や立場茶屋なども描かれており、当時の宿場内外の様子を知るには貴重なものである。

●宿の基本的構造

以下に、これらを参考にしながら、当時の宿の基本的な空間構造について述べてゆきたい。一般に、ある特殊な空間を構成する上で重要なのは、生物の細胞を考えればわかりやすいが、「核」（コア）と「境界」（ボーダー）である。まず宿の境界について言えば、出入り口に設けられた木戸がある。その歴史をたどれば、古代の柵や城郭ということになろうが、木戸には番屋が置かれ、夜間は木戸を閉ざして宿を防衛する役割を果たした。また、枡形をもつ宿場も多い。枡形はもともとは戦国時代の城郭の主要出入り口に設けられた直角になった道であり、敵の勢いをとめることが目的であった。図（一七八頁）を見てもわかるように、吉原宿にも枡形が作られている。吉原宿の西木戸は図のさらに西側にあった。

宿の核をなすものは何か。それは駅制という点からいえば、本陣ではなく問屋である。宿駅の最も重要な役割は、隣の宿場から運ばれてきた公用の荷物や通信物を次の宿場まで確実に運ぶことであった。宿場といえば旅をする庶民が宿泊する場所ということを連想しがちであるが、幕府の立場からすれば、役人・物・書類などの移動が確実に行われるための施設なのであった。たとえば、広重の『東海道五拾三次』の庄野（鈴鹿市）や藤枝の図は、受け取った荷物を次の宿に運ぶために荷物を馬に載せ替えている場面が描かれており、さらにはそのやりとりを記載する帳付や、荷物の振り分けを指示する馬指などが忙しそうに働いている姿も描かれている。このような業務を取り仕切るのが問屋場であった。

宿場の第二の業務は、その名の通り宿を提供することであり、参勤交代の大名たちを泊める本陣・脇本陣や、一般の人を泊める旅籠、木賃宿などの宿泊施設が存在した。本陣は、その名が示す通り大将がいる陣地のことであり、戦国時代の名残といえる。本陣は、名主などその宿の最有力者が位の高い武士たちをもてなす場であり、もてなす者はそれにより宿での特権性を高めることができた。脇本陣は、限られた本陣だけではまかない切れない事態が生じたとき本陣の補助的役割を果たしたが、ふだんは一般の旅行者も宿泊できたので本陣と旅籠の中間的存在とも言えるが、基本的には本陣に準じるものである。

宿場の第三の役割は、一般の人々を宿泊させる宿の提供である。一般客用の宿は旅籠と呼ばれることはいうまでもないが、旅籠はもともと木賃宿であり、旅人が食料を持参し薪代などを払い自分で食事を作っていたが、やがて旅人が増えるに従い宿泊者に食事を出す旅籠となったものである。しかし、木賃宿はその後も残り、宿場には旅籠と木賃宿の両方が並存した。なお、旅籠には飯盛女を置く飯盛旅籠と置かない平旅籠があり、家の作りも若干異なっていた。こうして人や物が盛んに行き交うようになると、商人や職人たちが次第に宿場に集まり、宿場は市場としての役割も果たすようになり、飲食のお店もできた。

以上のほかに宿場で忘れてはならないのが高札場である。高札場とは、幕府や藩の法度を知らせるために高札を掲げた場所である。その目的から人が賑わう宿場の中心に置かれることが多く、駿府城下では駿府城の大手門を出た場所、現在の市役所前に「札の辻」の碑が立っている。高札の歴史は古いが、制度的に日常化するのは江戸時代であり、キリシタン札はその代表的なものである。高札には、庶民が読めるように、難しい漢字を避け平易な文字を使った。つまり、幕府や藩は、武士の間での法と庶民に向けた法と二つの種類を用い分けていたのである。

●静岡県下の東海道の宿

以上を念頭に置いて、東海道の宿の具体的な様子を見てみよう。

まず、静岡県の宿全体についてであるが、静岡県下には三島から白須賀までの二十二宿が存在しており、五十三次のうち半数近くを占めている。これら二十二宿の様子がどうであったかを知る重要な手掛かりとしては、天保十四年（一八四三）頃の『宿村大概帳』があり、一般書において東海道の宿を紹介する際にはたいていこれが使われている。この『宿村大概帳』によれば、品川から小田原までの宿の人口がすべて二千人以上であるが、箱根を越えると宿の大きさには大小が生じるようになり、由比や丸子など人口が七百人代の小さな宿もあることがわかる。

宿	日本橋からの距離	人口	家数	旅籠	本陣	脇本陣
三島	二八里半	四〇四八	一〇二五	七四	二	三
沼津	三〇里	五四四六	一二三四	五五	三	一
原	三一里	一九三九	三九八	二五	一	一
吉原	三四里半	二八三二	六五三	六〇	二	四
蒲原	三七里	二四八〇	五〇九	四二	一	三
由比	三八里半	七一三	一六〇	三二	一	一
興津	四〇里	一六六八	三一六	三四	二	二
江尻	四一里半	六四九八	一三四〇	五〇	二	三
府中	四四里半	一〇四七一	三六七三	四三	二	二
丸子	四六里	七九五	二一一	二四	一	二
岡部	四八里	二三二二	四八七	二七	二	二
藤枝	五〇里	四四二五	一〇六一	三七	二	〇
島田	五二里	六七二七	一四六一	四八	三	〇
金谷	五三里	四二七一	一〇〇四	五一	三	一
日坂	五四里半	七五〇	一六八	三三	一	一
掛川	五六里半	三四四三	九六〇	三〇	二	〇
袋井	五九里	八四三	一九五	五〇	三	〇
見付	六〇里	三九三五	一〇二九	五六	二	一
浜松	六四里	五九六四	一六二二	九四	六	〇
舞阪	六七里	二四七五	五四一	二八	二	一
新居	六九里	三四七四	七九七	二六	三	〇
白須賀	七〇里	二七〇四	六一三	二七	一	一

『東海道分間延絵図』
（東京国立博物館所蔵，東京美術刊行，第 6 巻より）

吉原宿の様子

●吉原宿の場合

静岡県下の二十二宿の中から、ここでは吉原宿を例にとって、さらに詳しくみてゆくことにしたい。江戸時代の吉原宿の具体的な様子は、たとえば『東海道分間延絵図』から知ることができる。『宿村大概帳』によれば、吉原宿には本陣が二つ、脇本陣が四つあるとされている。これを絵図で確かめると、本町・西本町と呼ばれる中心部分にこれらを認めることができる。

さらには、本町に問屋（本町には一つだが西本町の西にもう一つあった）を見ることができ、さらにはその問屋の隣に高札場があることもわかる。これらの主要施設のまわりには天保十四年の『宿村大概帳』によれば六十軒の旅籠があったようである。

●宿と宿の間

宿場の内側はおおよその基本的な要素は以上のようなものであるが、宿場の外の街道筋には標準的には松並木、一里塚、茶屋などが存在していた。ただし、箱根峠は松並木ではなく杉並木となっており、現在でも関所跡近辺の杉の巨木の間を歩いて当時をしのぶことができる。

一里塚は、室町時代後期に生きた一休の句にも出てくることからもわかるように、江戸以前から存在していたが、制度的に明確にしたのは一六〇四年であり、東海道整備の一環として街道の両側に円形の塚を築き榎などを植えた。東海道には一一二の一里塚、静岡県には四五前後あったと思われるが、不明の箇所もある。現在では県内の一里塚はほとんどが姿を消し、多くは一里塚跡に石碑が建てられているのみである。しかし、中には三島市の錦田一里塚のように、旧東海道と国道一号線をはさんで両方の塚が残っているところもある。

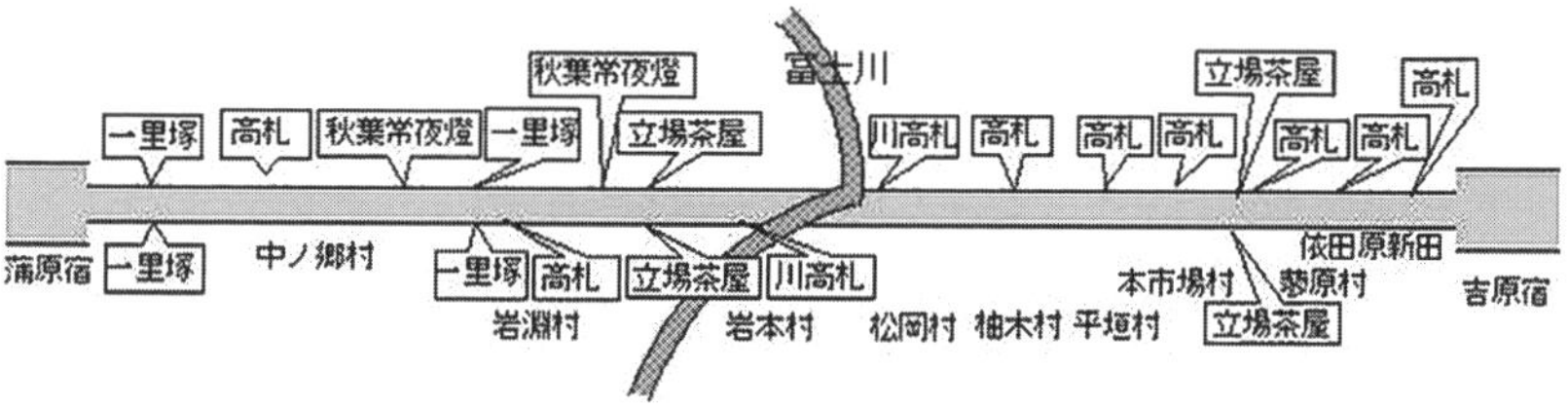

宿場の外にある茶屋には、宿と宿の間にある立場茶屋と、宿のはずれに置かれた宿端茶屋とがある。立場というのは人足が休憩するところであるが、一般の旅人もこれを利用した。茶屋は休憩が主目的の施設ではあるが、場合によっては安く泊まれるなどの理由で宿泊や、時には売笑もされ、幕府は宿場の存立にも関わるこうした行為を規制しようとしたが、なかなかやむことはなかった。

●吉原宿と蒲原宿の間

では、次に具体的に吉原宿と蒲原宿の間を例にとってみてみよう。『東海道分間延絵図』を用いて二つの宿の間に存在していた主要なものを拾い出してみると、およそ上の図のようになる。これによれば、富士川をはさんで西側の岩淵村に一ヶ所、東側の本市場村に一ヶ所の立場茶屋があることがわかる。また、高札が村ごとに置かれており、二つの宿の間に流れている富士川の両岸には川高札があったこともみてとれる。

そのほか、宿に指定された馬や人足が足らなくなるとき、その不足を補うために宿の周辺の村から馬や人を徴収する助郷と呼ばれる制度があった。幕府が下した助郷帳と呼ばれるものに、それぞれの宿の助郷がどこであり、助郷をつとめる石高がいくらかなどが記載してある。助郷帳は元禄七年（一六九四年）に下されたが、後享保一〇年（一七二五年）に改定され、交通量の増加に対応しようとしたことがわかる。

二　静岡の「宿における文化」

東海道の「宿という文化」についてみてきた。次に、東海道の「宿における文化」がどのように花開いていたのかについて考えてみたい。

そのために、まず江戸時代の文化とはどのようなものだったのかについての全体像をつかむことから始め、次に静岡の代表的な文化のいくつかを取りあげ、それが江戸時代の文化全体とどのような関係になるのかを考える。そして、東海道二十二宿のそれぞれの文化の詳細を検討することになるのだが、ここでは島田宿を例にとって具体的な宿における文化をみることにしたい。

（1）　江戸時代の文化全体の動き

●江戸初期の文化

江戸時代の文化は、一般に元禄文化と化政文化という名で知られている。江戸時代初期の慶長から寛永頃（一六〇三―一六四三）には、長い戦国時代が終わり幕藩体制が整えられる中、文化も落ち着きを取り戻し、京都の公家たちを中心とした文化がにぎわいを見せるようになった。この時期を代表する文化としては、桂離宮、狩野探幽、俵屋宗達、本阿弥光悦などをあげることができる。また、鎖国体制が確立する中で、武士は戦う者ではなく治世を行う社会的リーダーになることが求められ、中国の儒学、特に朱子学が武士の基本的教養とされるようになり、林羅山（一五八三―一六五七）などの朱子学者を輩出する。京都に生まれた林羅山は藤原惺窩との出会いを機に、徳川家康に知遇を得て江戸に出て学問所を開くが、家康が駿府で大御所時代を過ごすに伴い、羅山は深草に屋敷を与えられる。なお、江戸幕府が終焉し徳川慶喜が駿河に移ったとき、江戸幕府の旧蔵書とともに羅山以後の林家が所有していた書なども駿河に移され、それらは今日「葵文庫」と呼ばれ、静岡県の有する貴重な文献資料として保存・管理されている。

●元禄文化と上方文学・浮世絵の始まり

家光の死を機にして、強圧的な江戸幕府の政策を批判する軍学者由比正雪（一六〇五―一六五一）は、幕府転覆を企てる慶安の変を起こしたが、事前に発覚し駿府で自害し、安倍川にさらし首にされ、現在では首塚が静岡市葵区の菩提樹院にある。この事件以降、国内は安定し経済的な発展をみる中で、次第に元禄文化が花開くことになる。

朱子学は、綱吉が武士の本分を弓馬から忠孝であると定めることによりさらに発展を見せ、木下順庵のもとで新井白石たちの門人が世に出た。その他、貝原益軒、中江藤樹、伊藤仁斎、山鹿素行、荻生徂徠などの思想家がそれぞれの立場を説いた。

元禄文化において新しい展開を見せたのが、井原西鶴、近松門左衛門などの上方文学であろう。大阪の町人の出といわれる井原西鶴は、御伽草子、仮名草子に次ぐ浮世草子と呼ばれる新しい分野でその才覚を発揮し、浮世話、つまり世俗話や好色話で一世を風靡した。また、『曽根崎心中』で有名な近松門左衛門は、式楽である能・狂言ではなく、人形浄瑠璃や歌舞伎などの脚本を書き新しい町人文化の分野で活躍した。

美術の分野では、一方では光悦や宗達を琳派が引き継いでいたが、他方では狩野派や土佐派を学んだ菱川師宣が浮世絵を描き、庶民を相手にした風俗画の分野が開拓され始めた。このように、元禄文化を特徴づけるものとして、まずは町人文化の興りを指摘できるが、しかしその中心は江戸よりも上方にあったと見ることができる。

●消費都市江戸を背景とした化政文化

対して、化政文化は江戸の経済的な繁栄を背景としており、大消費都市江戸で花開いた文化といえる。文学においては浮世草子が衰退し、かわって黄表紙や洒落本・滑稽本が流行を見た。また、歌舞伎のさらなる流行を見る中で、人形浄瑠璃は常磐津、清元などの座敷芸へと変わった。

美術においては、写楽、北斎、広重などの浮世絵が絶頂期を迎えたほか、幕府御用絵師となって江戸に移った狩野派や京都絵所預でやまと絵を復興した土佐派などが衰退する中、池大雅（一七二三―一七七六）や与謝蕪村（一七一六―一七八三）をはじめとする文人画が登場した。中国の南画の影響を受けて十八世紀に始まった文人画の流れはやがて江戸でも流行し、その中心となったのが谷文晁（一七六三―一八四〇）や渡辺崋山（一七九三―一八四二）であり、彼らの流派は関東南画とも呼ばれた。

思想的には、賀茂真淵や本居宣長などによる国学が次第に農村部に支持されるようになり、一八〇〇年頃から爆発的に急増する寺子屋では従来の儒学のみならず国学も教えられるようになった。

以上が江戸時代における文化の概略であり、上方の公家や江戸の武士を中心とする文化が次第に江戸町人文化に変化し、それらが全国に伝播していったことが理解できる。では、上方と江戸の間に位置する静岡県の東海道においては、これらの文化の影響をどのように受け、静岡の地で新しい文化がどのように花開いていったのであろうか。

(2) 静岡の東海道を代表する文化人

まず、東海道を代表する文化人として、東部からは白隠、中部からは十返舎一九、西部からは渡辺崋山の文人画の教えを受けた弟子たちを取り上げて、彼らと宿文化との関係について考えてみたい。

●庶民にもわかる教えを説いた原の白隠

まず、「駿河には過ぎたるものが二つあり、富士のお山に原の白隠」とうたわれた臨済宗の僧白隠(一六八五―一七六八)から始めよう。白隠といえば思い出されるのが、「隻手音声」、すなわち両手を打てば音がする、ならば片手の音を出してみよ、という禅の公案である。白隠はなぜこのような公案を自ら考え出し、それが今日まで伝わっているのであろうか。

原宿に生まれた白隠は近くの松蔭寺にて出家し、その後諸国を訪ね歩き、やがて原に戻った。禅といえば、戦いの日々を過ごす武士がその確固とした精神的安定をもつための宗教と一般に考えられているが、とすれば江戸時代に入り戦がなくなれば人々の心は自ずと禅から離れることになってしまうであろう。人々が自らの生死を問うことを忘れ、貨幣経済の発展によって促進される現世利益へと関心が移ってゆく中で、白隠は自ら公案を考え、多くの著作を著し、また絵も描き、居士たちの教化にも力を入れた。

日本で知られている公案のほとんどは、中国における達磨、臨済、趙州たち禅僧の言動にちなんだものである。たとえば、達磨がインドから中国にやってきたのはなぜかといった公案があるが、この話は中国の出来事にもとづいたものである。こうした公案は、たとえば『無門関』のように中国において文献化され、日本の寺院ではそれをいわば参考書のようにして伝えられてきたものである。

白隠は江戸庶民の関心から離れたところのこうした公案に頼るのではなく、片手の音を出せという誰にでもわかる具体的な公案を作ることによって禅を生きたものに甦らせようとした。彼は多くの著作を著し、多くの書画を描き、「坐禅和讃」など仮名を多用することによって、閉ざされた僧の修行の世界だけでなく、広く庶民が禅に関心をもてるように工夫をしたのである。

このように禅を日常生活の中に浸透させようとするエネルギーをもった白隠であったから、伊豆国はもとより駿河、遠江にも白隠の教えを受けたものが多く存在し、またその書の影響を受けた者も現在に至るまで多数存在するのである。

●十返舎一九、駿河から大阪へ、そして江戸へ

十返舎一九の『東海道中膝栗毛』は江戸時代の駿河が輩出した最も有名なものの一つであろうが、その前に同じく駿河の出の恋川春町について一言述べておきたい。

駿河に生まれた倉橋格（一七四四―一七八九）は江戸に出て、恋川春町と名乗り『金々先生栄華夢』（一七七六）により黄表紙の流行の先駆者となった人物である。彼はもともとは浮世絵師であり、『金々先生栄華夢』では自分で絵を描いて鱗形屋から出版した。恋川春町はその後も鱗形屋から黄表紙を刊行するが、一七八〇年に鱗形屋孫兵衛が版元を廃業するに伴って蔦屋重三郎のもとに移った。『東海道中膝栗毛』がこの蔦屋重三郎のもとから刊行され始めるのは一八〇二年のことであるが、それは鱗形屋での恋川春町の遺産を蔦屋重三郎が譲り受けたと

いう出来事の延長にある話なのである。

さて、その十返舎一九（一七六五―一八三一）であるが、彼はもともと駿府に生まれたといわれており、奉行所勤めをしていた武士であった。ところが、駿府町奉行小田切土佐守に従って大阪に転勤することになり、それに伴って一九も大阪に移り住むことになった。大阪では一九は文筆活動をしていたが、ついに武士であることをやめ、文筆活動に専念する決意をする。つまり、先に述べたような元禄時代における上方文学の遺産が一九を育てたということができる。

一九はさらに江戸に出て蔦屋重三郎のもとに転がり込む。そして、やがて『東海道中膝栗毛』出版の機を得て、これが大評判となったために続編などを次々と出版することになったのである。もともと武士であった十返舎一九が自ら武士をやめ、弥次さん、喜多さんという町民を主人公とする滑稽本を書き、それが町人たちに受けたということ、これらは戦のない江戸時代において、文化の中心が武士から町人へと移行している様を垣間見せてくれるものといえるのではなかろうか。

●村松以弘から始まる遠江の文人画

江戸時代における幕府・公家文化から町人文化への推移は美術界にも起こった。公家や幕府と結びついて京都を中心に発展してきた美術の流れが、次第に消費都市江戸の庶民の嗜好に応えるようになったのである。

江戸初期の東海道の美術では、たとえば駿府城には御用絵師として狩野派がいたために、その足跡がいくつか残されている。残念なことに駿府城は焼けてしまったので狩野派が描いた絵は残されていないが、静岡浅間神社には徳川家光が奉納したと見られる狩野探幽（一六〇二―一六七四）の『三十六歌仙懸額』が残されている。

文人画に関しては、たとえば掛川藩の御用絵師であった村松以弘（一七七二―一八三九）の名をあげることができる。村松は掛川に生まれ江戸で文晁のもとで学んだ。その村松のもとに見付宿の旅籠に生まれた福田半香（一八〇四―一八六四）が通い、やがて福田は見付と江戸を中心に文人として活躍するようになり、一八三三年頃以降渡辺崋山とも親しく交わるようになり大きく影響を受けた。

また、江戸に生まれた永村茜山（せんざん、一八二〇―一八六二）は、渡辺崋山が江戸で開いていた画塾に通っており、崋山が蛮社の獄で捕えられたのを機に江戸を去った。一八四八年に金谷宿の組頭であった永村家に婿養子に入ったために長谷川から永村と名を変えた。金谷の医王寺薬師堂の天井には永村茜山による雲竜図と天女図が残されている。

そのほか、東海道の豪家である原宿の植松家や藤枝宿の大塚家には、たくさんの円山応挙や池大雅の作品が存在していた。というのも、植松家には円山応挙の門人となった人物がおり、また大塚家には亀石、荷渓、翠崖という三代に渡る文人たちがおり、池大雅とも交わっていたからである。

また、静岡県下の文人画を語る際に忘れてはならない人物に、伊豆韮山の代官を勤めた江川坦庵（一八〇一―一八五五）がいる。彼は渡辺崋山らと政治的にも文化的にも親交があつく、坦庵自身もたくさんの絵画を残している。

（3）東西を行き交う情報と宿の文化

ここまで東海道の「宿における文化」として、江戸時代の文化の概要、静岡の代表的な文化人についてみてきた。次に、静岡を通り過ぎて東海道の宿々にその足跡を残していった文化について述べよう。

●芭蕉と『野ざらし紀行』

たとえば、江戸中期の俳諧師松尾芭蕉は母の墓参を目的に門人とともに一六八四年から翌年にかけて江戸から東海道を通り伊賀上野に向かい、京都などを旅した後に甲斐を経て江戸に戻った。その旅を記したのが『野ざらし紀行』である。そこには、箱根を過ぎて富士川に至り、捨て子の泣いているのに出会い句を詠み、大井川を越える際には終日雨が降っていた様子などが書かれている。『野ざらし紀行』の中の最も有名な句の一つに「道のべの　木槿は　馬に食はれけり」があり、大井川近辺で詠んだといわれるが、金谷宿長光寺の本堂東にその句碑が建てられている。さらにその金谷宿から西に向かい石畳の坂を上ったところにも、「いと暗きに、馬上に鞭をたれて、数里いまだ鶏鳴ならず。杜牧が早行の残夢、小夜の中山に至りて忽驚」という前文とともに残した芭蕉の句「馬に寝て　残夢月遠し　茶の煙」の石碑が建っている。

『野ざらし紀行』に書かれている東海道関連のものは以上であるが、芭蕉の足跡はそれだけにとどまらない。たとえば、島田市の本町四丁目に塚本如舟と芭蕉の「やはらかに　たけよ　今年の手作麦」に「田植えと共に旅の朝起き」と続けた連句の碑がある。これは、芭蕉が大井川の川止めをされた際に如舟の家に泊まった時の句である。では、なぜ芭蕉は如舟の家に泊まったのか。

塚本如舟（孫兵衛）とは島田宿の川庄屋で、俳人としても名高い人物であった。歴史を遡れば、島田では「助宗」「義助」という刀鍛冶が室町時代から代々名前を継いできた。宗祇に師事し柴屋寺で晩年を過ごした連歌師宗長は、島田の刀鍛冶五条義助の三男として生まれた。そのため、島田市には刀匠の碑や宗長の庵址や「こゑやけふ　はつ蔵山の　ほととぎす」の句碑などが残されている。そして、その宗長を慕って塚本如舟は島田で庵を結んでいたのである。こうして、刀鍛冶→宗長→如舟という歴史のつながりの上に、芭蕉の旅はあったのである。

芭蕉は、如舟のもとに少なくとも二度宿泊したことが明らかになっている。一度は一六九一年一〇月のことであり、「宿かりて　名を名乗らする　しぐれ哉」と句を詠んでいる。そして、二度目が一六九四年六月のことであり、川止めにあって四泊し、先に述べた連歌を残したのであった。

蛇足ながら、芭蕉は丸子宿で「うめ若菜　丸子の宿の　とろろ汁」という句を詠んだが、『東海道中膝栗毛』では、弥次さん、喜多さんが丸子に着いたとき、芭蕉のこの句のことを思い出しとろろを食べたいと思ったが、店のけんかに巻き込まれてしまうというくだりがある。

●東海道に残された歌舞伎文化

静岡には、浦川歌舞伎、湖西歌舞伎、横尾歌舞伎など地元の人々による歌舞伎がいくつか残されている。これも、これらの地を歌舞伎巡業が通った足跡だといえよう。たとえば、佐久間町の浦川歌舞伎には次のようなエピソードがある。尾上菊五郎一座は江戸の火災で小屋を失い地方巡業に出たが、その際尾上栄三郎が病気になり看病のお礼といって浦川の人たちの前で最期の歌舞伎を舞った。一八六八年のことである。その後も村人は歌舞伎役者を呼んでいたが、そのうち自分たちで芝居をやるようになり今日にまで伝えられてきた。現在佐久間町では「歌舞伎の里づくり」を進めている。

そもそも歌舞伎は江戸時代の始まりと同じ一六〇三年に、出雲の阿国が京都で始めたものとされており、江戸時代を代表する芸能である。その阿国は京都から江戸に向かい、一六〇七年二月江戸でもかぶき踊りを披露する。この年の二月一三日から四日間、今春（金春）の勧進能が江戸本丸と西の丸で行われたが、続いて二〇日には「国というかふき女、江戸においておどる、先度の能のありつる場にて勧進をす」という。さらに、翌年の一六〇八年六月二〇日には、「駿府中かふき女ならびに傾城ども多くして、動は喧嘩有り、これにより掃うべき由、大御所曰く」という。京都の遊女が「女歌舞伎」として流行させたものが駿府の町でも流行った様子がわかる。そして、「駿府の傾城町において喧嘩有り、これより阿部河原へ遊女を相移すべき由、下知し給う」と『当代記』には述べられている。こうして、駿府城下の裏鬼門にあたる南西、現在の川辺町あたりに二丁町遊郭ができたのである。

東海道と歌舞伎のつながりということでいえば、単に東海道の宿で芝居小屋が立っただけでなく、逆に東海道の宿あるいは宿はずれが歌舞伎の題材とされ、全国に伝えられたものもある。歌舞伎の演題になった東海道関連のいくつかをあげてみよう。古くは平安時代の足柄山の金太郎の出世話が「嫗山姥」となり、鎌倉時代初期の富士宮の「曽我物語」、戦国時代三方原で家康が敗北を喫した際に家来の酒井の太鼓が武田軍を追い返した「太鼓音智勇三略」などがあるが、江戸時代に入ると、荒木又右衛門が仇討ちを助ける沼津を舞台にした「伊賀越道中双六」、「切られ与三」をまねた薩埵峠の茶店の「切られお富」の「若葉梅浮名横櫛」、由比小雪を題材にした府中の「慶安太平記」、盲目の文弥を宇津谷峠で殺してしまう「蔦紅葉宇津谷峠」、島田宿での恋のすれ違いを描く「生写朝顔話」（原題材は中国の小説『蕣』ではないかと思われる）、そして弁天小僧が出てくる浜松の通称「白浪五人男」、すなわち「青砥稿花紅彩画」などである。（島田市立博物館のそばには生写朝顔の碑があり、金谷町にはモデルとなった日本左衛門の首塚がある。）

（4） 静岡県の東海道二十二宿とそれぞれの文化

さらに詳細に東海道の二十二宿のそれぞれにどのような文化があったかを考えることができる。その際、重要な手掛かりとなるのが大須賀鬼卵（一七四四—一八二三）による『東海道人物志』（一八〇三）である。『東海道人物志』には各宿における「名高き人々」の名前とその得意とする文化ジャンルなどが記されている。作者の大須賀鬼卵は大阪近辺で生まれたということであるが、やがて駿河で画業を営み、日坂の宿にてこの『東海道人物志』を編纂した。時は文化文政の時代であり、庶民の間にもさまざまな文化が広がっていたわけであり、その具体的な様子がこの書からうかがえるのである。

『東海道人物志』がとりあげる人物の数は、静岡の二十二宿を合計すれば三百二十にのぼる。ここでは、その一つ一つにあたることはできないので、島田宿において記されている名前の中から幾人かを例として考えてみたい。まず、すでに芭蕉との関係で触れた川庄屋塚本如舟であるが、およそ百年余りを経た『東海道人物志』には塚本大助が「如舟五世」として記載されており、その得意とするところもまた俳諧である。また、島田宿には本陣が村松、大久保、置塩の三軒あったが、『東海道人物志』の中にも置塩藤四郎、置塩幸三郎、大久保自寛、大久保新右門、村松九郎次の名が見られる。おそらく彼らは本陣を営む家系につながりのあるものと推測される。

そのほか、桑原の名をもつ者が三名あげられており、一人は号を苾堂としている。桑原苾堂（一七八四—一八三七）については、森鷗外が『寿阿弥の手紙』でかなり詳しく触れていることでも知られている人物であり、鷗外は、桑原家は東海道十三駅の取り締まりを任されていた島田の資産家であり、苾堂は詩、書、画を得意としており、崋山の門下である福田半香とも交わっていたという。

その苾堂の妻は置塩ためであり、桑原家と置塩家が親戚関係にあったことがわかる。また、鷗外は、置塩棠園から苾堂について知らせた手紙が来たと述べており、そこでは棠園氏の通称が藤四郎であるとされている。しかし、この置塩藤四郎は『東海道人物志』の中に記されている置塩藤四郎ではなく、大正時代に町長を勤めた人物である。彼は大井神社の恵比寿神社脇奥の「先賢の碑」を建立した人物でもある。「先賢の碑」とは、江戸時代の島田の三賢人、すなわち代官長谷川藤兵衛長勝と長春父子、及び『駿河記』を著わした桑原藤泰を讃える碑である。島田の代官は家康に仕えていた長盛以来代々長谷川藤兵衛を名乗っていたが、三代の長勝は長春とともに水門を設け、水防と同時に用水の確保をなした。三賢人の残る一人の桑原藤泰（黙斎）は、『東海道人物志』に記載のある桑原正作その人であり、苾堂の幼少時に桑原家に養子として入っていた。

ここではこれ以上の言及は控える。より詳細は、島田市博物館刊行の『桑原家展』（一九九三）、『芭蕉と島田の文人展』（一九九八）等に委ねたい。それ以上の詳細は自ら文書にあたり、事跡をたずね歩くほかない。

おわりに

このように、東海道の二十二宿について詳細に見てゆくと、当時生きていた人たちの等身大の具体的な姿がいろいろとわかるようになり興味はつきない。しかし、これらの詳細は、それだけを取り出してみても、それらがもつ意味が十分に理解できず、むしろ煩雑な情報にしか見えてこない。それら子細を色づけ意味を与える目差が必要なのである。

江戸時代の東海道の宿駅や文化についての大局的な見方（マクロな視点）と、それぞれの宿の構造やそこに住んでいた人たちについての詳細（ミクロな視点）との双方が重なり合うとき、はじめて当時の人たちの息づかいが聞こえてくるように思える。その息づかいを現代に生かすにはどうすればよいか。その先を考えるのがわれわれに与えられた課題であろう。

●コラム●

駿府城と城下町

駿府城や駿府城下町の前身をたどると、戦国大名今川氏の時代にさかのぼる。『実隆公記』によると、享禄三年（一五三〇）に駿府で火災があり、二〇〇〇軒余りが焼失したといわれている。その正確な軒数はともかく、いわゆる今川館を中心にして、相当な規模の城下町が発展していた様子がうかがわれる。

しかしながら、今川館のころは本格的な堀や石垣普請などは行われておらず、天守閣が築かれるというようなこともなかった。それゆえ、近世的な城郭や城下町の整備ということでいえば、それはやはり徳川家康によって推進されたといえよう。

家康による駿府城の大改修・整備は、二度にわたって行われた。最初は天正十三年（一五八五）から同十七年にかけてであった。天正十年の武田氏の滅亡と本能寺の変後、家康の領国支配はそれまでの三河・遠江から、駿河・甲斐・南信濃を加えて、五ヵ国の領有へと大きく拡大した。そのため、同十三年から駿府城の修築を開始して、翌十四年十二月に居城を浜松から駿府に移したのであった。

松平家忠のいわゆる『家忠日記』によれば、本丸・二の丸の堀普請や石垣普請が、同十七年にかけて間断なく行われ、小天守の築造も手伝っていることが知られる。今川館時代から比べると、おそらくは面目を一新する城郭の改修・整備であったと考えられる。それにともなって、武家屋敷の整備をはじめとする城下町の建設も行われたが、これを「天正の町割り」といっている。

ところが、天正十八年（一五九〇）に小田原北条氏が滅亡すると、家康は豊臣秀吉の命により、関東へ転封されてしまった。東海地域の家康の旧領には豊臣系大名がいっせいに配置され、駿河一国は中村一氏に与えられた。この中村氏の駿府在城は、慶長五年（一六〇〇）の関ヶ原合戦後に伯耆米子に転封するまでのわずか一〇年間にすぎなかったとはいえ、太閤検地をはじめとして、近世的な施策がつぎつぎと実施された。ただし、駿府城の整備や城下町の経営がどの程度進められたかは、残念ながらよくわからない。

家康による二度目の駿府城の大改修・整備は、慶長十一年（一六〇六）から始まった。秀忠に将軍職を譲り大御所となった家康が居城を駿府に定めたことにより、大御所にふさわしい城郭へと大規模な改修とともに、広壮な天守閣の築造が行われた。家康は翌十二年三月に駿府城に入るが、同年末に築造間もない天守閣は失火で焼失してしまった。しかし、ただちに再建に着手され、翌十三年八月には、早くも五層七重といわれる広壮な天守閣の上棟式が行われた。

城郭の大改修とともに、同十四年からは彦坂光正と畔柳寿学が奉行人となり、城下町の整備も行われた。いわゆる「慶長の町割り」であり、まず東海道がそれまでの本通から新通に移された。武家地のみならず、寺町の形成や町方の整備も始まった。大御所家康の駿府在城時は、将軍秀忠の江戸をしのぐ政治の中心地として、人口は一〇万人とも一二万人ともいわれる繁栄を誇ったのであった。

元和二年（一六一六）に家康が死去すると駿府政権の時代は終わったが、同五年までは徳川頼宣が五〇万石の大名として引き続き駿府城にあった。頼宣の紀州転封後も、寛永二年（一六二五）に徳川忠長が五五万石の大名として駿府城に入ったため、大藩の城下町としての発展がみられた。ところが、忠長が同九年に改易されて以降は大名が置かれることはなくなり、駿府城は幕府の直轄化され、駿府城代が置かれる番城となった。

武家人口は急減し、武家屋敷の多くは明地となり、大御所当時の繁栄は失われて、駿府の人口は一万五〇〇〇から七〇〇〇人程度となってしまった。寛永十二年（一六二五）には駿府城下で火災があり、天守閣も焼失してしまい、以後再建されることはなかった。他方、町方の整備はその後も進み、いわゆる「駿府九十六ヵ町」といわれたように町人の町として発展し、自治的な町政運営が行われたのであった。

（本多　隆成）

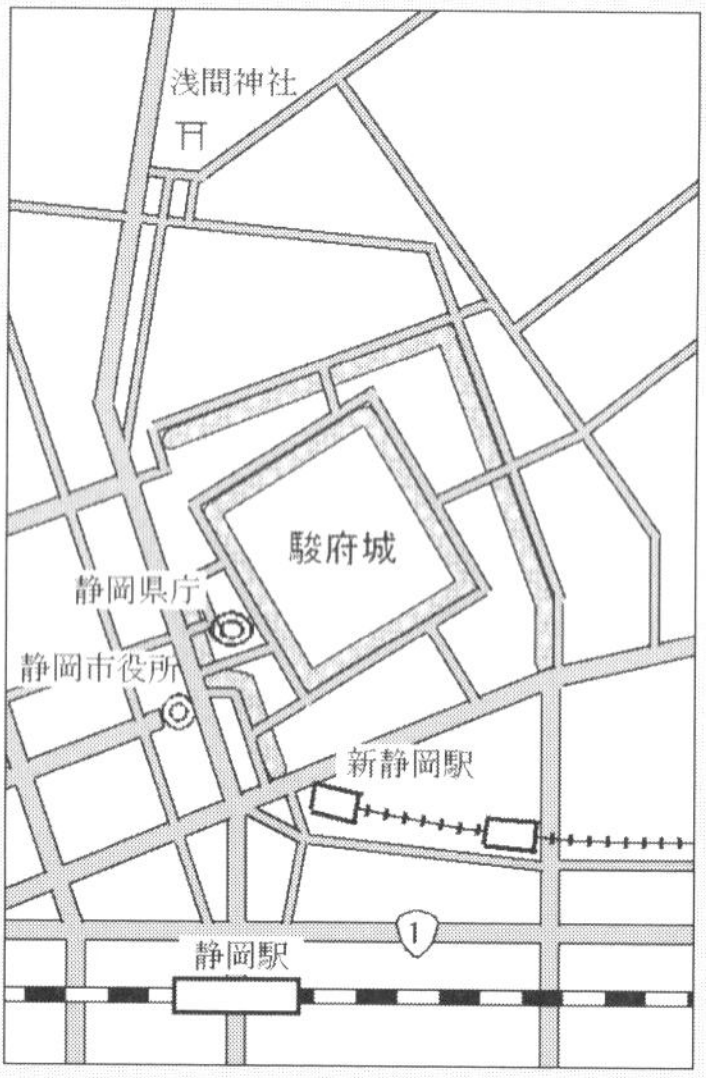

Ⅳ　近現代の静岡

遠州近代―起業家風土を検証する

山本義彦

はじめに

静岡西部、遠州地域の近代から今日に至るまで、全国的に見ても綿紡績業、楽器、自動車・オートバイ、そして光学・光産業などさまざまの旧型、新型を含めて新規産業が生み出された地域として知られている。では起業家風土の形成の観点からそのような地域性とは一体何かを検証するのがここでの目的である。

一　豊田佐吉の織機技術開発

●豊田佐吉の学び

豊田佐吉（一八六七〔慶応三〕―一九三〇〔昭和五〕）は、静岡県敷知《ふち》郡吉津村（湖西市）生まれである。豊田自動織布創立者であった。優秀な宮大工であった父伊吉の長男、夜学舎で勉強し、小学教師からサミュエル・スマイルズ『西国立志編』（Self Help、元は中村正直訳、一八七六年、一八八七年には中村『自助論：一名西国立志編』自

図1　豊田佐吉（1867-1930）

由閣として出版され、今日では竹内均訳『自助論』三笠書房、一九八五年という訳書がある）を教えられ、イギリスの技術者群像にいたく感動したと言われる。また佐吉は、母親が夜なべをして機を織る姿に、少しでもその労苦を解消してやりたいと思ったという。大工職の友人と上京し、内国勧業博覧会を見学、彼はこの博覧会には毎日のように通って、外国の織機をつぶさに調べたという。

●織機の制作

その後織機改良を念願し自宅納屋にこもり工夫につとめ、一八九〇年（明治二三）木製人力織機を発明した。翌年特許をうけ、一八九五年（明治二八）二月一四日糸繰返機を発明して、これが爆発的に売れ、その資金をもって、その後名古屋に出て販売会社をつくる。乙川綿布合資会社を設立（一八九七）し、翌年（明治三一）豊田式木製力織機特許を受け織機改良に力をそそぐ。一九〇六年（明治三九）環状織機を発明する。さらに豊田式織機株式会社、一九一二年（大正元）豊田自動織布工場、さらに一九一四年紡績工場をそれぞれ創立、一九一六年（大正五）自動織機特許を取得した。そして一九一八年（大正七）豊田紡績株式会社を創立した。つまり織機技術開発を皮切りに、織布、紡績へと駒を進めていったのである。一九二一年（大正一〇）上海で豊田紡績廠《しょう》を創立した。これは排日貨運動が燃えさかっていたさなかであったので、日本側が在華紡績会社を設置していた時期に当たる。

これによって中国側の関税による対日輸入規制や、中国人労働力を雇用することで、中国側の反発を回避しようとするものであった。なお自動織機改良に勉め、一九二六年（大正一五）株式会社豊田織機製作所を創立、のち豊田系企業の基をつくる。佐吉の技術開発の威力はついに一九二九年（昭和四）になると、イギリスの織機名門企業プラット社から技術提携を要請され、技術輸出に転じるまでになった。

●技術開発の行程

佐吉の技術開発の行程を見ると、まず江戸時代から続いてきた和製織機に対して、イギリスの織機技術を学ぶことによって、日本の綿紡績・織物産業を新しい段階に導くことになった点で、大きな貢献をしたことは言うまでもない。その際に内国勧業博覧会に出品された織機に幾度も足を運び、その設計を学んだことである。しかしそれ以上に、彼を突き動かした動機は、一八八六年（明治一九）に定められた特許条例であった。この条例によってはじめて技術者の発明について保護されることになったのである。先にあげた『西国立志編』を読むとイギリスでは特許法の成立までに多数の発明技術が無償で利用・盗用され、発明者自身の生活を支えるものとはならなかった苦難の歴史が刻まれている。まさに特許条例の整備が遅れたことに原因があった。

●豊田佐吉と自動車

豊田について最後に述べておきたいのは、彼が日露戦後五年で一九一〇年に渡米して、アメリカではすでにハイウエーが通じ、乗用車が走り回っている現実に驚き、織機技術開発は自らの仕事と考え、息子喜一郎には、是非とも自動車製造に邁進《まいしん》するよう指示したという。アメリカではヘンリー・フォードがT型フォード自動車を開発したのは一九〇六年であった。そこで喜一郎は自動車製造に向かい、一九三九年、日中戦争に突入した頃にはトラック製造を開始し、アメリカ資本と競争する努力を行った。これが今日のトヨタの基盤を打ち立てたのである。佐吉は世界を、世を広く見渡して行動するという視野を持ち続けていたという。「障子を開けてみよ。外は広いぞ」という言葉が残されている。

このように織機技術開発と自動車製造との直接の関連があったのではなく、佐吉の先を見る目がそうさせたのであった。浜松地域で、この他に二輪車、小型車に特化したスズキがあるが、同社の場合は、日清戦争前後に織機製造を開始した鈴木道雄に端を発し、第二次世界大戦期に、国策により織機製造の中断を余儀なくされ、機械製造に転身したことがきっかけで今日に至ったのである。また今日の機械部品やヤマハに協力を行っているエンシュウは鈴木政次郎の織機製造から、戦時下再編を通じてスズキと同様な転身を図った結果である。

二　鈴木藤三郎と食品工業技術

●産業革命の騎手

鈴木藤三郎（一八五五―一九一三）が産業革命の先導的な技術者であるという位置づけは楫西光速《かじにしみつはや》『日本産業資本成立史論』（御茶の水書房、一九六五年）で、筆者が学生時代に読んだことがあったが、しかしそこでも特段鈴木について触れられていず、たんに名前が挙げられていたにとどまる。次いで彼について、私が関心を寄せることになったのは『森町史』編纂《さん》事業に関わった一九八〇年代のことであった。その折に後でも触れる彼の欧米渡航日記を読み、改めて彼の技術研究の大きさを知ったのである。

周智郡森町は、古くから信州街道の中継地であり、北遠の茶、古着商売などの商業の中心地であった。鈴木藤三郎は、森町の古着商に生まれ、養家の菓子商で苦心惨胆《さんたん》の末、氷砂糖の製法を発明した。当時、氷砂糖は中国のイギリス企業から輸入されていて、糖結晶を製造する技術は日本にはなかったのである。いったんは茶商になろうとしたが、ある時、報徳の教えに目覚めた彼は菓子商に戻り、経済合理主義的な報徳の教えを実践し、みごとに利益を上げて、精製糖の生産会社を台湾まで進出させるなど、製糖業界の発展に寄与した。彼は、そのほか、塩・醤油などの新しい製法を発明し事業を盛り上げた。

●驚嘆すべき海外旅行記録

日清戦争直後の一八九六（明治二九）年七月から九七年五月まで、砂糖製法技術の習得のためにアメリカ、ヨーロッパ視察旅行に出かけて、「米欧旅行日記」に記している通り、現地で関連する機械製作技術を獲得し、日本産業革命のリーダーの一人となった。彼が取得した特許件数は一五九件にのぼり、機械の豊田佐吉とともに「発明王」（特許王）と呼ばれた。このときの渡航日記は、まず横浜港から船に乗り込み英語の自習に大変勉め、几帳面《きちょうめん》にも航行中の転航までも細かに記載した。彼はまず砂糖製造の状況を視察し学ぶことが目的であったが、視野を広げてアメリカでは農務省の統計などを取材し、企業を訪ね、実地に製造上の技術を学び、

図２　鈴木藤三郎（1855-1913）

さらに大西洋を越えてヨーロッパに渡り、ここで企業経営の実態や製糖工場の実態に触れ、そこでは機械を設計し、三井物産ロンドン支店を通じて現地に発注するなどの努力を行った。そして労使関係も学んで、幼児の養育施設を配置したイギリスの工場の実態にも驚嘆した。同国ではすでに女子労働力が活用できるような工場側の姿勢を学んだ。そればかりか製糖事業のためには軍事工場としても著名であったアームストロング社をはじめ機械工業、電力事業など細かな観察を行った。同様なことはフランス、ドイツ、オランダ、スエーデンなどでも繰り返し調査を続け、日記にも図解入りで記録していた。そしてヨーロッパを後に、インドを経由して太平洋に戻り台湾における蔗《しょ》農の労働実態を学んで、本国に戻った。つまり彼の調査態度は、単に製糖業そのものに限定せず、原料の生産実態、製糖工場そのもの、そしてこの工場を支える機械製造工場、労働現場と労使関係、さらには動力源としての水力発電事業など、極めて緻密《ちみつ》なものであった。言うなれば資本主義工業化の上流から下流まで一貫して捉えるということであった。今、この記録を読み返してみても決して古記録のイメージではなく、驚嘆すべき技術開発者の探求を見ることが出来る。

東京に居を移してから郷土森町などの商工業発展のために、周智郡実業会と駿東郡実業会を組織してそれぞれの会長となった。この事業者団体の結成は全県に先駆けてのものであった。東海道線佐野（裾野）駅ちかくに報徳思想による農場を経営、農業技術改良に取り組み、衆議院議員として二期、国政に活躍した。周智農林学校（のちに静岡県立周智高等学校）を地元の福川泉吾とともに開設して、地域教育にも尽くした功績は大きい。

●特許王

鈴木藤三郎の特許技術は一八九六年（明治三一）年—一九一三（大正二）年の期間中に先に見たとおりの一五

九件にも及ぶ多数に上ったが、氷砂糖製法・装置・醤油エキス製造のための液汁煮詰製造装置、醤油醸造法、製塩機、蒸気発生機、燃焼装置、乾燥装置、自動精穀機、蒸気缶、魚介煮詰等の汁液乾燥装置、養蚕室用暖炉、生糸乾燥装置、鰊《にしん》枠揚装置など多岐にわたった点で、豊田と異なる。豊田は織機技術に特化していたが、鈴木は食料品製造業分野であったために多面的な技術開発が必要であったという特徴があるだろう。

発明の経路を見ておくとほぼ次のようになる。氷砂糖―白糖製法―東京移転―鉄工部（外国機械依存の克服）―「日本糖業論」―衆議院議員（砂糖消費税反対）―醸造業への進出―在来業者の抵抗と債権者鴻池銀行の圧迫、尼崎工場の相次ぐ失火―製糖業からの脱却―乾燥装置の発明（一九一一年〔明治四四年〕のみで四一件）―「乾燥富国論」で日本醤油の失敗の償い―一九一一年、釧路に鈴木水産工場を設立（乾燥技術と煮沸技術の合体）した。

図3　敵集撃中（鈴木肉筆画）

『乾燥富国論』一九一一年（明治四四）年において「明治四十年……日本醤油醸造株式会社ヲ創立シ（中略）二百年来旧慣ヲ墨守《ぼくしゅ》シタル本邦醤油醸造界ニ一大革新ヲ企テタリ」と述べている。しかしわずかに三年にして経営が行き詰まった。だが「予ノ発明ニ係ル醤油醸造方法及其装置ノ能力ニ対シテハ、昔日ノ確信毫《ごう》モ衰ヘザルノミナラズ奮進ノ念更《さら》ニ倍加シ」たものの、関係者の賛同を得られなかった。広く日本の工業界を見渡せば、乾燥技術の未熟なために一か年にして一億円もの損失を蒙《こうむ》っていると断じた。そこで乾燥技術の革新を行おうとする、と所信を述べている。これは三〇年来取り組んできた蒸発技術の一環であるともいう。この乾燥装置の発明は、食糧方面だけではなく養蚕業の繭《まゆ》の乾燥にも使われたのである。「特許鈴木式乾燥装置」がこれである。同書に鈴木は日本が多湿地帯であるために腐敗を招きやすいことから、乾燥技術の大切さに着目したことが具体的に説明されている。この技術こそは、結晶技術とともに、今日に至るまで人びとが恩恵を受けているものである。

先の図は、鈴木自らが描いたものである。そこには馬上の人である鈴木本人が、敵に襲撃を受けている。これは当時、彼の醤油醸造業経営が近代的で斬新なものであったために、古い体質の業界から攻められて、あえなく経営破綻を招いたことをイメージしている。つまり数歩先の経営技術を採用することが、いかに業界の白い目を向けさせる結果となったことをいみじくも表現しているのである。

●豊田佐吉と鈴木藤三郎

豊田と鈴木による技術開発の共通性を捉えてみるとまず、産業革命の立役者であったことであろう。意外にも知られていないことであるが、鈴木の果たした役割は、豊田（一一九件）を超える発明特許の多さであり、しかも豊田が織機、鈴木が食料品工業と分野が異なっているがともに消費財部門に関する技術開発であったことであろう。一般的に見ても例えばイギリスでは、綿業部門の技術開発が起点であることは知られている。たとえ近年それが消極評価を受けて農業革命を支える鉄車輪の普及と製鉄事業が先行するとされても当然と言えば当然のことながら、その場合でも食糧供給という分野から技術革新が展開されたのであるから、豊田も鈴木も消費財工業技術開発の系譜に属することは自明であろう。また、双方ともに若い青年時代に報徳思想を学んで、勤労をいとわぬ人格を形成したように見える。特に鈴木は二宮金次郎の報徳教の写本を行い、これを栃木県今市の二宮神社に奉納するほどの身の入れようであった。豊田は強烈な外国機械に依存せず、自前の開発を願う意識を持っていた。鈴木もその点は同様であった。

ところが両者に異なった面も見られる。それは次の通りである。前者は織機技術で一貫したのに対して、後者は氷砂糖を出発点とし結晶化技術から乾燥技術、醸造技術などの多角的な技術開発に及び、また必要な機械の製造をも行ったのである（鈴木『乾燥富国論』）。ただ豊田は当時の一般的に求められた織機製造を行う前にかせ繰り機を製造して資金を確保した後に力織機製造にはいるという経営的観点が明確であったし、その後三井物産の資金的供与を得ながら経営を行う点でもマネージメントのことを考慮していたといってよいであろう。しかし、鈴木の場合は特に醤油醸造業では、当時までの伝統的なマニュファクチュア的経営に対して近代工業生産方式に取り組んだために、業界からつまはじきを受け、経営破綻《はたん》を経験することもあった。

三　高柳健次郎とテレビ技術——日本型技術創造の組織化

高柳健次郎（一八九九—一九九〇）は日本におけるブラウン管を利用する電子式テレビ技術開発の草分けとしてすでに著名である。開発当時、世界的には電気機械式による研究が支配的であった。しかしながらその高名にも拘わらず、彼の技術開発の独自性、先端性及び今日の日本にまで通じる問題整理を明確にされてきたかどうかは、私には充分の知識はない。もちろん、たいていの高柳を論評する文書ではこのチーム研究の事実が指摘されている。ただ近代日本産業発展史を検討してきた社会科学者の目から見て、博士の先見性を捉えておく必要があるように思われる。

図4　高柳健次郎（1899-1990）

●高柳健次郎―先進技術への関心

「一歩も二歩も先んじた」技術開発の必要性を深く認識していた高柳の精神は東京高等工業学校（のちに東京工業大学）時代の恩師によって教育された賜物《たまもの》と述べている。その観点からまだようやく音声の遠隔伝播を開始しようとしていたNHK東京放送局の開局前に、彼は「音」が遠くに送られるならば、映像も送ることができるのではないかと考え、テレビ技術の開発に取り組んだ。当時としてはきわめて遠大な夢の構想といってよいであろう。こうして「一〇年後、二〇年後を見据えた」技術の創造が可能となった。東京高等工業卒業間近、同校電気科長の中村幸之助教授（後初代東京工業大学長）訓話に激励されたのである。当時としてはアメリカでもまだ実行に移されていないことであった。

ここで忘れてならないのは、彼が電波に興味を持ち始めたきっかけである。小学三年生の頃、学校に海軍の水兵がやってきて見せてくれたモールス信号のデモンストレーションに感銘をうけた。一三歳の頃に起こったタイタニック号沈没事件では、米国の一無線技師サーノフ（後のRCA社長）がこの惨事を無線でキャッチし、これを全世界に無線で伝えたことを新聞記事で知る。その後の高柳健次郎と「無線」との結びつきの始まりだった。また小学生時代には体が弱かったけれども、こつこつ勉強すれば何でも分かるのだという思いを持つようになったという。これらのことは本人の回想記『テレビ事始』に述べられている。また回想記では、ふるさとの偉人豊田佐吉に関心を持っていたという。

●豊田佐吉の技術と高柳の技術開発

豊田の特許条例による意欲が織機技術の開発に向かわせたことはすでに見たとおりであるが、その技術の特徴がto copy and to imitateともいうべき、日本近代技術の特色を系譜に持っているといってよいだろう。これに対して高柳はラジオ放送にヒントを得て、電子技術に基づくテレビ実験や映画、蓄音機など独創性と先見性の点で、新しい技術開発者としての特色を持っているといってよいだろう（「無線遠視法」の着想）。両者の共通点、異質性は何であろうか。それは一貫したテーマ性を持つ点で共通性があり、他方で前者は技術模倣を基盤にし、後者は先発性と独創性があったといってよい。

●高柳健次郎の先進性の保障

それには浜松工業高等学校の関口壮吉校長の役割が極めて大きい。言うならば若い二〇台半ばの未知数の研究者に対する深い信頼とその先駆的視野への「技術の目利き」＝評価能力のたかさであり、しかもその研究を推進させるためにリーダーシップを発揮して必要な経費の特別措置を図るために当時の文部省とも掛け合って多額特別資金を獲得し、これを高柳に供与した態度は、大いに賞賛に値するであろう。気宇壮大なかれのアイディアを尊重し、資金面での心配を解消しようと奔走した校長の先見の明がなければ、その先進性を支えることが困難であったことは言うまでもないだろう。

●高柳の技術開発とその組織化

高柳が研究を推進する上で意を用いたのは「チームワーク」による研究であったという。その考え方の基礎に

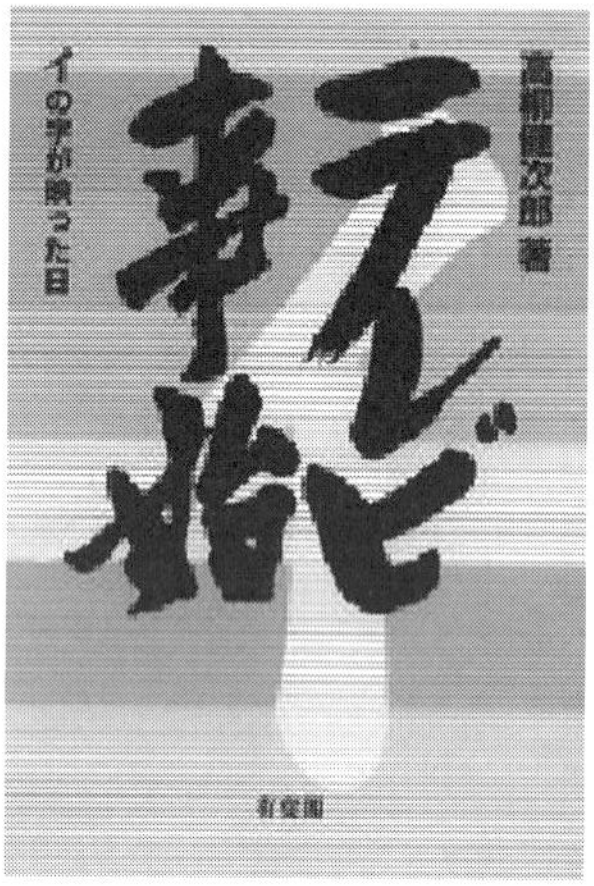

図5　高柳健次郎の著書

は個人プレーよりも組織性、集団主義を重視するという彼独特の発想があった。彼は人間一人の能力には限りがあると認識しており、そのためには多様な能力を活用して研究集団としての英知を結集するという姿勢があったのである。一九三五年（昭和一〇）一一月、浜松高工式アイコノスコープによる撮像管とブラウン管を用いた、走査線二二〇本の全電子式テレビジョンを完成した。「このアイコノスコープの共同研究は、わが国の産業技術の研究開発史上おそらく最初の、短期間に実質的な成果につながったプロジェクトチームと言ってよいのではないかと思う」（高柳）。

●現代に生きる教訓

日経フォーラム第六回世界経営者会議二〇〇四年一〇月一九日でのシャープ社長町田勝彦氏発言「横断的組織で活力」、オンリーワン商品の創出には三つの経営の仕組みがある。一つは徹底した「技術の融合」。独自デバイスから特徴ある商品を生み出す縦の技術融合と、通信と映像など多様な分野による横の技術融合がある。この指摘を高柳に当てはめれば、チームワークによってそれぞれの認識を集めるということに通じるであろう。

そのために社長直轄で全社横断的に人材を集めた「緊急開発プロジェクト制度」を一九七七年に導入した。現在も十数チームが活動中で、オンリー ワン商品を生み出す源泉となっている。カンパニー制や分社化では自分の属する組織の利益を最優先に考えがちだ。会社全体の利益が二の次となれば、オンリーワンは生まれてこないと思う。

第二は人材を最も大切な財産とすること。長い期間をかけて独創的な商品を作り出すには腰を据えて取り組める環境が必要。終身一雇用を基本方針としているのはそのためだ。製造現場での卓越した技能者の育成、技能伝承も欠かせない。高柳の言うそれぞれの人の能力への信頼がこれであろう。

三つ目は生産ノウハウのブラックボックス化。苦労して生み出した生産技術も簡単に社外流出しては意味がない。同年一月に稼働した亀山工場（三重県亀山市）ではラインの入場制限などを徹底している。経営者として心がけているのは「社員と夢を共有する」こと。まさに高柳自身が一〇年後、二〇年後の将来に夢をはせる姿勢こそが共同研究チームの若い人びとに感銘を与えたであろう。

●テレビジョン技術開発を支える長期にわたる研究体制

それには「長期的課題に取り組む意欲」と、「目利き」と「資金」、そして「研究チームの組織化」の三位一体が必要であり、「研究の評価」を、「世界的な技術競争」と「短期的勝負師」の観点からではなく、長期的な観点から、何よりも根本的な科学する深い視野が求められていることを強調することが重要である。というのは高柳が研究する際に、実に多くの欧米の科学関係情報を広く探索しつつ、課題を設定していた事実があるからである。人はえてして時代の激流に翻弄され、成果競争に追い込まれて、時にはあやふやな結果までも名を残す発明であるかのように装う誘惑にも駆られるものだろう。

四　本田宗一郎とオートバイ

●丁稚奉公の時代から

本田（一九〇六年―一九九一年）を読み解くのに、自叙伝を通じて見ておくことにしよう。本田は磐田郡光明村（後の天竜市、現在の浜松市天竜区）に生まれた。高等小学校卒業後、一九二二年に東京の自動車修理工場「アート商会」に入社（当時の表現で「丁稚《でっち》奉公」）。一九二八年にのれん分けの形で、浜松市に支店を設立して独立した。その後自動車修理工場の事業は順調に拡大したが、本田はそれに飽き足らず「アートピストンリング研究所」を設立してピストンリング開発に取り組む。一九三七年には浜松高等工業学校聴講生となる。一九三九年にはアート商会浜松支店を従業員に譲渡し、ピストンリング製造を手がける「東海精機重工業株式会社」の社長に就任した。

●技術のマネージメントと経営

本田は会社の判子を藤沢武夫に預け、会社の経営はすべて藤沢に任せていた。本田自身は技術部門に集中し、後に「藤沢武夫がいなかったら会社はとっくのとうに潰《つぶ》れていた」と述べており、藤沢も「本田がいなければ、ここまで会社は大きくならなかった」と述べている。また両者は、「会社は個人の持ち物ではない」という考えをもっており、本田と藤沢は身内を一切入社させず、本田は晩年、自らの名前を社名に冠したことを後悔したという。

藤沢は良質の車種を製造するにはコストがかかるので、量産型、大量販売で対応した。藤沢はそのために全国の自転車販売業者に「動力つきの自転車を手に入れる気はないか」と手紙を出し、これをきっかけに販売網をセットした。

●社長が偉いわけではない

「社長なんて偉くも何ともない。課長、部長、包丁、盲腸と同じだ。要するに命令系統をはっきりさせる記号に過ぎない。」「最高のエンジンを作るよ。」（この言葉を聞いたアイルトン・セナは感激の涙を流した）等がある。一九八七年、ホンダがロータスにエンジンを供給し、セナとホンダとの蜜月関係が始まる。この時に本田宗一郎が直々に「君のためにエンジンを作るよ」と言ったことに感激したという。一九八八年にはホンダエンジンを獲得したマクラーレンに移籍し、アラン・プロストとの最強タッグを結成した。同年、初のF1チャンピオンを獲得する。が、この頃からプロストとの確執が表面化した。これは一九八八年ポルトガルGPでのプロストに対する幅寄せ事件に始まり、一九八九年サンマリノGPの紳士協定違反、同年及び一九九〇年日本GPでの両者の接触に至るなど後味の悪いものとなった。その後も一九九〇年、一九九一年のチャンピオンを獲得し、ホンダF1黄金時代の立役者となった。

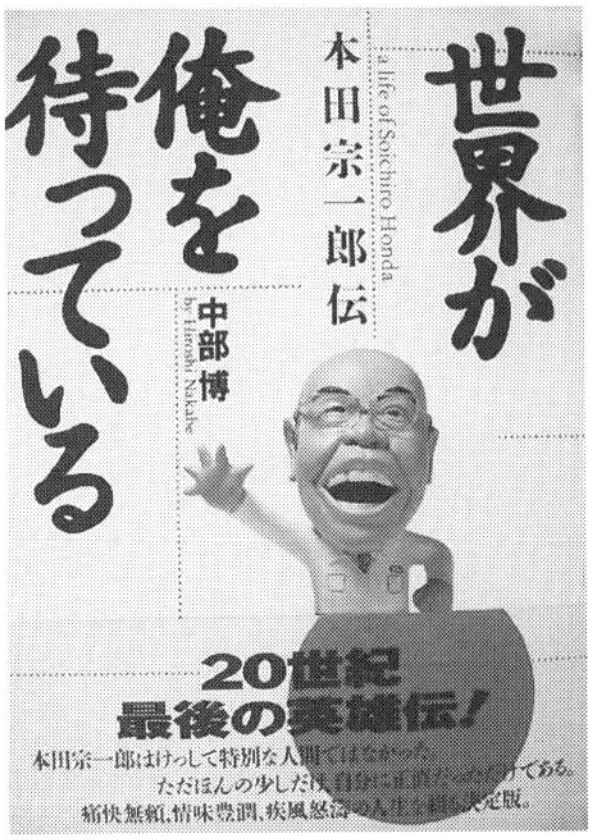

図6　本田宗一郎の伝記

●戦時下から戦後の本田

一九四二年には東海精機重工業がトヨタから出資を受けたことに

伴い、同社の社長に「トヨタ中興の祖」とも呼ばれた石田退三を迎え入れ、自らは専務に退く。一九四五年九月には、自らの持つ東海精機重工業の株をすべて豊田織機に売却して同社を退社、「人間休業」と称して一年間の休養に入る。一九四六年、浜松市に本田技術研究所を、一九四八年、本田技研工業株式会社を浜松に設立し、二輪車の研究をはじめる。一九四九年に後にホンダの副社長となる藤沢武夫と出会い、以後藤沢とともにホンダを世界的な大企業に育て上げる。

●技術者本田の本領

本田は、腕の良い金属機械職人であった父親の技能を引き継ぎ、技術者として成功を収めた人物である。しかも遠大な理想としては欧州のF1レースで栄冠を納めることの出来るオートバイ開発に意を用い、またその後も、彼の理想を求める思想に共鳴した技術陣が、一九七〇年代の公害防除のためのエンジン開発などに進めることが出来た。しかも技術者としての本田はその才能の特化に勉める一方で藤沢武夫という希代の名経営者にマネージメントを任せた点でも際だった特徴を持っている。技術者はこれまで歴史的には、技術の最高水準を追求する能力を持つ場合、マネージメントの能力も備えていることは極めて稀であろう。そうした場合、経営の才覚は、優れた人材を得ることで補われるのである。

本田の技術開発の特色はいずれかと言えば、豊田佐吉に似ていると言えよう。というのは、一貫して二輪車の技術開発に携わったからであり、まだ自社で開発に成功していない段階で、驚くような高い目標を掲げ実現する、そして世界でオンリーワンを目指すという目標を設定した本田と、外国勢に負けない織機開発を願った豊田とは時代の違いを感じさせはするけれども、ともにトップを目指すという点で同様であった。しかも本田の場合、二輪車開発の基礎が自動車技術にある以上、軽四輪から小型車の製造を行うことは道理にかなっていたのである。本田の経営方針には、上司と部下の分け隔てを極力排して、全員平等に力を出せるように努め、特に顧客の満足を第一にすることが開発の喜びになるという認識が脈打っていた。そして世のため、人のためというのである。これはそれ自体経営哲学としても興味深いものがある。

おわりに

●浜松地域の起業家精神

さて本稿を閉じるに当たって、この静岡県西部浜松という地でどうして近代産業発展史における技術者が多数輩出してきたのであろうかという点を考えてみたい。実は今回取り上げた人物像はまだまだこの地の群像の代表的なわずかの人物に過ぎない。この他にも山葉寅楠《やまはとらくす》をはじめとする多数のピアノ製作技術者、織機の鈴木道雄、鈴木政次郎、そして第二次大戦後の多数のオートバイメーカーなどがあるだろう。この土地柄が前近代社会からの引き継がれた長い綿作地であり、それが明治中期の外国綿花への依存を基調とした近代綿糸紡績工業の発展によって衰退した経験を受けて、その他の生産工業への進出を図る中で、多様な産業的取り組みを引き起こしたのであろう。

しかも豊田、鈴木、高柳、本田と辿《たど》ってくると、この地が近代工業の情報を得やすい条件を持っていたことも大きい。彼等は何れも東京や横浜で最新情報を学び取って、事業に取り組んだのである。またオートバイや織機の取り組みにも見られるとおり、多数の技術者が切磋琢磨《せっさたくま》の競争を繰り広げて残ってきたメーカーが今日に発展をしてきたのである。

実際この他に福田の別珍コールテンの一大産地形成についてみても、それは東京、大阪の中間点という地の利を抜きには説明できないであろう。このように描写してみると、静岡県西部は物づくり県静岡の中でもその中核地域となってきたことを知ることが出来る。しかしそれは近代工業生産に関わってのことであるだけに人びとの目には、ことのほか大きく見えるであろう。その要領で見た場合、静岡県の他の二つの地域、中部や東部では、漁業、農業といった自然資源の面での物づくり地域であり、それにふさわしい先駆的な技術改良の努力が払われてきたことも見落としてはならないであろう。そしてそれには人材も輩出するのである。豊田、鈴木、高柳、そして本田は、何れも高い目標、広い視野、さらには徹底的に持続的な探求する能力を兼備し、部下に命令を一方的に押しつけるのではなく、自ら取り組む中で教訓を示して行くという意味で、極めて高い教育能力を持った人材であった。特に本田については、多様な趣味を玄人《くろうと》はだしでこなす中から、多角的な見方を獲得し、それを経営にも生かしていたのではないかという回想記録が多くの周囲からも語られてきた。おそらく優れた技術者は、尊大とは無縁であり、事実に誠実に向き合う、科学する心を持った人材でもあるのだろう。

●技術者と経営能力

近年、技術者が同時に経営能力も問われる、その両側面の資質を持った人材の育成が求められるとしばしば指摘されている。その場合、想定できるのはアメリカで特に二〇年以上も前に見られた大経営からスピンアウトしてハイテクベンチャービジネス的に新規産業に取り組んだ多数の技術者像があるように思われる。確かに一定規模以上の旧来の事業体にとって新規産業への取り組みという、リスクを背負う経営を行うことに躊躇《ちゅうちょ》することは事実である。そのことから新規産業は小回りのきくベンチャー型が適切ということはあり得る。しかし近代産業技術史を捉えてみると、その多くは、絶えざる実験と試行の中から新規事業が形成されてきたのであり、いわば以前からこのように存在してきたことを考えれば、経営手腕を持った技術者の必要性を理解することは出来るが、そのような兼備を期待するだけではすまないであろう。例えば、豊田にせよ、鈴木にせよ、また本田にせよマネージメントは担当者任せか、担当者のいない場合は苦難を強いられていた。この点、高柳のように教育・研究機関での開発は技術面でのマネージメントは十分にこなすことが出来ても、資金面ではやはり理解ある校長の存在のように、二つの才能を発揮することの出来る人材はそれほど容易に発掘できない。実際には理解を持つということと、それぞれにマネージメントすることとは同等ではない。一部の優れた人材には両刀遣いもいることを承知してなおかつ、それぞれに特化した能力を期待しつつ、双方をつなぎ合わせる経営の力こそが現実的であるように思えてくる。

参考文献

静岡県科学協会『黎明期に於ける郷土の科学者』一九四四年
社会経済史学会『近代企業家の発生――資本主義経済成立の一面』有斐閣、一九六三年
楫西光速『豊田佐吉』吉川弘文館、一九八七年
豊田佐吉翁正伝編纂所『豊田佐吉』一九三三年
鈴木五郎『鈴木藤三郎伝』東洋経済新報社、一九五六年
高柳健次郎『テレビ事始め』有斐閣、一九九〇年
本田宗一郎『私の手が語る思想、技術、生き方』講談社、一九八二年
本田宗一郎『やりたいことをやれ』ＰＨＰ、二〇〇五年

本田宗一郎『得手に帆を上げて――本田宗一郎の人生哲学』三笠書房、一九九二年
藤沢武夫『経営に終わりはない』文春文庫、一九八六年
藤沢武夫『ホンダをつくったもう一人の創業者』マネジメント社、一九九八年
山本義彦「高柳健次郎博士とテレビ技術の開発――日本型技術創造の組織化」『静岡大学電子工学研究所高柳健次郎国際シンポジウム』（二〇〇四）
山本義彦「産業革命期の特許王・鈴木藤三郎」静岡県近代史研究会編『近代静岡の先駆者』静岡新聞社、一九九〇年
山本義彦「起業家創出県静岡の風土と未来」静岡総合研究機構編『静岡県・起業家を生み出す風土』静岡新聞社、一九九九年
山本義彦執筆『森町史通史編・下、近現代』一九九八年、同資料編四近現代、別冊「諸家日記」中の鈴木藤三郎「米欧旅行日記」一九九五年
山本義彦　静岡放送テレビ放映記録、湖西市教育委員会編『湖西の生んだ偉人豊田佐吉』一九九〇年
山本義彦執筆「産業革命期の静岡県」静岡県教育委員会編『静岡県史通史編近現代』第一巻。

なお山本義彦　ＮＨＫ放送局「浜松　発明の大地」一九九六年二月一日は豊田佐吉、山葉寅楠、鈴木藤三郎、高柳健次郎の技術開発と遠州地域の関連について放映した。また本田宗一郎については一九九九年三月九日の静岡県総合研究機構シンポジウム「起業創出県　静岡の風土と未来」での筆者報告に依拠している。本稿の内容もその多くをこれらに基礎を持ち、整理し直している。

●コラム●

高柳健次郎とアイコノスコープ

一九二六年（大正一五）一二月二五日、「日本のテレビの父」といわれる高柳健次郎（一八九九―一九九〇）は、日本で初めて「イ」の文字をブラウン管に映し出す実験に成功した。これは、イギリスのベアード（John L. Baird：一八八八―一九四六）が機械式によるテレビジョンの実験に成功した翌年のことであり、世界的にみてもテレビジョン開発の画期をなす出来事としてあまりにも有名である。

このとき高柳が開発した実験装置は、画像を取り込む撮像側にニポー円板と呼ばれる機械式の装置を用い、受像側には電子式のブラウン管を用いた、いわば折衷式の装置であった。しかし、高柳はそれ以前から全電子式テレビジョンの開発を目指していたのであり、その意味ではこの装置の開発は一つの通過点にすぎなかった。

一九三三年（昭和八）、アメリカに亡命していたロシア人、ツヴォルキン（Vladimir K. Zworykin：一八八九―一九八二）は、その後のテレビジョン開発にきわめて大きな役割を果たすことになる「アイコノスコープ」を発明した。アイコノスコープは、送ろうとする画像をその明暗に応じた電気信号にかえる装置で、この撮像管の発明が全電子式テレビジョン開発の重要な基礎となった。この時点までに、高柳自身もアイコノスコープの基本原理となるアイディアを得ていたことから、さっそく渡米してツヴォルキンらと意見交換を行い、帰国後、共同研究チームを立ち上げてアイコノスコープの独自製作に取り組んだ。そして一九三五年（昭和一〇）、ついにアイコノスコープの試作品が完成し、つづいてその撮像方式を採り入れた全電子式テレビジョンの開発に成功したのである。また、その後の改良の結果、一九三七年（昭和一二）

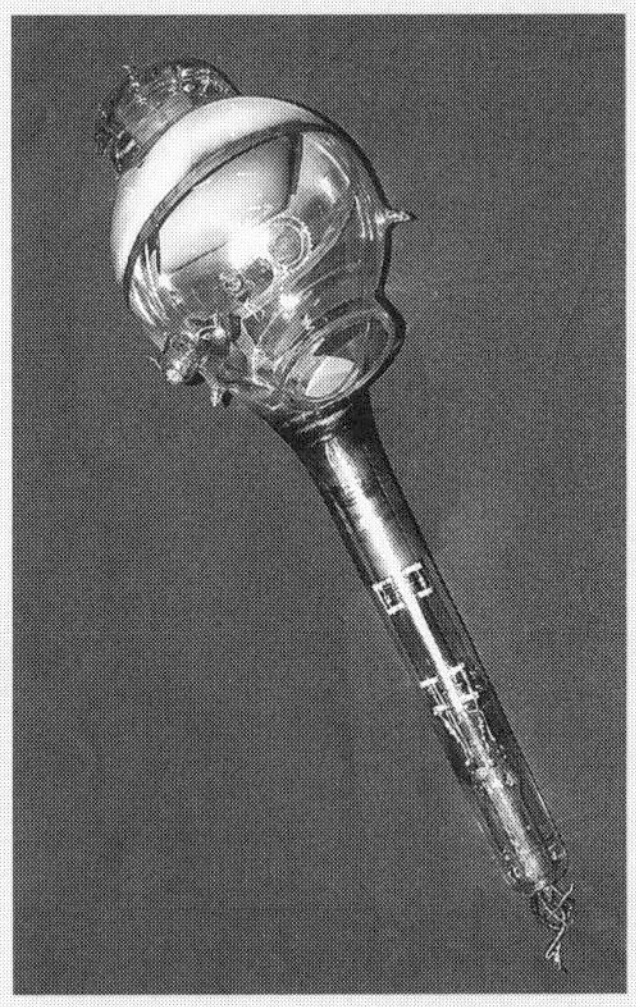

アイコノスコープ

には、当時世界最高水準の走査線四四一本、毎秒三〇枚というテレビジョンを完成させたのである。

高柳健次郎は、一八九九年（明治三二）、静岡県浜名郡和田村（現浜松市）に生まれた。はじめは教師を目指して静岡師範学校（現静岡大学教育学部）に入学したが、そこで物理学、とくに電子による蛍光発光に強い興味を抱き、つづいて東京高等工業学校（現東京工業大学）に進学した。同校卒業後は神奈川県の工業学校で教師をしていたが、一九二四年（大正一三）、浜松に新設された浜松高等工業学校（現静岡大学工学部）に助教授として迎えられた。これが大きな転機となり、資金面での協力を惜しまなかった校長のもと、かねてより構想していた「無線遠視法」（テレビジョン）の本格的な研究がスタートしたのである。

戦前、戦後をつうじて、高柳は日本のテレビ開発のリーダーとして活躍した。一九五九年（昭和三四）、世界に先駆けて2ヘッド方式のビデオテープレコーダーを完成させたのも高柳である。これらの功績により、一九八一年（昭和五六）には文化勲章を受賞し、また、一九八八年（昭和六三）には静岡大学から名誉博士号を授与された。

二〇〇七年一一月、静岡大学浜松キャンパス内に「高柳記念未来技術創造館」がオープンした。同館では、アイコノスコープをはじめとする高柳の実験装置を展示・保管するとともに、高柳の精神を受け継ぐ研究者たちの最新の研究成果を紹介している。また、初期の頃からのテレビコレクション（藤岡コレクション）も展示されており、テレビの歴史を直接目で見て学ぶことができる。

同館は月曜日と年末年始などが休館となるが、観覧は無料である。浜松の産業史を知る上でも、一度は訪れておきたい施設である。

（滝沢　誠）

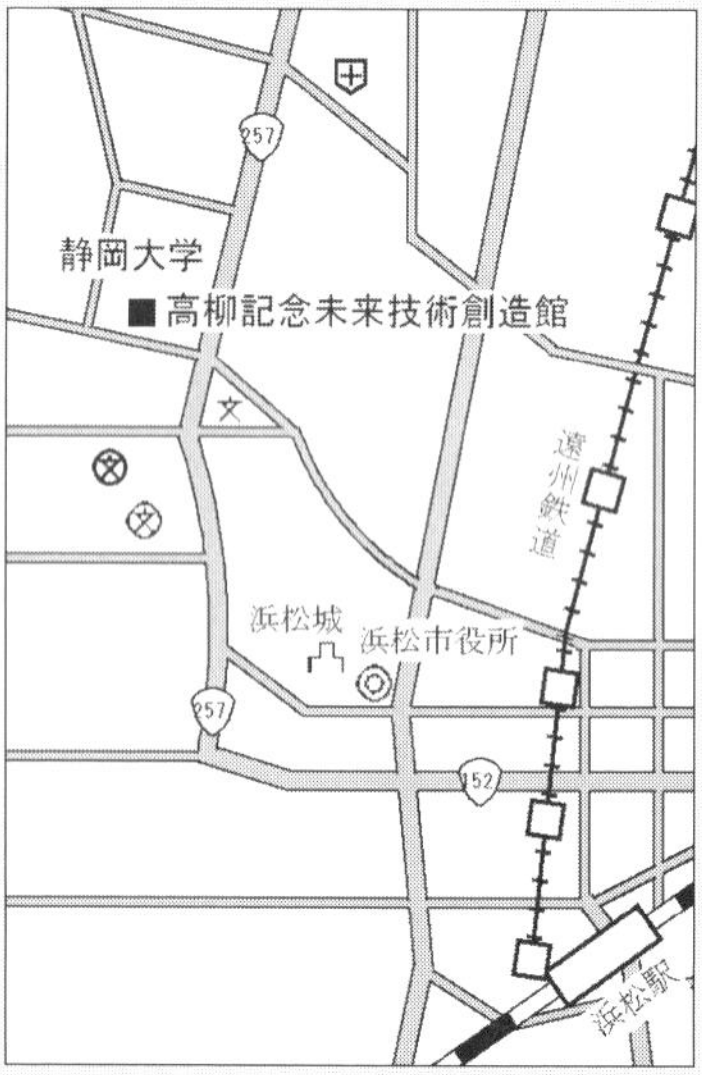

静岡の地場産業　歴史と現代
——伝統産業を基盤に産業が発達した中部地域——

山本義彦

はじめに

静岡市域を中心とした、産業の発展に見られる特色とは何であるか？　そして今後の展望はどうであるのか？　これが本稿の学習目的である。これを考える上で対照的なのは、浜松市域であろう。というのは前者が明治時代以前から続く伝統的な零細技能産業が特色であるのに対して、後者は、近代に入ってからめざましく発展した綿工業を軸に、多くの機械金属下請工業を従えた楽器、二輪車など高度成長期に大きく羽ばたいた企業体を輩出し、その歴史的背景に電子工業、光産業をはじめベンチャー企業、下請工業の新たな展開を現在に至るまで持続させてきた。ちなみに明治末期の産業革命時代には静岡が浜松の人口をこえており、さらに産業的にも、伝統的分野を中心に発展していたのである。

たしかに浜松地域は、この意味で、躍動感あふれる起業家マインドがみなぎってきたと思われる。静岡地域はこれに対してどのような展開を見せてきたと言えるのであろうか？　今、静岡市は新たな分野であるコンテンツバレー構想の下に新たなベンチャーを創成させようと力を注いでいる。

一　伝統技術を基盤とした産業

●サンダル

サンダルは、伝統的産業であった杉下駄業者が、一九五〇年代の石油化学工業による塩化ビニールの製造が本格化したことで、安価な原材料が供給されたことに伴って、サンダル製造に転換したのである。当初は国内の杉下駄代替製品として役割を果たし、高度成長後期には、アメリカ西海岸への輸出に力を入れ、一九七三年石油危機以降は、アフリカをはじめ中近東方面へと多角化していった。しかし石油危機後の低迷する日本経済の状況変化で、輸出は伸び悩み、再度内需中心の市場環境が形成された。むろん、より高級感のある付加価値の高度化を通じて新たな市場開発を期待してのものであった。

●木製雑貨

木製雑貨は、伝統工芸品にも当たるさまざまの木製雑貨品が継承されてきた。一九一〇年代に産業革命を果たしていった日本はいち早く海外に雑貨品を輸出することで、外貨を稼いでいたことは当時の新聞が伝えるところである。日本はこのように長く中進国的立場であり、貿易政策としても、これら雑貨品の輸出増進に努めていた。一九二五年の重要工業組合法や一九三〇年の重要輸出品工業組合法は何れも対象を中小零細工業にあて、しかも輸出増進による日本経済発展を期待するものであった。当時の工業構造は海外原材料を前提とする重化学工業製品が国内市場向けであったために、何としても外貨獲得を必要とする立場から、綿製品、雑貨品等軽工業製品を海外輸出に向けることで、外貨を獲得することが重視された。

家具は、漆器製造業の転換、その外仏壇仏具とともに、高度成長期に発展する。市場の対象は中級品であったので、より広がりを持つ市場環境によって、繁栄していった。しかし需要が一巡すると、とくに一九七〇年代以降の成長率の低下とその後の不安定化が、人びとの嗜好《しこう》を、やや高価であっても、付加価値の高い差別性が期待されるものへと転換した。こうなると中級品生産で市場を獲得していた静岡の家具業界は、不信を招くことにならざるを得なくなった。とくに静岡の仏壇・仏具は新興宗教の発展によって、中級品を中心に市場が大いに開けていった。実際、かつてと異なって、昨今の静岡家具業界で好評を博しているのは、量産型ではない高齢化時代にマッチした椅子など、アイディアに富むものである。

●雛具・雛人形

雛具・雛人形は、明治時代から、静岡に栄えた零細家内手工業的製造業である。しかも埼玉の雛具製造業とタイアップして発展を遂げてきた分野である。高度成長期は、家族の単位が小家族化したことによって、市場は拡大した反面、住宅事情から、規模が小さな製品で良くなったという状況も手伝って、数をこなすものの、高価なものへの需要はそれ程高まったわけではない。そして何よりも雛具を飾る伝統的な生活習慣も、消滅していった。

●駿河漆器、蒔絵、指物、塗下駄、竹千筋細工、挽物、雛具・雛人形、井川メンパなど

多彩な伝統産業が存在するが、漆器の外は多かれ少なかれ、江戸時代になって、集められた技能集団を出自としていることが特徴であり、伝統工芸と呼ばれてきたが、後継者の獲得難が共通する問題であろう。何れも高齢化を迎えていて、問題含みである。とはいえグラスの足の部分に独自の方法で漆を塗り、ネックレスをイメージした金線を入れて仕上げる、また駿河漆器と駿河蒔絵をつけたオリジナルペンダントで、年間、季節を問わず使用でき、ヒモはシルクにする、さらには駿河蒔絵《まきえ》のように、漆器に漆などを塗り金銀の粉などを蒔き、絵や模様などを描いた伝統技術を前提にした今日的感性と結合したことで、身の回りの品にその技術を活かしてきた。駿河蒔絵は、日常生活に本物の感性を届けるなど、時代の推移に即した新製品の開発を行っている。駿河漆器は近代に入ってからもとくに明治、大正期には立派にアメリカなどに輸出される産業でもあった。駿河塗下駄は漆塗、蒔絵という伝統的な技法によって作り出され、美しい色彩とユニークなデザインがかもし出す独特の世界が最大の魅力を持ち、現代生活の中で、「はきもの」に止まらず、装飾品としても提供されてきた。

●プラティックモデルキット

プラティックモデルキット（通称プラモデル）は、静岡市、旧清水市域を中心に、大きな産地となった。もとは木工の模型飛行機が、第二次大戦前の教育上求められて、制作されていた。しかし戦後、高度成長期の石油化学工業の定着によるプラスティックスの製造をきっかけとして、飛行機モデルはプラスティックスを材料として制作が容易となったのである。メーカーは静岡市と旧清水市でしのぎを削る競争を通じて、それぞれ特化した内容の製品を製造していった。各国の航空機、軍用機、戦車、戦艦、競争用自動車など多彩であった。それだけではなく、このプラスティックスを材料とした点では、そもそも安価な原油がアラブから輸入が可能であった事情が加勢した。またメーカーも、子どもの受容関心に対して敏感に、販売に当たってはアンケート調査はがきを挿入するなど、さらには競走自動車モデルやラジコン飛行機モデルなどの競技会を組織することも行った。さらには国内市場だけではなく、アメリカ、ヨーロッパへの売り込みに努めてきたことなども、販売条件の改善に大きく貢献したのである。その後、子どもの遊びに大きな変貌を与えたのは、一九七〇年代末からの技術革新を挙げておかなければならないだろう。ゲーム機器の登場がこれである。これはＩＴ技術の子ども用遊具への応用であった。

●地域的特色＝一般製造業

旧清水地区には、第二次世界大戦下、京浜工業地帯の軍需工業が戦時疎開で移転し、機械金属工業が進出していった。アルミニウムなど軽金属工業の進出はこれを代表している。また第一次大戦前後には地場の漁業やみかんをバックにした、缶詰工業の発展を前に製缶業やこれに関連する金属工業、静岡茶町の茶市場を背景とした製茶輸出に支えられた清水港の発展もめざましく、大正期の港湾整備を通してその存在感を高めていった。関東大震災後、東京深川から移ってきた製材業、合板製造業など一大製材工業産地として発展するなど変貌を遂げる。さらに、やはり第一次大戦前後の経済発展の中で、中国東北部（旧「満州」）の大豆をあてにした製油業も形成された。造船業の場合も、地場の中小企業の外に、進出企業も登場した。当時、静岡県議会でも、こうした重工業の進出が、沿岸漁業の漁場を、廃液などで汚染する危険性が指摘され、これをいかに排除するかが課題となったほどである。また旧静岡市内では、第二次大戦前、木工業、漆器製造を基本に、これらを支えるさまざまの機械金属工業が形成されていた。これらはその多くが、生業的な零細工業であり、市民の日常生活を支える基盤ともなっていた。

●茶

静岡市内の茶業は、幕末開港期以降の政府による殖産興業政策に励まされ、明治中期にはヨーロッパ方面に、その後、明治後期にはアメリカ方面に輸出されることで、育成された。清水の有度山杉山報徳社では積極的な茶業農家育成が図られた。製茶業が発展を遂げ、静岡茶市場が、全国的にも著名な市場となり、静岡県全域を最有力の茶産地にする役割を果たした。茶輸出はその後、昭和初期には衰退したとはいえ、依然として静岡県や静岡市の海外市場での役割の重要性には変化があったわけではない。第二次大戦後、一時的に戦後復興の財源確保の意味を持って、輸出振興に大きな役割を果たしたが、その後の高度成長や、現代の経済変化の下で、その地位を弱めてきた。

●マグロ、カツオ、シラス、桜エビ

静岡市は、古くから、用宗漁港を基盤に沿岸漁業に繰り出してきた。しかも同漁港は隣接の焼津漁港からの伊豆半島沖に漁を行う漁船の待避港としても機能していた。同港はシラス漁でも役割を果たしてきた。ちょうど焼津漁港に対しての小川漁港の位置とよく似た役割を果たしていた。清水港も、製茶輸出は別として沿岸漁業からはじまって、沿海漁業、遠洋漁業への拡張を図ってきたのが、清水近代漁港史の現実であった。今やまぐろの水揚げ量は近年、日本一が清水港であり、また同漁港の水揚げを背景として、水産缶詰製造業が本格化するのは、昭和初期の不況期からであった。しかもいわし油缶詰（オイルサーディン）はこの時期から、北米輸出で名をなしていった。さらに先に述べたように地の利を活かしてのみかん缶詰も輸出品として役割を果たしていった。さらに二〇〇八年一一月に合併が予定されている由比漁港も、サクラエビ漁に取り組んだのは、明治末期から大正初期、たまたまこの水域で発見されたことにはじまり、日本一の漁獲量を誇る。

二　静岡市の位置

浜松市を除く一四の政令指定都市の中で、静岡市は農業、製造業の面で高い位置（モノづくり＝農林水産、工業）を示していて、静岡県全体の傾向とほぼ同様に「もの作り」都市の性格をよく保っていると見ても良いだろう。それには、何よりも明治期の殖産興業政策の時期に、製茶をはじめ、都市近郊農業地帯の性格も手伝って、商業的農業が展開していたことが重要であろう。殖産興業を通じて、遠州地域での棉作は大きく衰退する一方で、地元資本を活用した綿織物工業、この畑作地帯に甘藷《かんしょ》作りやイ草作りによる畳表材料の製造、米藁《わら》を利用した藁工品製造、大正期には蔬菜《そさい》作り等に見られるとおり地元の自然資源活用型の産業立地が進んだことが大きい。静岡市に限っても海外輸出に向かう製茶、漆器などをはじめ、商品市場に敏感に対応する産業が発展していった。実際、この土地柄は、東海道筋であったことも手伝ったのであろうが、江戸時代にも相当に商業が発展していた模様で、近代地主の出自も実は幕藩体制下の街道筋商人や金融業者が、質地貸金で獲得した農地を地主経営として活用していった姿を多く見ることが出来る。

以上のような静岡の歴史的特殊性が、一四政令指定都市の中でも、第一次産業の就業人口比率が相対的に高いことに結びついたといってもよいだろう（表1、図1）。

工業は事業所数、従業者数の何れでも政令指定都市中平均値に近い数値を示している。とはいえ工業事業所規模（出荷額等）で見るとやや大きめに表れていて、旧静岡市内では中小規模の在来伝統産業型が主流とはいえ、

表1　就業人口構成：2000年国勢調査

	第1次産業	第2次産業	第3次産業	総農家数
静岡市	13,452	111,808	244,417	8,809
政令指定14都市平均	5,448	182,168	539,756	4,119
静岡市の位置	1	11	14	1

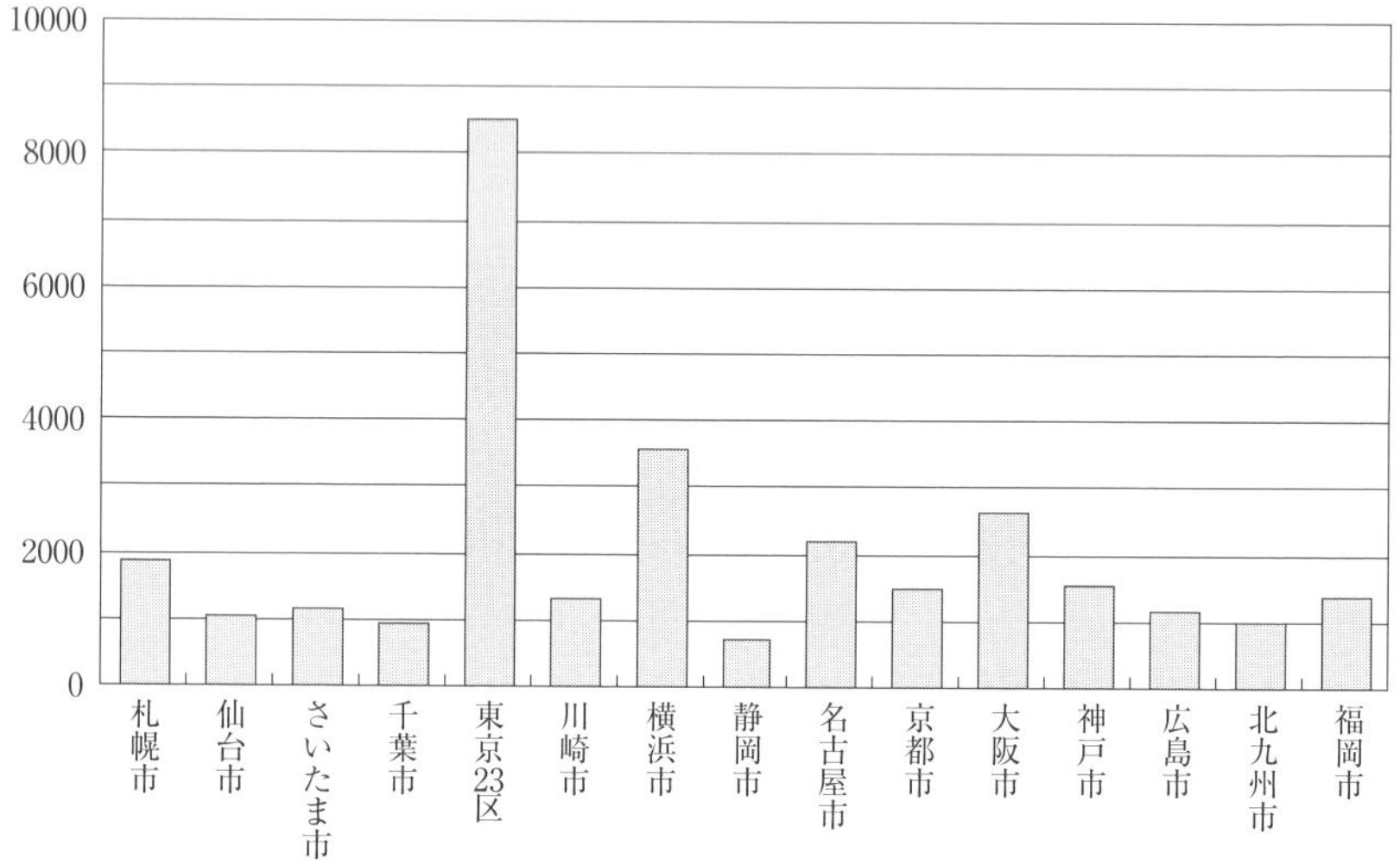

図1　大都市人口の比較（2005年4月1日現在）

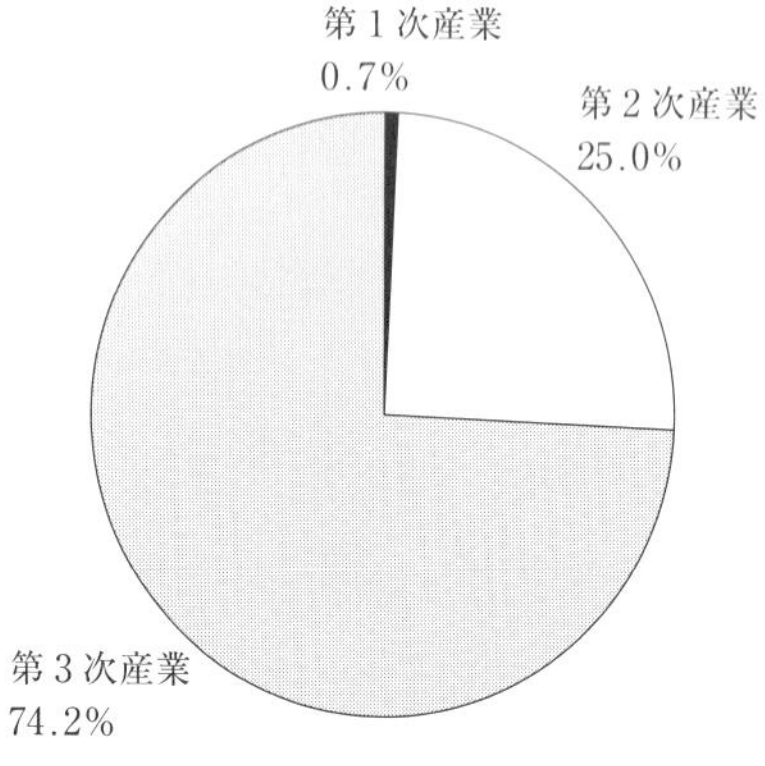

図3　政令指定14都市平均：人口構成

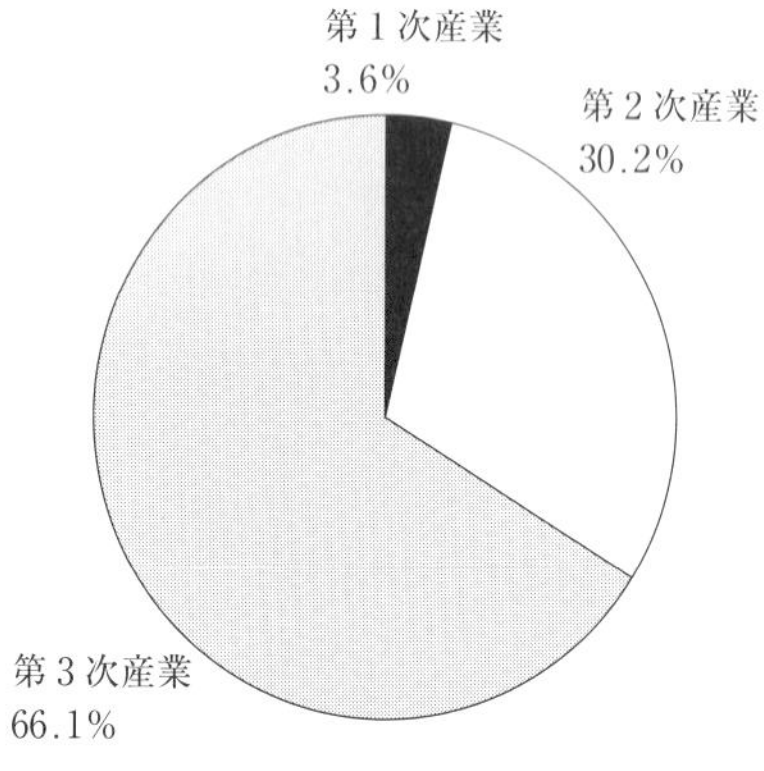

図2　静岡市：産業別人口構成

旧清水地区に一定の重化学工業事業体が存在していることと無縁ではないだろう。現に筆者が両地区を比較する試みを行ってみたが、明らかに対照的な結果を知ることが出来る。すなわち旧清水地区はとくに第二次大戦下、軍事工業の戦時疎開の一環としても、関連事業が進出していて、その前提の上に、戦後の発展が見られたのである。

〈静岡県に対する旧静岡市の位置（従業者四人以上）〉　旧静岡市の事業所数一、三九九事業所は、県内市町村では浜松市の二、二二三事業所に次ぎ第二位で、県全体の一〇・二％を占めている。しかしながら、一事業所当りの従業者数一八・〇人（県平均三二・〇人）、また一事業所当りの製造品出荷額等四億六、八三八万円（県平均一一億七、八八一万円）は、ともに県平均を大きく下回り、本市の工業は小規模な事業所が多いことを示している。

三　静岡県内市別製造業の位置

静岡市は清水市と統合したことで、出荷額で高まったが、事業所数でそれほど高まらなかった。これは清水地区に比較的に大規模企業が存在していることと関連する。しかもそれらは概して重化学工業系である点でも、旧静岡市内とは異なっている。静岡県に対する静岡市の事業所数、従業者数、製造品出荷額等の推移（従業者四人以上）を見ても、浜松地域のように輸出型製造業や県東部地区のように電気機械、車体などその他製造業を抱える地域でもなく、富士地区のように製紙業に特化した産業構成を持つわけでもないから、ある意味では在来の伝統零細製造業と清水地区の近代重化学工業といった、産業構成上の新旧バランスを持った独特の地域と特色づけてもよいのではないだろうか（図4、5）。

しかも最近一〇か年の事業所数、従業者数、製造品出荷額等の推移（指数　一九九三年＝一〇〇）などを捉えてみても、県内での地位は相対的に低下を続けてきたし、人口面でも低迷ないし逓減《ていげん》を続けてきている点でも、七〇万人口の静岡・清水合併達成による政令指定都市化を図ったのも、理解されるところであり、その後も蒲原町、由比町の統合に努めてきたことも、その一環であったと判断できよう。

　この点、浜松市が人口八〇万人の政令指定都市実現を図った際に、静岡市よりも面積規模も大きく、さらにすでに広大な山林地帯をもち人口過疎化が進行している遠州山岳地帯をも含む広域の政令都市となった事情に比して、相対的に負担は少ないだろうと思われる。すなわち限界村落を多く抱え込んだ浜松市に比して、静岡市はすでに抱え込んでいた旧静岡市と旧清水市の合併を基本に、由比町、蒲原町が急速な人口過疎地帯ではないことが

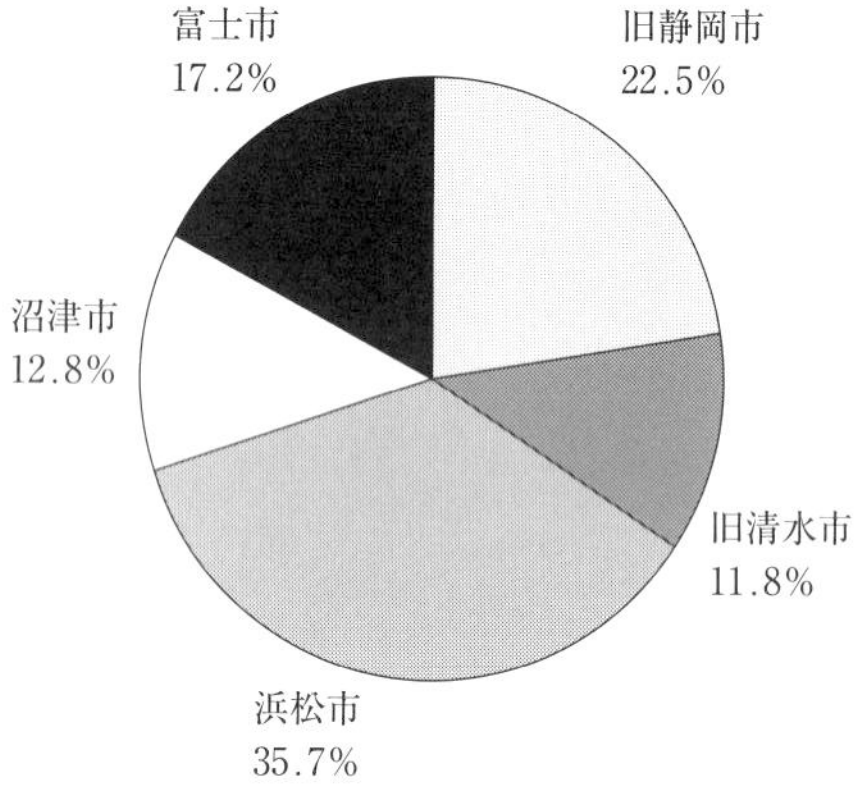

図４　静岡市の地位：2002年の事業所数

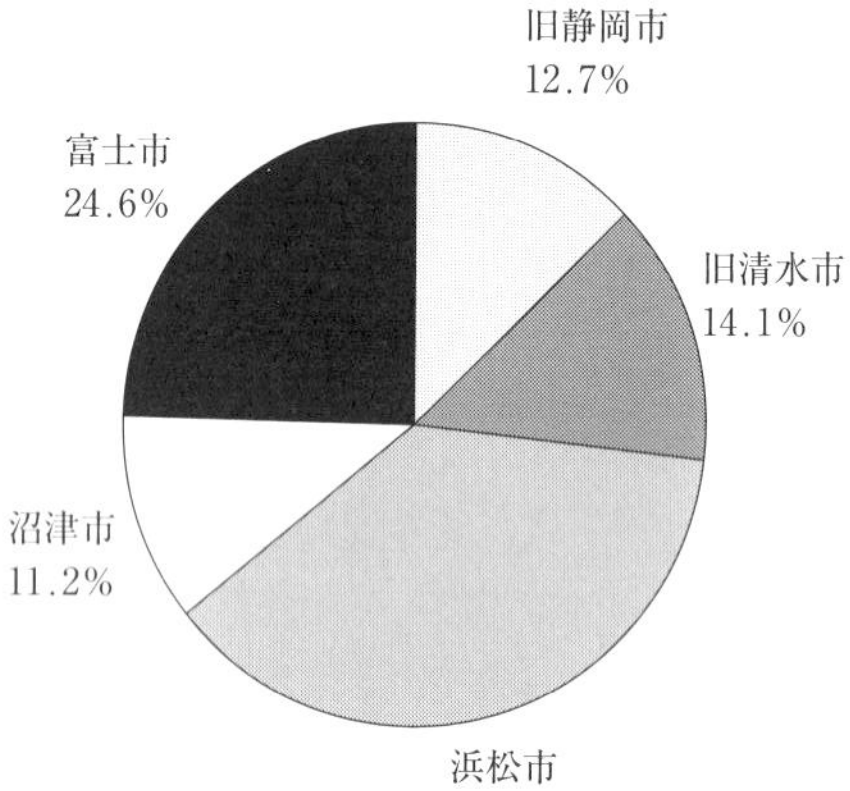

図５　静岡市の地位：2002年の製造品出荷額等

明らかな東海道沿いの地域に限定された合併だったからである。むしろ静岡市はすでに限界村落をかかえこんでいったといえよう。

四　静岡旧二市の事業所数構成（比率、二〇〇五年）

以上で述べてきたことを再確認する意味で、事業所数の比重を旧静岡市、旧清水市で比較して、表2に示してみた。それによれば一目瞭然、旧静岡市は家具、金属、出版印刷、一般機械、飲料・食料、木材などの比重が大きく特色を示している。これに対して旧清水市は金属、一般機械、電気機械などに特徴点を見いだすことが出来るであろう。

さらに、静岡がより地場産業型、清水は戦時疎開により形成された重工業型であることも鮮明に示しているといえよう。旧静岡市の工業を重化学工業・軽工業別（従業者四人以上の事業所）にみると、軽工業は事業所数九七六事業所（構成比六九・八％）、従業者数一四、四八人（同五七・八％）を占め、軽工業優位であるが、これは家具、サンダル、木製品など地場産業の比重が高いためである。しかし、製造品出荷額等については、軽工業は構成比四一・〇％を占めるに留まっている。

最近一〇か年の工業の動きを捉えておく。旧静岡市の工業の動きをみてみると、ここ一〇年間は事業所数、従業者数及び製造品出荷額等はそれぞれ減少傾向にある。二〇〇二年の工業統計調査は、前年に比べ事業所数（全事業所）においては、八八事業所が減少し、従業者数（全事業所）においては一、九一六人減少した。また、生産力の指標ともなる製造品出荷額等（従業者四人以上の事業所）においては、一、〇〇五億七、八〇三万円減少した。

今日の統計の問題点であるが、重工業と軽工業への分類よりも、さらにソフト産業などの「その他」分野にも分け入った比較こそが現実に即しているだろう。とはいえ静岡市の場合、ソフト産業の生産性や規模など、いずれも見るべき位置は得られないだろう。重化学工業と軽工業という従来型の統計手法で整理してみると、軽工業対重化学工業で、事業所数七〇対三〇、従業者数で五八対四二、製造業出荷額等で四一対五九であって、ある意味で、静岡市の「健全な」構成をみせているといえよう（表2）。

〈従業者規模別事業所数〉　事業所数を従業者規模別にみると、従業者四人～二九人以下の事業所は一、二七九事業所で、前年より一一三事業所（対前年増減率八・一％減）減少し、従業者三〇人以上の事業所は一二〇事業所と一四事業所（同一〇・四％減）減少した。従業者三人以下の事業所は、一、七四八事業所と一三九事業所

表2　製造業事業所数の構成比（%）

	旧静岡市	旧清水市
食料品	8.6	11.7
飲料・たばこ・飼料	8.8	2.1
繊維工業	0.1	0.0
衣服	0.9	0.0
木材・木製品	6.7	7.1
家具・装備品	16.2	2.0
パルプ・紙	3.5	3.5
出版・印刷	9.4	4.0
化学工業	0.6	1.7
なめし皮	1.0	0.0
ゴム製品	2.1	0.0
プラスチック製品	3.9	5.6
石油・石炭	0.2	0.2
窯業・土石	1.8	1.8
非鉄・金属	0.5	0.8
鉄鋼業	1.0	1.0
金属製品	14.2	17.8
一般機械	7.9	19.8
電気機械	1.0	8.6
情報通信機器	0.3	0.3
電子部品・デバイス	0.7	0.3
輸送機械	2.3	4.0
精密機械	0.5	0.7
その他	6.9	4.6

（同二・三％増）増加し、全体では八八事業所（同二・七％減）の減少となり、三、一四七事業所となった。

五　製茶産業の特色

荒茶生産量について全国と静岡県を比較すると、静岡県全体としてみた場合、戦前は元より戦後六〇余年を経ての状況も全国の屈指の生産量と生産面積を誇る一大茶産地であることはみじんも動かない事実である。生産量のほぼ四割を常にキープしてきた（図6）。むろん周知のように第二次世界大戦前は海外輸出、とくに北米輸出で名声を博したのであるが、それも第一次大戦前後までが顕著であった。静岡市内に茶輸出業者が海外からも登場したし、牧之原開墾による茶業に取り組んだ丸尾文六などは静岡市内に富士製茶商会を経営し、同商会はサンフランシスコに出張所を設置していたことも知られる（菊川市、丸尾雄彦家資料）。第二次大戦直後もまた外貨獲得のために茶の輸出が進められ、静岡茶市場はにぎわいを見せた。しかし高度成長と共に、製茶輸出は大きな意味を持たなくなり、昨今は茶のボトル化や冷茶を飲むこと、さらには健康食品としての茶への関心の深まりなど別個の要素も加わって、海外輸出に少しずつではあるが海外に輸出されていることも事実である。筆者が二〇〇六―〇七年初にアメリカ西海岸で過ごしたときも、ヨーロッパ系アメリカ人が日本食とともに茶を嗜《たしな》む姿をしばしば見たところであるし、日本からの缶茶も販売されていた。長期的に捉えてみると、実は静岡県産の茶輸出の推移と全国合計とは常に平行移動を遂げていることに示されるとおり、静岡県産茶輸出が輸出の主力を構成してきたといえよう。

静岡市は茶畑面積で県内随一（生産額で五位前後）の位置にあるので、製茶業についても検討は不可欠である。

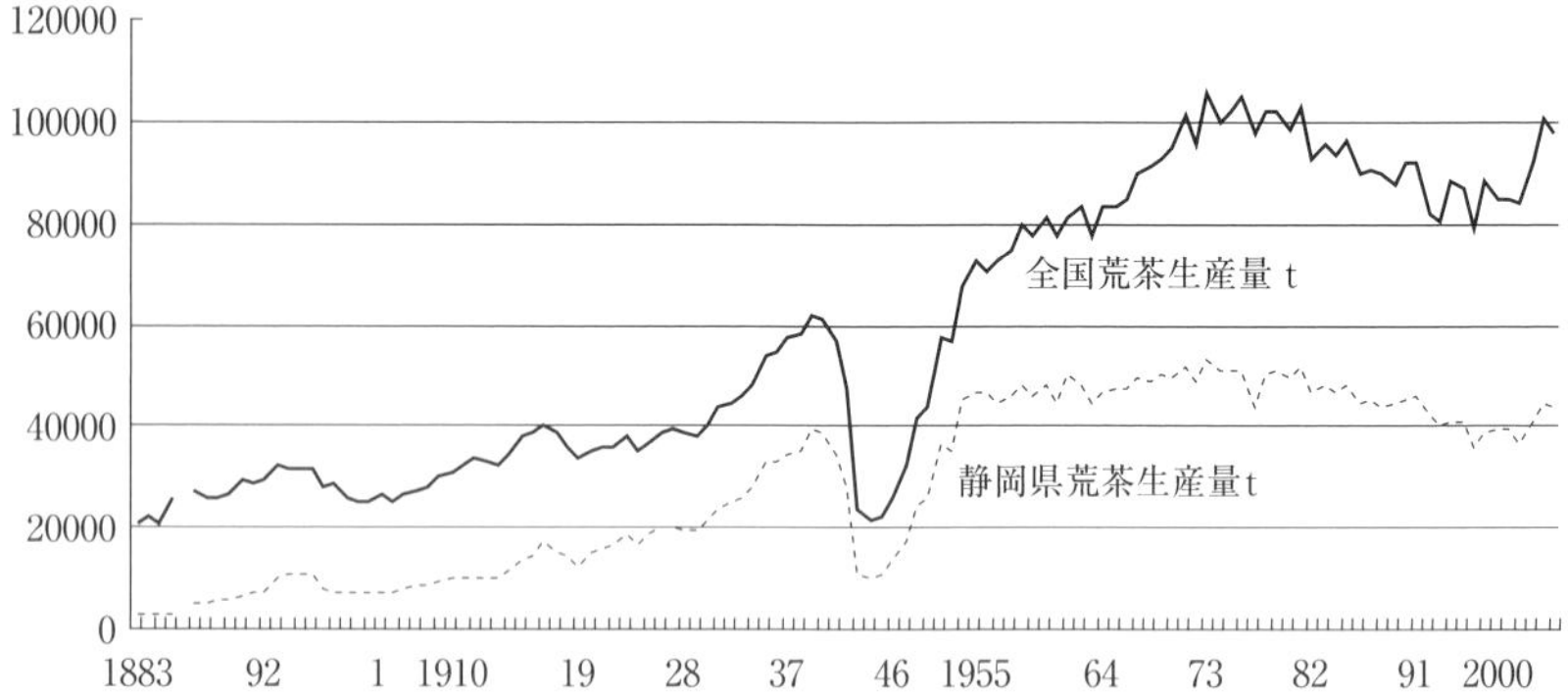

図6　荒茶生産量：全国と静岡県

県内三地区の荒茶生産構成は二〇〇三年では煎茶とほぼ同一であるが、原料として、夏以降に収穫した茶葉（三番茶・四番茶）・次期の栽培に向けて枝を整形したときの茶葉（秋冬番茶）・煎茶の製造工程ではじかれた大きな葉（川柳）などを用いている。

かぶせ茶は、玉露と同じ被覆茶の一種。新しい芽が出てきて一芯二葉位の時期に、遮光率八五％の黒色ネット（ポリプロピレン製）を茶園の上に直に掛け、二週間程してからそのネットをめくり摘採して製造したもの。

玉露は茶園の上に棚を組み、その棚にネットを張り（昔はよしずや藁こもを使用）三週間ほどして摘採（本当の玉露は手摘み）し製造。

県内主要茶栽培面積、荒茶生産量比較を行ってみると、二つの図に示しているとおり、茶栽培面積では静岡市が一四・四％、全県茶産地第一位、荒茶生産量では一〇・六％で、第五位である。このことからも静岡市が県内一大産地であるという地位はたしかであろう（図7、8）。

静岡市はこのように製造業における在来伝統産業と近代重化学工業、そして製茶業に知られるように海外輸出を転機として発展を遂げてきた農業面での特色ある地域である。

六　静岡の地場産業――まとめ

これまで述べてきた静岡地域の産業の特徴を整理しよう。

〈木工家具〉　石油危機まで中級品で市場支配、その後は消費者ニーズ対応型への移行の面で、十分ではないが、それでも家具産地として全国二位程度、住宅条件の変化への対応に努めた。高度成長期の特定宗教の仏壇仏具市場も崩壊し、それだけに消費者ニーズのきめ細かな把握に基づく、多様な製品販売が重要になっている。

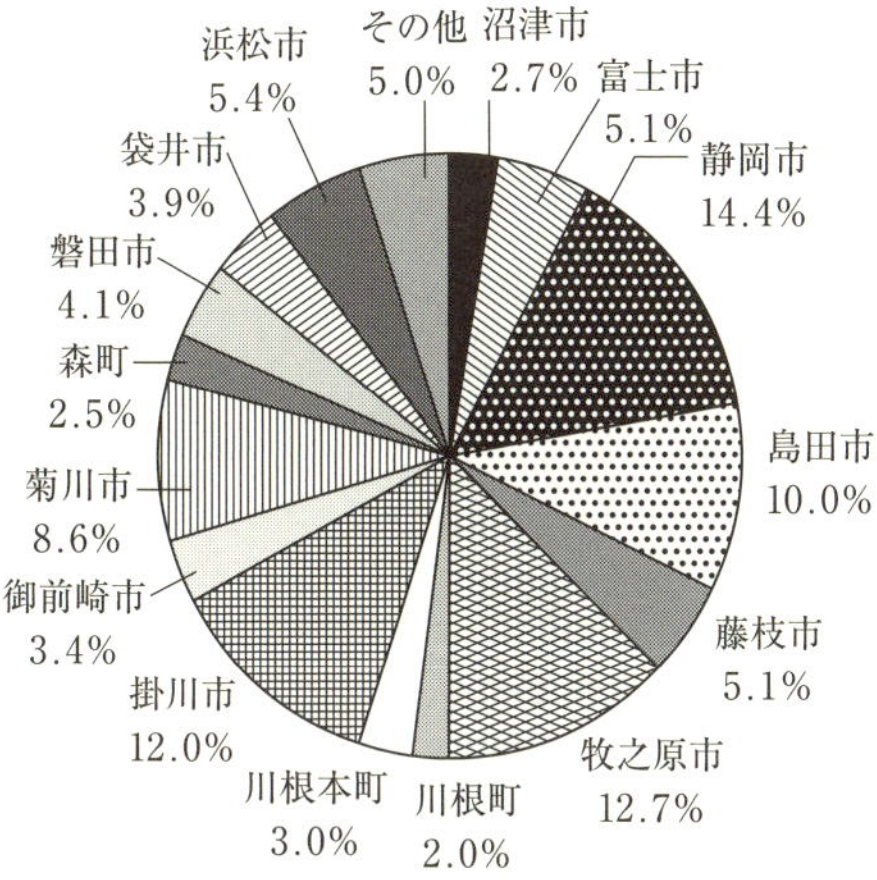

図7　静岡県内主要茶栽培面積

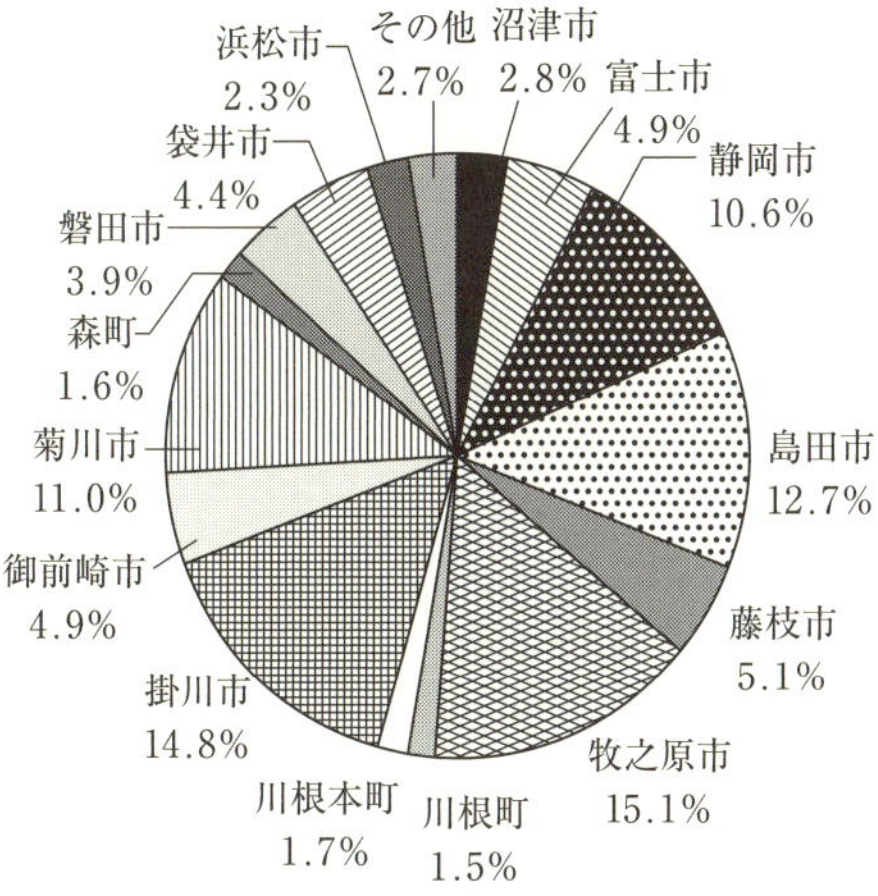

図8　静岡県内荒茶生産量地域比

〈プラモデル〉　世界的位置を維持、しかし国内市場の低迷で、海外生産によって切り抜けへ。また〝プラモデル世代〟が中高年となる一方で、幼少年世代はプラモデルから離れて、デジタル機器を遊具とするようになって久しいし、幼少年世代でのもの作りに興味をわかせることは極めて少なくなった。このために幼少年世代の市場はほぼ見えなくなり、中高年世代向けの本格的模型ともいってよい高価なコンセプトが売れ行きを伸ばすようになった。

〈雛具など〉　職人芸的要素を継承させること、どのような特色付けを与えるかが問われてきた。他の伝統工芸と同じく、後継者問題と伝統工芸への需要縮小の中で、いかに存続させていくかが問われてきた。

〈製茶業、水産加工業など〉　茶畑と茶樹の他産地に優位な生産をいかに維持するか、そして輸出型と内需型の組み合わせ、バランスをどう構築するか。

〈伝統と現代的需要〉　相互のバランス、後継者問題、と保有技術を活かす

ここで静岡市の振興政策の基本方向を考えることにしよう。

モノづくりを基本に、伝統・地場産業の高度技術化を志向すること（海外進出で労働コスト負担の軽減を図ることもあるが、同時に労働力の海外依存も必要になるだろう）。これらは個別企業の資本力では十分ではない。これに新規の情報産業発展に裏打ちされたコンテンツ産業の構築をいかに連携させるかが問われているだろう。

高齢化する担い手（農業・工業）から若者への継承を図る施策の必要（技術・技能、資金、集団化）は何れの分野を通じてもいえることであり、全国的な課題とも同様であろう。

地域の伝統文化活動の振興を図ること「格差社会」の進展で、製品への需要構造が変化する可能性があることへの留意が必要である。

人々が集いやすい都市空間の再興＝都市型交通体系を含む＝人々が暮らして住みよいと思える都市の構築（グランドデザインの必要性）。この点で、中小企業庁『中小企業白書』二〇〇七年版では静岡市呉服町商店街を魂魄地シティーのモデルとして照会されていることはよく知られる。しかし現実は厳しい。というのは私の調査でも呉服町、紺屋町、七間町の中心商店街の店舗で、ここ一〇年の間に進出してきたドラッグストア、コンビニ店、コーヒーショップ、飲食チェーン店など、事実上、老舗の撤退が相次ぎ、町内に暮らす店主はほぼいない状況となっている。こうした進出店舗はおよそ二割以上に達している。たしかにさまざまの規制をかけて町並みの維持に努めていることは事実であるが、それも外部から進出店舗のように、オーナーなき店の展開では実際にも今後、景観を維持することが困難になっていくだろう。

マーケットの問題として指摘しておく必要があるのは、以下のことである。高度成長期まで、人びとの需要関心は多様性ではなく、標準装備型であった。しかし第一次石油危機からの三〇年余は、需要の多様化、高級品志向、消費力の低迷で一点豪華主義やブランド志向など多様な展開を見せてきた。静岡型商工業の特徴は伝統産業を別とすれば、日常生活品を含め、中級量産型で、特色を示してきた。家具などもその典型であったろう。とすれば、今後は差別化に向かって、個別の零細資本では対応が困難でもあろうから、異業種交流を含む協働化、共同組織化などへの取り組みを通じて、積極的な展開が期待される。この点は私が関わってきた中小企業家の実感でもある。

●コラム●

慶喜邸から浮月楼へ

静岡駅の北、徒歩数分の所に浮月楼という料亭がある。この地には、古くは駿府代官所が置かれており、駿府のいくつかの御料の統治につとめ、駿府城に運ぶお茶の「口切りの儀」を行うなどしていた。

この代官屋敷に第十五代、最後の将軍徳川慶喜が移り住んだのが明治二年（一八六九年）のことである。慶喜は大政奉還にともなって水戸に謹慎していたが、謹慎の身柄を駿府の宝台院に移したのち、一年余り後にこの代官屋敷に移ってきたのである。

慶喜はもはや政治とは一線を画し、江戸時代から代々続く日本庭園の造園師小川治兵衛に舟を浮かべることができる池をもつ美しい庭を造らせ、静岡の地でのんびり過ごした。この頃の慶喜が写真を趣味としていたことはよく知られており、慶喜が撮影したたくさんの写真が残っている。そのほか自転車に乗ったり、油絵を描いたり、多彩な趣味を楽しんでいた。ここで二十年を過ごした慶喜はやがて西深草町に居を移し、その十年後には東京の巣鴨に移り、大正二年（一九一三年）に没した。墓は谷中墓地にある。

徳川慶喜が去った後、この屋敷は料亭「浮月楼」としておよそ百年余りを過ごし、県内外の多くの著名人を客として迎えてきた。中でも特筆すべきなのが、オーストリアの指揮者ワインガルトナー（一八六三—一九四二）の滞在である。彼はリストに指導を受け作曲家から指揮者に転向し、マーラーの後任としてウィーン国立歌劇場とウィーン・フィルハーモニー管弦楽団の音楽監督をつとめ、ベートーヴェンの交響曲全集を録音する（現在では東芝ＥＭＩのＣＤ、TOCE-9285-

Eine junge Frau schreitet
über die Brücke eines Gartens
Japanisches Stimmungsbild
"橋をゆく若き女"
ワインガルトナー作曲
FELIX WEINGARTNER

9289に収録されている）など、世界的に最も有名な指揮者の一人であった（ワーナーヴィジョン・ジャパンのＤＶＤ「アート・オブ・コンダクティング」で指揮姿が見られる）。彼はユダヤ系であったために、ウィーンを去りロンドンなどで演奏活動をしていたが、昭和十二年（一九三七年）には朝日新聞の招聘により来日し、夫婦で新交響楽団（ＮＨＫ交響楽団）を指揮した。公演は東京だけでなく、京都に向かう途中静岡でも行われた。彼が静岡に立ち寄った時、次のような興味深いエピソードを残している。

　ワインガルトナーは静岡で演奏し、レセプションのあとそのまま浮月楼で宿泊したが、次の日の朝、聞きなれない音が庭から聞こえてくるので何かと思ったら、浮月楼の庭園にある池の橋の上を歩く着物姿の女性の下駄の音であった。そして、その情景を即興的に詩情あふれる小品「橋をゆく若き女」として曲に残したというのである。これを記念して、自筆譜、印刷譜などを収めた小冊子が戦後作られた（非売品）。この曲の演奏は、斉藤雅広「マイ・ロマンス／大人のためのピアノ・アルバム」（DENON COCQ83484）に収められており、われわれも聞くことができる。また、二〇〇五年には、浮月楼で静岡文化クラブ主催により戦前の静岡の音楽に触れる会が催され、私が簡単に解説をした後、浮月楼の社主夫人に実際にピアノ演奏をしていただき、およそ七十年前のありし時にみんなで想いを馳せた。

　残念なことに、ワインガルトナーの訪静の直後、昭和十五年には駿府の街を静岡大火が襲い、さらには戦争の罹災がそれに追いうちをかけたため、戦後になって建物も庭も改修された。

　浮月楼ではホームページを開き、明治の写真なども含め、これらの事情を伝えている（http://www.fugetsuro.co.jp）。

（上利　博規）

静岡の文化とまちづくり

日詰一幸

はじめに

今日、まちづくりを考える際、芸術・文化などアートの力を活用したまちづくりは、世界的な潮流となっている。例えば、パリにあるルーブル美術館は、フランス北部の都市ランスに分館を設けており、ニューヨークにあるグッゲンハイム美術館もイタリアのベネチア、ドイツのベルリン、そしてスペインのビルバオにそれぞれ分館を設けている。これらの分館の存在が、多くの人々をその都市に引き寄せる大きな魅力となっている。例えば、スペインのバスク地方にあるビルバオは人口三五万人の都市である。停滞した鉄鋼都市、そして「バスク紛争」の暗いイメージがあったが、一九九七年にグッゲンハイム美術館の分館ができると、来館者が年間一〇〇万人を超えるようになり、そのうち何と六割が外国人観光客になったのである。つまり、芸術そのものが地域再生のエンジンになったということである。

それぞれのまちには、固有の歴史があり、そのもとに創られてきた芸術や芸能、食文化などが脈々と息づいている。今やそれらを活かしてまちの活性化を図るということが一つの戦略として位置づけられているのである。

欧米では、地域の芸術・文化を活かしてまちづくりを行っている都市のことを「創造都市」と呼ぶようになった。都市政策における「創造都市」戦略は、芸術・文化がもつ創造性をうまく活用し、そこに介在する市民の活力を引き出すことにより、それを都市の再生に向かわせようとするものである。静岡では、都市政策としての「創造都市」戦略が「まちづくり」の基本的なポリシーとされているわけではないが、このような魅力的な都市活性化戦略の中から一定の示唆を受けることが可能なように思われる。そこで、本章では静岡で現在行われている芸術・文化活動の一端を紹介するとともに、このような動きが今後静岡のまちづくりにどのような形で貢献することができるのか考察することにしたい。

一　二一世紀という時代とアートの力

「創造都市」への動きは欧米で注目されているが、ユネスコは国際的に「創造都市ネットワーク運動」を提唱している。そこに登録した都市には、ボローニャ、ベルリン、モントリオール、エディンバラ、サンタフェなどがある。そして、その流れはアジアやアフリカの都市にも及んでいる。日本では二〇〇五年に愛知県で開催された「愛・地球博」をきっかけに、金沢市、京都市、横浜市、松江市、桐生市、加茂市など全国で一五都市が「生活文化創造都市」を目標に連携を始めている(1)。

工業化や経済成長が重視された二〇世紀社会から、いまや経済のグローバル化やソフト化が進展している二一世紀にあって、創造的な市民の力の回復が都市の将来を導くエンジンになろうとしているのであり、その意味でも「創造都市」の流れは、各国の都市政策を考える上で大変魅力的な概念となっている。このように二一世紀初頭を導くキイ・ワードは「創造性」であり、文化と産業が「創造性」を媒介として結びつくとき、そこに都市の発展の経路を見通すことができそうである。

芸術や文化＝アートの力がこれほどまでに大きくクローズアップされた時代はなかったかもしれない。しかし、今やアートが発揮する効果を評価する時代に入ったと言えよう。アートの力によって、都市のイメージが大きく変化をするのである。経済と文化の関係について、二〇世紀の視点からすれば、経済が発展すれば文化も発展したということになろう。しかし、二一世紀は、アートの力が発揮されている場所にこそ優れた人材が集まり、それに企業も注目する時代になった。つまり、アートの持つ魅力に多くの人々の関心が注がれているのである。

二　静岡市の文化政策

世界的なレベルで、今や「創造都市」という流れが起こっていることは前述のとおりであるが、ここで私たちの視線を私たちが住むまち「しずおか」に転じてみよう。

静岡市は、二〇〇六年三月に「静岡市文化振興ビジョン」を策定した。「文化振興」ということで、それが「文化政策」という域まで達したものではないにしても、静岡市における今後の文化に対する方向性を示したものである。そのサブ・タイトルは、「個性あるしずおか文化の創造と継承～人が文化を創り、文化が人を育てる都市（まち）を目指して」というものである。(2) その中では、しずおかにおける文化の振興を「美しさ、ゆとり、うるおい、個性など人々の感性の豊かさに根ざした生活の質を高めること」としている。そして、これからの文化振興ビジョンの理念を二つの柱に取りまとめている。第一は、これからの「しずおか文化」の創造と継承の主役と担い手は市民であるということである。しずおかの文化の創り手、担い手、そして享受者として、しずおかに住む市民一人一人にその役割が期待されているのである。地域に存在する芸術・文化を豊かに守り育てていくのは、行政の仕事ではなく、むしろそれは市民の責務であろう。そして、伝統芸能だけではなく、コンテンポラリーアート＝現代芸術を生み出し、それを育てていく営みも市民には求められているのである。

第二は、市民が主体的に文化を創造し、将来にわたって継承していくことをめざすが、そのための人づくりと、人を育て、その活動の舞台となる都市（まち）づくりが必要だという認識である。「しずおか文化」の創造と継承という基本理念を実現するためにも、それを支える人材をどのように育てていくのかということが課題となる。欧米では市民とアートの活動を行う人々や創造文化産業との間の仲立ちをする、アートマネージャーの育成が行われている。日本においては、体系的にアートマネージャーを育成する機関は十分ではないため、その育成を担う場として高等教育機関やＮＰＯなどが期待されている。専門的に育成されたアートマネージャーとはいかないまでも、地域社会には文化の目利きが多数存在しており、今後はこのような目利きが中心になり、「しずおか文化」の創造と継承に貢献することが大切であろう。

次に、「文化振興ビジョン」の基本目標であるが、それは大きく三つの部分で構成されている。第一は、「しずおかの風土につちかわれた歴史と文化の伝承」である。その目標を実現するための基本的な戦略は、歴史文化施設の整備、市民が歴史文化に関心を持ち、継承に向けた活動へ参加できる仕組みづくり、そして文化財の保護と有効活用の促進である。しずおかに根づいている歴史・文化的資源を見直し、さらに新たに発掘して、それらを未来にわたって継承すると共に、市民一人一人がそれらを享受する機会を創り出すということである。

第二は、「地域個性豊かな市民文化の創造」である。それを実現するため、多彩な文化活動や団体の支援、活動環境の整備、芸術文化の創造・鑑賞を楽しむ市民意識の醸成、地域資源を活かした文化事業の推進を行うとしている。静岡市内にも芸術・文化活動を担っている団体が多い。そのような団体が活き生きと活動を展開する環境を整備することは必要なことであるといえよう。そして、それらの活動を通じて市民全体の芸術・文化活動に対する目が豊かに培われていくことが大切である。そして、その中からしずおかに固有の芸術・文化活動が発展していくとすれば、それが地域社会の豊かさを生み出すことになるであろう。

第三は、「静岡文化の発信と交流」である。この目標を実現するために、歴史、風土、伝統的文化の継承、多彩な個性の総合化による新たな「しずおか文化」の創造とその全国・世界への発信が挙げられる。人も物も金も、そして情報も国境というバウンダリーを越えて行き交う二一世紀社会にあって、しずおかで培われた芸術・文化を外に発信することは、「しずおか」に対する新たなブランドを創り出すということでは大切なことである。そのことによって、「しずおか」というまちの新たな可能性を展望することが可能となる。さらに、芸術・文化都市「しずおか」を訪れる人々が増えることによって交流人口も増加し、それがまた新たな芸術・文化を生み出す機会をもたらすことになると考えられる。さらに、県内外や世界を見据えた芸術・文化の交流、そしてイヴェントの開催なども目標実現の戦略として構想されている。

三　「静岡市文化振興ビジョン」の実現に向けて

静岡市における文化振興の将来的なビジョンとその基本目標が明らかになったが、それを実現するための仕組みづくりもも一方で必要なことになる。どのような仕組みを構想することが必要か、その点を考察することにしたい。

近年、市民活動（NPO法人と任意団体の双方を含む活動）が盛んになり、これまで行政が一元的に担ってきた「公共」の領域の仕事を担う力を持つようになってきた。特に、一九九八年に「特定非営利活動促進法」（通称、NPO法）が施行されてからは、益々法人格をもつNPO法人と任意団体の活動が社会的に注目を集めるようになり、これらの市民活動団体と行政との協働に関心の目が注がれている。

芸術・文化活動も公共の領域に属するとすれば、協働もきわめて重要な概念となる。そこで、「静岡市文化振興ビジョン」を実現するために求められる協働はどのようなものか検討することにしよう。まず、協働とはどのような概念であるか、その点をまとめておきたい。協働にはいろいろな定義があり、それを一義的に整理することは難しい。しかし、一般的には、活動分野を異にする団体・組織が、同一の社会目的を実現するために行う共同の作業である、ということができるであろう。そして、その共同作業を行うにあたり、それぞれの団体・組織が有する資源を補い合い、そしてそれぞれが役割を分担し合う関係でもある。その際、共通の社会目的を実現するための協力関係を築くのであるから、その枠組みの中に入る構成団体・組織は相互に対等な関係に立つべきであるとされる。協働は、ある面で、社会目的実現のための創造的な関係構築の機会と言ってよいのではないだろうか。

ところで、芸術・文化活動を考える際、そこに関わることが想定される主体としては、市民、芸術・文化団体、大学等の高等教育機関、企業、そして行政機関が考えられる。その関係は、図のような相互関係ということになろう。そこで、この協働関係がより豊かなものとなるためには、どのような役割が期待されるのか、それを「文化振興ビジョン」の中から読み取り、整理することにしたい。

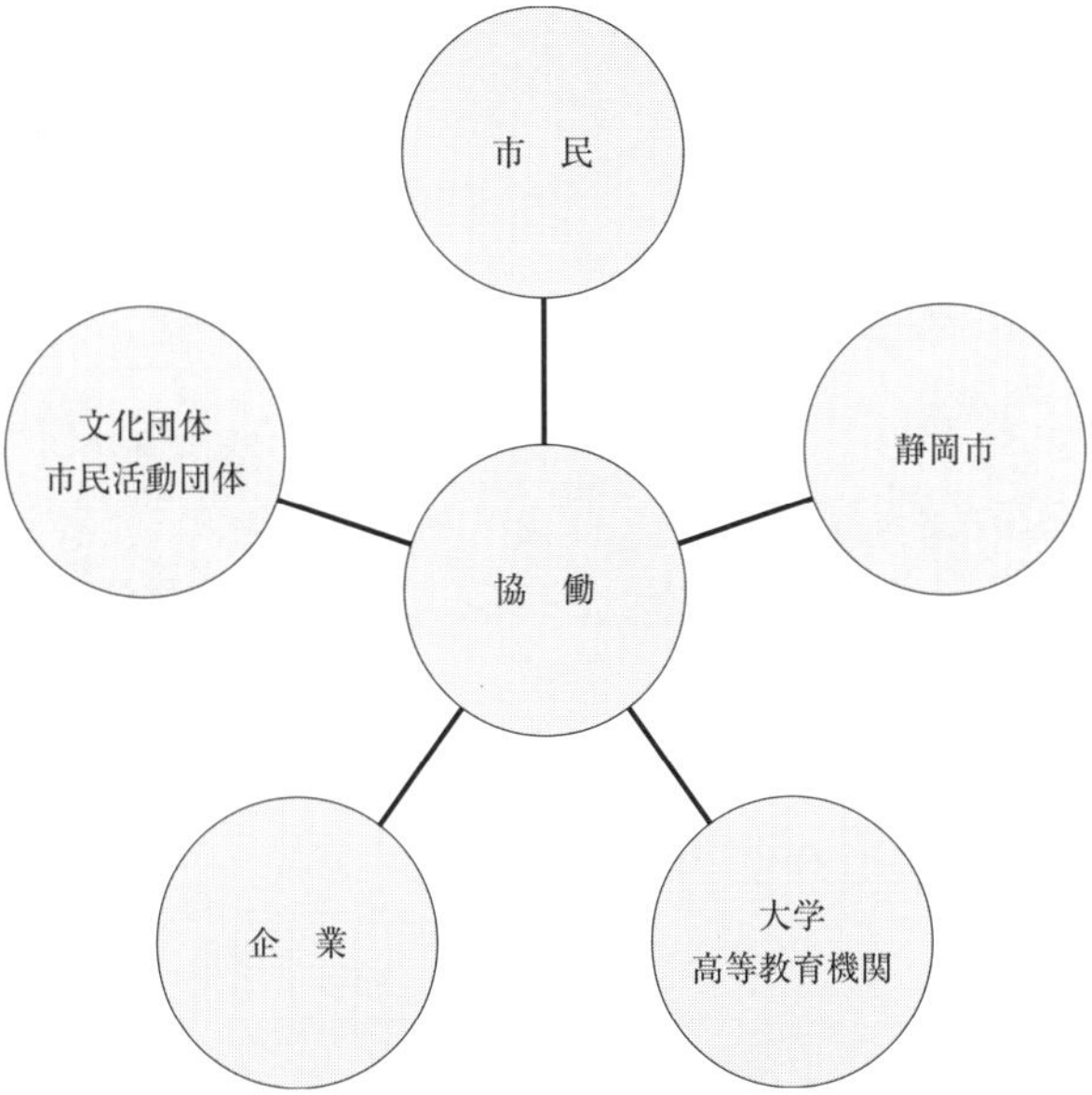

図：芸術・文化活動における協働の概念

●市民の役割

市民が「しずおか」における芸術・文化活動の担い手として期待されているのであるが、その市民の意識の高揚が必要とされる。芸術・文化活動の創り手、担い手、享受者として、その意識を高めることが必要であり、自ら主体的にさまざまな芸術・文化活動を展開していくことが大切である。そして、創り手ばかりでなく、担い手あるいは支え手、さらには享受者として各種の芸術・文化イベントにも積極的に参画していくことが必要とされる。このような営みが「しずおか」の中で行われるとき、そこに芸術・文化の目利きも同時に育っていくものと期待される。

●文化団体等市民活動団体の役割

「しずおか」の芸術・文化活動を直接担うのは、芸術・文化活動を日常的に行っている市民活動団体である。これらの団体が地域社会において、積極的に活動を展開し、地域の文化活動の推進役になっていくことが大切である。また、芸術・文化活動を行う団体相互の連携が重要である。特に、芸術・文化活動だけを主な目的とする団体であっても、他の活動団体、例えば福祉や環境、社会教育、子どもの健全な育成を行う団体等と連携することによって、その活動そのものが大きな広がりを見せるということも期待できるのである。その観点から、ネットワークの力を十分に活かしていくことも大切である。また、芸術・文化活動はこれまで民間の団体だけではなく、行政も関わってきた領域でもあり、市民活動団体と行政との連携も必要である。そのため、市民活動団体と行政とが連携・調整した上で活動しやすい環境を創り出していくことが期待されている。

●企業の役割

企業は、これまで芸術・文化活動にそれほど関わってきたとはいえない。しかし、一九九〇年代に入ってから、企業の社会貢献活動が注目されるようになり、企業のメセナ（芸術文化支援）活動も本格的に始まるようになった。そのため、次第に企業も地域におけるさまざまな芸術・文化活動に目が向くようになったと言えよう。企業として、地域における芸術・文化活動の推進にどのような役割を担うことができるのか。そのメニューはそれほど多くはないが、まず、考えられることは、各種文化活動への協賛や支援を行うということである。この点は、企業にとってもそれほどハードルの高いものとは言えないであろう。また、企業自らその就業者の芸術・文化活動を支援するということも考えられる。「文化振興ビジョン」の中でも、このような視点から企業の関与が期待されている。

●大学・高等教育機関

大学を始めとする高等教育機関は、市民活動団体と並んで芸術・文化活動の重要な創り手、担い手、享受者を養成する場である。そして、大学が自ら芸術・文化を発信することも可能となる。例えば、その持てる知的資源を活かして、芸術・文化に関する公開講座やセミナーを開催することによって、地域の人々に芸術・文化活動の啓蒙・啓発をおこなうことができる。また、大学内で行われている講義を広く社会に開放することも重要であろう。さらに、さまざまな市民活動団体と協働することにより、新たな芸術・文化の創造に貢献することも可能となる。そして、芸術・文化活動をより一層豊かなものとするため、アートマネージャーの重要性はすでに述べたが、大学等が中心となって、アートマネージャーを養成する場を設けることも期待される。静岡県内には文化政策の要となる静岡文化芸術大学が浜松にあり、そこを拠点に静岡大学や静岡県立大学が連携することによって、アートマネージャー養成の仕組みも構築できるのではないだろうか。このような仕組みが実現することにより地域の芸術・文化活動がより一層豊かさを増していくものと考えられる。

●行政機関としての静岡市

行政機関が市民の主体的な表現活動である芸術・文化の領域にどのように関わるのかという点に関しては、いろいろと見解が分かれるところである。しかし、芸術・文化活動の持っている公共性に鑑みて、それらを一定程度支えていくことは重要であると考えられる。そこで、「静岡市文化振興ビジョン」をみると次のようなメニューが提示されている。①市民主体の文化活動に向けた環境整備、②文化に関する資料、情報の収集と発信、③市民の文化活動への意識啓発、④市民、企業、大学・高等教育機関との連携の推進、⑤高度で多様な鑑賞機会の充実、⑥「しずおか」文化の対外的アピールの推進、である。これらのメニューは、行政機関としての市が芸術・文化活動へ直接支援を行うというスタンスから、間接的支援というスタンスへの転換だと考えられ、これからの芸術・文化政策の方向性としては、このような形が一般的になるものと予想される。ただし、静岡市の場合は、未だ「文化振興」の域にとどまっているため、例えば、金沢市や横浜市のように「創造都市」構築に資する「文化政策」といったところまでは到達しえていないと言えよう。静岡市が、「コンテンツバレー」を目指すという政策指向性をもっているとすれば、文化と産業との連関とそれをテコとした経済的側面に配慮した政策メニューの提示があっても良いのではないかと思われる。この点は、今後の「しずおかの文化」を考える場合の一つの課題として提起しておくことにしたい。静岡市と並んで県内の政令市である浜松市は、古くから「楽器のまち」として知られているが、近年、「創造都市」戦略の流れを受けて、「創造都市」としての可能性の検討が始められている。これは明らかに芸術・文化活動のポテンシャルをより高めようとする積極的な都市政策と位置づけることができ、静岡市も参考にすることができる試みであると言えよう。

四　市民の文化創造活動への支援

静岡市の外郭団体である、財団法人静岡市文化振興財団では、毎年市民の主体的な文化創造活動に対して助成を行っている。これは、「静岡市文化振興事業費」を用いた助成制度で一九九一年より開始された。対象となる事業は、イベント関連事業（美術・音楽・文学・舞台芸術等の活動）と個別に承認される芸術・文化活動である。助成は最長三年まで行われ、助成額の限度は一〇〇万円である。(3)

このような制度を活用して育った芸術・文化活動も登場してきた。その中の一つに、「ストリート・ジャズ・イン・シズオカ」がある。この活動の前身は、一九九三年に静岡市大間で静岡ジャズ愛好会によって開催されたジャズの活動である。(4) その後、このジャズ愛好会が一九九七年に助成金を活用してストリート・ジャズフェスティバルを開催し、その後二年間にわたり計三年間助成金を活用した活動を行った。そして、助成期間の終了と共に、自ら独自財源の獲得を通じてストリート・ジャズ・フェスティバルを継続し、今日に至っている。

静岡ジャズ愛好会の独自財源調達の戦略は極めて巧みである。財団からの助成が終了した二〇〇〇年以降は、企業からの協賛金、広告料収入、そしてフェスティバル当日繰出す店舗での売店収入で財源を獲得し、フェスティバルを行っている。総予算は約三〇〇万円である。行政の資金を活用しながら、その後自立の方策を模索し、見事に行政に頼らずにフェスティバルを開催している。まさに、今後の市民活動と行政の協働のあり方を考える際のモデルだと言えよう。行政が芸術・文化活動の支援を行う場合、活動を後押しするような形での助成は重要である。しかし、それも恒常的なものであるとすれば、助成を受ける団体の自立性を阻害しかねない状況を招くことになり、助成期間は時限性があった方が望ましいと考えられる。その意味から、静岡文化振興財団の助成制度の助成を受ける団体がそれを自覚的に活用するとすれば、「しずおかの文化振興」には貴重な財源だと言えよう。

五　「しずおかの文化」の再発見

「しずおか」というまちには、非常に豊かな歴史文化や食文化が根づいている。例えば、駿府城と江戸の歴史文化の集積は「しずおか」ならではのものだと言える。そして、旧東海道の歴史的景観も優れたものであり、さらに、羽衣伝説、そして登呂遺跡と古代文化も魅力的である。

一方、注目すべき豊かな食文化もある。清水は「さかなのまち」であり、寿司の文化も見逃すことができない。静岡の有東木で採れるわさび、そしてお茶、加えて美味しいさかなで握られる寿司。このような豊かな食文化を市民は享受している。さらに、蒲原では桜えびやしらすが採れ、これらは「しずおかの特産品」として有名である。

さらに、「しずおか」の伝統芸能としては、有東木の盆踊りや神楽、平野の盆踊り、日向の七草祭、静岡浅間神社廿日会祭の稚児舞、清沢の神楽、梅ヶ島の舞などがある。これらの伝統芸能の保存、継承がこれから大切になっていくことであろう。

ところで、近年新しい文化活動も胎動している。その一つが大道芸ワールドカップである。一九九二年にスタートして、二〇〇七年で一五周年を迎えた。毎年全国から二〇〇万人の観光客を集め、静岡市の秋に行われる一大イヴェントとして定着している。大道芸ワールドカップはまさに、文化エネルギーによるまちづくりだといっても過言ではないであろう。そして、「大道芸の都市・しずおか」として、そのブランド力が増している。これも芸術・文化活動の一つの大きな力であると言えるだろう。

また、大道芸ワールドカップよりは地味であるが、二〇〇〇年から開始された新しいイヴェントとして、ストリートフェスティバル・イン・シズオカがある。これは、市民と芸術作品、そしてアーティストが出会う場を作り出そうとするイヴェントである。つまり、市民がさまざまなジャンルの作品や音楽と出会うことによって、新たな自分を発見し、そして自らの新たな可能性を探求する機会を提供しようとするものである。市民と芸術とが日常的に接触する機会をもたらすものとして今後の発展が期待されている。

「しずおか」における芸術・文化創造の可能性を探るとすれば、その素材は他にも見出すことができそうである。その一つに、「しずおか」で開催されている映画祭がある。これは、他の都市の映画祭に比べるとまだ規模の小さいものであるが、七間町界隈には、まだ映画館が軒を並べている。そのような映画館を再評価するとともに、その特色を活かしたイヴェントが開催されている。これも、巧みな仕掛けによって他都市の映画祭と遜色のないものに発展していく可能性があると言える。また、清水の夏の情景として、しみずジャズフェスティバルが行われている。清水の港を眺めながらジャズの音色を聴く。何と至福の時であろうか。そのような文化が「しずおか」にはあるのである。そして、新たな食文化の発掘も行われている。それが「しぞーかおでん」である。「しずおか」では、昔から駄菓子屋でもおでんが売られていたという。それを再発見し、さらにブランドにしようという戦略である。最近では、ＴＶのＣＭにも登場し、さらには「おでん缶」の開発と販売が行われ、全国から注目されている。

六　むすび

今後も、芸術・文化を活かしたまちづくりを継続していくことは重要である。そのためには、新たな文化的資源の発掘も大切な仕事である。「しずおか」には、未だ発掘されていない文化的資源が豊富にあると考えられる。それらの資源を発掘するという試みだけでも相当のエネルギーが必要とされるであろう。その点こそ、これまで述べてきたように、市民・市民活動・大学・企業・行政との協働の枠組みが生きてくるのではないだろうか。

文化的資源は、芸術・文化的なものだけではなく、自然景観や自然環境も含まれる。「しずおか」の芸術・文化資源という場合、そこには自然景観の美しさも加えてよいだろう。それがまさに「しずおかの魅力」なのである。富士山の見えるまち、そしてそこにおける豊かに息づく芸術・文化。これらはすべて全国から、そして世界から人々を引寄せる魅力になると考えられる。私たちは、その魅力の再発見と再認識に努めることが必要であろう。

私たちは、一人一人芸術・文化の担い手であり、それと同時に新たな文化を創造する主体でもある。私たちが「しずおか」の芸術・文化の楽しみ手になることによって、生活の豊かさを享受できるのである。

芸術・文化の豊かさは、「しずおかのまち」の品格を高めるカギとなろう。つまり、品格のあるまちには人が集まり、まちの活性化が図られるのである。そのようなまち「しずおか」を私たちは今後も創造する役割を担っているということを確認しておきたい。

(1) 佐々木雅幸「創造都市論の系譜と日本における展開―文化と産業の『創造の場』に溢れた都市へ」佐々木雅幸、総合研究機構編『創造都市への展望―都市の文化政策とまちづくり』(学芸出版社、二〇〇七年)三〇―五六頁。佐々木雅幸は、「創造都市」を次のように定義している。「創造都市とは市民の創造活動の自由な発揮に基づいて、文化と産業における創造性に富み、同時に、脱大量生産の革新的で柔軟な都市経済システムを備え、グローバルな環境問題や、あるいはローカルな地域社会の課題に対して、創造的問題解決を行えるような『想像の場』に富んだ都市である」(同書、四二頁)。

(2) 静岡市「静岡市文化振興ビジョン―個性あるしずおか文化の創造と継承～人が文化を創り、文化が人を育てる都市(まち)を目指して」二〇〇六年三月。

(3) この助成制度は、助成額が一〇〇万円を上限の限度額としており、募集される事業は、三〇万円を超えるものと、三〇万円以下のものとがある。そして、開催経費から収入等を控除した額の二分の一以内で助成がなされる。二〇〇五年には、三〇万円を超える事業として次の団体に助成が行われた。静岡県オペラ協会、静岡県大学書道学会、シューマン研究会、江戸の伝統芸にふれる会、地域文化サロン（お祭り倶楽部「久能山」）、静岡鎌倉小学校友好アンサンブルコンサート、小川三友ステンドグラス作品展、モーツァルト・オーケストラ静岡演奏会、文芸フォーラム静岡、ストリートミュージシャンフェア二〇〇六ｉｎ静岡である。

（4）　静岡ジャズ愛好会の目的は、ジャズを通じて、「しずおか」における音楽文化の構築と育成をおこなうことであり、これを実現するために、ジャズを中心とした演奏会を定期的に開催する、というものである。そして、その基本的な理念は、Play Together Listen Together（共に奏で、共に聴こう）である。「しずおか」におけるミュージシャンのレベルアップや「しずおか」におけるジャズのレベルアップを目指し、少しでも質の高いものになることを目指している（しずおかジャズ愛好会の中心的メンバーの一人、林三景さんへのインタビュー、二〇〇六年八月一七日）。

あとがき

数年間休止状態にあった人文学部の公開講座が再開されることになったのは、私が社会学科長をつとめていた平成一六年四月下旬のことであった。再開するにあたって当時学部長であった山本義彦先生は各学科長にプラン提出を求められ、私は静岡県の歴史と文化を数年に渡りシリーズ化し、公開講座を行ないながら地域研究やフィールドワーク教育にも結び付けられないかと考え、学科内の地域連携ワーキングのメンバーと相談しながらことを進めた。

こうして、まず平成一六年度秋の「伊豆の歴史と文化の創造」から始まり、平成一七年度秋の「遠江の歴史と文化の創造」、平成一八年度秋の「駿河の歴史と文化の創造」と続いた。当初は社会学科教員のみを講師としたが、学部公開講座である以上、学部全体として取り組むべく他の学科教員の参加を呼びかけながら、予定通り静岡県の全地域を一通りカバーすることができた。また、公開講座の内容はそのつど冊子としてきたが、今回それらを一冊にまとめる機会を得た。これが本書上梓までの経緯である。

人文学部公開講座の再開から実施まで時間がなくあわただしかったにもかかわらず、行政への依頼・広報・当日の受付などをしていただいた考古学の滝沢誠先生や社会学の荻野達史先生、西洋史学の澤田典子先生、事務手続きなどに積極的に支援していただいた大川事務長、露木係長など、表には現われない多くの方の支えがあってはじめて実現したものである。

そして、何よりも公開講座に参加していただいた方の支援こそが、このような公開講座が意義あるものであり、

あとがき

行なってよかったと感じさせてくれものである。三島市での公開講座を行なった際のアンケートには、もっと伊豆地域での静岡大学の行事を増やして欲しいという声が多数あった。そこで、翌年の春には韮山でマイクロバスを使っての現地見学を含む公開講座を行なった。演奏会のアンコールのようなものであったが、こうした声はわれわれにとって励みであり、意欲的な参加者と時間を共にできることは楽しみでもある。

このような出来事や思い出を含んだ三年間に渡る公開講座がもとになった本書である。本書の内容を編集するにあたっては、公開講座の記録集にとどまらない一冊の書籍としての意義をもつよう工夫したつもりである。少しでも読者のお役に立てれば幸いである。

執筆者の数が増えればそれに応じていろいろな事情が絡み、出版にいたるまでが長い道のりになってしまう。今回も予定通り進まないことがいくつかあり、知泉書館の小山光夫社長には編集・出版にいろいろお世話いただいた。末尾ながら感謝申し上げる次第です。

執筆者を代表して

上利博規

執筆者略歴（執筆順）

上利博規（あがり・ひろき）
一九五六年生。東京大学大学院人文科学研究科博士課程単位取得退学。静岡大学人文学部教授。地域社会文化研究ネットワークセンター長。
〔業績〕『人と思想　デリダ』清水書院、二〇〇一年。

滝沢　誠（たきざわ・まこと）
一九六二年生。筑波大学大学院歴史・人類学研究科単位取得退学。静岡大学人文学部教授。
〔業績〕「志太平野における古墳時代前・中期の小型墳」『焼津市史研究』4、二〇〇三年、「浮島沼周辺の首長たち」『沼津市史　通史編　原始・古代・中世』沼津市、二〇〇五年、『有度山麓における後期古墳の研究Ⅰ』（編著）六一書房、二〇〇七年。

篠原和大（しのはら・かずひろ）
一九六七年生。東京大学大学院人文科学研究科考古学専攻修士課程修了。静岡大学人文学部准教授。
〔業績〕『弥生土器の様式と編年――東海編』（共著）木耳社、二〇〇二年、「登呂式土器の成立と展開」『特別史跡登呂遺跡発掘調査報告書』、二〇〇六年、「登呂式土器と雌鹿塚式土器」『静岡県考古学研究』三八、二〇〇六年。

湯之上隆（ゆのうえ・たかし）
一九四九年生。九州大学大学院文学研究科博士課程中途退学。静岡大学人文学部教授。博士（文学）。
〔業績〕『三つの東海道』静岡新聞社、二〇〇〇年、『日本中世の政治権力と仏教』思文閣出版、二〇〇一年。

本多隆成（ほんだ・たかしげ）
一九四二年生。大阪大学大学院文学研究科博士課程単位取得退学。静岡大学人文学部教授。文学博士。

〔業績〕『近世初期社会の基礎構造』吉川弘文館、一九八九年、『初期徳川氏の農村支配』吉川弘文館、二〇〇六年、『近世東海地域史研究』清文堂、二〇〇八年。

松木栄三（まつき・えいぞう）
一九四〇年生。一橋大学大学院経済学研究科博士課程単位取得退学。静岡大学人文学部名誉教授。博士（学術）。
〔業績〕『ロシア中世都市の政治世界――都市国家ノヴゴロドの群像』彩流社、二〇〇二年、V・L・ヤーニン『白樺の手紙を送りました』（訳）山川出版社、二〇〇一年、『ピョートル前夜のロシア――亡命ロシア外交官コトシーヒンの手記』（監訳）彩流社、二〇〇三年。

山本義彦（やまもと・よしひこ）
一九四四年生。大阪市立大学大学院経済学研究科博士課程単位取得中途退学。静岡大学副学長／理事（教育担当）。博士（経済学）。
〔業績〕『近代日本資本主義史研究』ミネルヴァ書房、二〇〇二年、『清沢洌評論集』岩波文庫、二〇〇二年、『清沢洌――その多元主義と平和思想の形成』学術出版会、二〇〇六年。

日詰一幸（ひづめ・かずゆき）
一九五五年生。名古屋大学大学院法学研究科博士後期課程中途退学。静岡大学人文学部教授。
〔業績〕『分権型社会の到来と新フレームワーク』（共著）日本評論社、二〇〇四年、『岩波講座都市の再生を考える2　都市のガバナンス』（共著）岩波書店、二〇〇五年、『政治変容のパースペクティブ』（共著）ミネルヴァ書房、二〇〇五年。

静岡大学人文学部研究叢書16

〔静岡の歴史と文化の創造〕 ISBN978-4-86285-031-7

2008年3月26日 第1刷印刷
2008年3月31日 第1刷発行

編 者 上利博規
滝沢誠

発行者 小山光夫

印刷者 藤原愛子

発行所 〒113-0033 東京都文京区本郷1-13-2
電話03(3814)6161振替00120-6-117170
http://www.chisen.co.jp
株式会社 知泉書館

Printed in Japan 印刷・製本/藤原印刷

人名索引

事 項 索 引

あ　行

か　行

さ　行

た・な 行

は 行

ま～ら 行

関連略年表

年　代	静岡の出来事	日本の出来事
3万2千年前	愛鷹山麓に県内最古の人類が現れる	
2万1千年前	浜北人が活動する	
1万3千年前		縄文土器の使用が始まる
3500年前	県西部で貝塚が形成される	
前3世紀頃	稲作が県内に伝幡する	
紀元後		
57		奴国王，後漢光武帝より印綬を受ける
1～2世紀	浜松市伊場遺跡で集落が営まれる	
	静岡市登呂遺跡で集落が営まれる	
	県西部で銅鐸のまつりが行われる	
239		邪馬台国の卑弥呼，魏に使者を送る
3世紀後半	県内で大型古墳の築造が開始される	各地で古墳の築造が開始される
5世紀		倭の五王が中国南朝に使者を送る
500		
538		仏教伝来するという
6世紀後半	静岡市賤機山古墳が築かれる	各地に群集墳が営まれる
603		冠位十二階を定める
645		大化改新
663	庵原君臣，百済救援の将となる	白村江の戦い
672		壬申の乱
680	駿河国より伊豆国を分ける	
701		大宝令制定
710		平城京遷都
712	記紀のヤマトタケル東征伝承に「草	『古事記』完成
720	薙」「焼津」の地名がみられる	『日本書紀』編修
741		国分寺建立の詔
782頃		『万葉集』完成
794		平安京遷都
800	富士山噴火（→箱根路が開かれる）	
866	伴義男，伊豆に流される	応天門の変
935		平将門の乱（～940）
1000		
1086		白河上皇が院政を開始する
1159		平治の乱
1160	源頼朝，伊豆に流される	
1167		平清盛，太政大臣となる

年　代	静岡の出来事	日本の出来事
1180	源頼朝，伊豆で挙兵	
1185		平氏滅亡
1189	西行，陸奥に向かう途中，小夜の中山で和歌を詠む	
1192		源頼朝，征夷大将軍となる
1193	富士野で曽我兄弟の仇討ちが起こる	
1274		文永の役
1281		弘安の役
1338		足利尊氏，征夷大将軍となる
1432	足利義教，富士山を遊覧	
1467		応仁の乱
1500		
1543		種子島に鉄砲が伝わる
1560	今川義元，桶狭間で織田信長に討たれる	
1572	武田信玄，三方原で徳川家康を破る	
1581	徳川家康，高天神城の武田軍を破る	
1582		本能寺の変
1590		徳川家康，江戸城に入る
1600		関ヶ原の戦い
1601	徳川家康，東海道宿に伝馬朱印状を与える	
1603		徳川家康，征夷大将軍となる
1607	徳川家康，駿府城に入る	
1635		参勤交代制始まる
1637		島原の乱
1651	由井正雪，駿府で自害（慶安事件）	
1687		生類憐れみの令発布（～1709）
1700		
1707	富士山噴火（宝永噴火）	
1716		徳川吉宗，享保の改革を始める
1729	東海道を象が通行する	
1747	盗賊日本左衛門，さらし首となる	
1783		天明の大飢饉
1787		松平定信，寛政の改革を始める
1800		
1802	十返舎一九『東海道中膝栗毛』	
1803	大須賀鬼卵『東海道人物志』を著わす	
1830		おかげ参りが大流行
1837		大塩平八郎の乱

年　代	静岡の出来事	日本の出来事
1853	江川坦庵，反射炉の築造を始める	ペリー，浦賀に来航
1854	下田開港	日米和親条約
	安政東海地震	日露和親条約
	ロシア艦ディアナ号，田子浦沖で沈没	
1855	プチャーチン，ヘダ号で帰国	
1856	アメリカ総領事ハリス，下田に来る	
1858		日米修好通商条約
1860		桜田門外の変
1867	「ええじゃないか」が流行る	大政奉還
1868	駿府藩設置	明治維新
1869	駿府を静岡と改称する	
	旧幕臣，牧ノ原開拓を始める	
1871	静岡県，堀江県（のち浜松県）が誕生	廃藩置県
1873	『静岡新聞』創刊	
1875	静岡師範学校設立	
1876	静岡県成立	
1889	東海道鉄道全通	大日本帝国憲法発布
1890	豊田佐吉，木製人力織機を発明	
1894		日清戦争始まる
1900		
1904		日露戦争始まる
1914		第一次世界大戦始まる
1918	県下に米騒動起こる	
1922	静岡高等学校設置	
	浜松高等工業学校設置	
1923		関東大震災
1926	高柳健次郎，テレビ実験に成功	
1931	静岡放送局（JOPK）開局	満州事変
1934	丹那トンネル開通	
1937		日中戦争始まる
1941		太平洋戦争始まる
1944	東南海地震，県中・西部に被害	
1945	静岡，浜松，清水，沼津など空襲	第二次世界大戦終結する
1947	登呂遺跡の発掘調査開始	
1949	静岡大学開学	新制大学発足
1950		朝鮮戦争始まる
1954	ビキニ水爆実験で第五福竜丸が被爆	
1964		東京オリンピック
1968	金嬉老事件発生	
1969	東名高速道路が全面開通	
1970	県立中央図書館開館	大阪万博

年　代	静岡の出来事	日本の出来事
	田子ノ浦のヘドロ問題	
1974	七夕豪雨	
1976	浜岡原子力発電所営業運転開始	
1980	静岡駅前ゴールデン街ガス爆発事故	
1986	静岡県立美術館開館	
1987	静岡県立大学開学	
1991		湾岸戦争始まる
1993		Ｊリーグ発足
1995		阪神・淡路大震災
2000		
2003	静岡市と清水市が合併	イラク戦争始まる
2005	浜松市を含む12市町村が合併	愛知万博

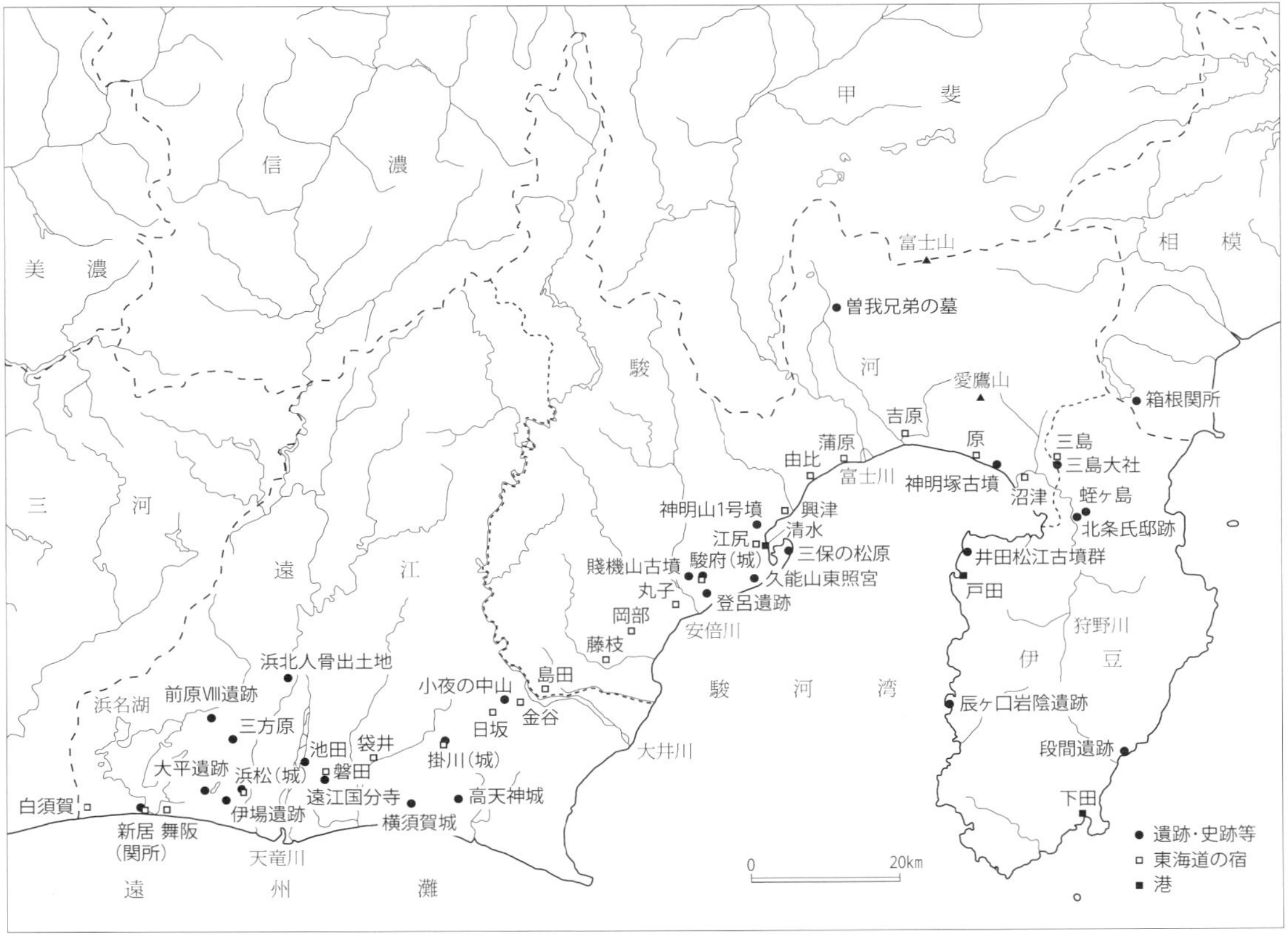

本書に関連する主な遺跡・史跡・宿など（原始・古代～近世）